NOTICE

SUR LE FILETAGE DES PAS MÉTRIQUES FRANÇAIS

POUR TOUTES LES VIS-MÈRES

NOTICE

SUR LE FILETAGE

DES PAS MÉTRIQUES FRANÇAIS

POUR TOUTES LES VIS-MÈRES

Avec Tables donnant les calculs tout faits
pour filetage à 2, 4 et 6 roues
à l'usage de tous les Tourneurs mécaniciens

PAR

J. FAUCILLON

ANCIEN MÉCANICIEN

DOLE

GIRARDI ET AUDEBERT

ÉDITEURS

—

1904

PRÉFACE

Je dédie cette Notice à tous les contremaîtres et ouvriers tourneurs-mécaniciens, et aussi particulièrement aux apprentis tourneurs qui trouveront les calculs tout faits pour fileter les pas qu'il leur sera donné d'exécuter.

A ces derniers surtout qui, il y en a malheureusement, sont poussés très jeunes à l'atelier par besoins des familles, et ne connaissent que leurs quatre règles, ce qui n'est pas suffisant pour calculer rapidement les pas donnés, surtout les fractionnaires, s'ils n'ont aucune notion sur les rapports, la divisibilité des nombres et la décomposition des nombres en facteurs premiers.

Ils y trouveront tous les pas donnés dans la pratique avec les calculs tout faits pour les filetages à 2, 4 et 6 roues, pour toutes les vis-mères, ce qui leur rendra de grands services.

J'ai cru être utile à mes anciens collègues en faisant paraître cette Notice qui, je l'espère, sera bien accueillie parmi eux, et si toutefois il y avait quelques erreurs de chiffres dans l'impression, je prie mes collègues de me les signaler. Les preuves en ont été faites trois fois, ce qui est facile à vérifier avant de monter ses roues sur le tour.

Orchamps (Jura), 1903.

NOTICE EXPLICATIVE

CONCERNANT LE FILETAGE

pour toutes les vis-mères, avec renseignements concernant les Tables suivantes.

Filetage à 2 roues, vis-mère du pas de 10 $^{m/m}$.

Le filetage à deux roues est le plus pratique toutes les fois qu'on peut s'en servir, sauf si les pas sont trop rapides, ou qu'il soit reconnu qu'on a affaire à un pas nombre premier et ses multiples, ou un pas fractionnaire qui se trouvent mieux ou plus approximatifs avec 4 et 6 roues.

On peut fileter à 2 roues des pas jusqu'à 20 ou 30 m/m sans inconvénient; au-dessus il est préférable d'employer 4 et 6 roues, les axes sont moins fatigués par l'entraînement du chariot, et les efforts sont partagés avec l'axe mobile.

Le filetage en débrayant l'écrou est très pratique aussi, surtout si l'on a une longue vis à fileter, au lieu de se servir de la courroie de retour, qui fatigue beaucoup l'écrou par le retour rapide, et pour le filetage des écrous, on ne risque pas que l'outil vienne buter au plateau, le débrayage arrêtant instantanément la marche du chariot.

Avec ce procédé, pour les pas représentant la vis-mère ou ses sous-multiples, on peut embrayer l'écrou n'importe où, sans compter le nombre de tours, on sera toujours dans le vide du filet.

Ces pas sont les suivants :

Pour vis-mère de 5 m/m, c'est : 1 m/m, 1 m/m 25 et 2 m/m 5.

Pour vis-mère de 6 m/m, c'est : 1 m/m, 2 m/m et 3 m/m.

Pour vis-mère de 8 m/m, c'est : 1 m/m, 2 m/m et 4 m/m.

Pour vis-mère de 10 m/m, c'est : 1 m/m, 1 m/m 25, 2 m/m, 2 m/m 5 et 5 m/m.

Pour vis-mère de 12 m/m, c'est : 1 m/m, 1 m/m 5, 2 m/m, 3 m/m, 4 m/m et 6 m/m.

Pour vis-mère de 14 m/m, c'est : 1 m/m, 1 m/m 75, 3 m/m 5 et 7 m/m.

On a, par exception et pour une vis-mère du pas de 10 m/m seulement, le pas de 3 m/m 333, qui est produit par les engrenages de 20 et 60 dents ; 25 et 75, 30 et 90, 40 et 120, 50 et 150 dents, on peut embrayer l'écrou n'importe où, on sera toujours dans le pas.

Pour les pas multiples des vis-mères ou autres, on n'a qu'à faire un repère au plateau ou sur la vis à produire et à chaque tour de l'un ou de l'autre on n'aura qu'à embrayer l'écrou, et on sera dans le vide du filet ; ou encore mieux : le chariot étant contre la butée et les engrenages en place, embrayer l'écrou et faire un repère au blanc sur les dents en prise de l'engrenage intermédiaire avec celui monté sur la vis-mère, et chaque fois que ces repères se rencontreront, embrayer franchement, sans crainte, on sera dans le vide du filet.

Il faut que l'écrou embraye bien sans frottement sur les filets au moment de faire ses repères ; s'il y a un peu de jeu dans les filets par suite d'usure, le tour ayant fait 2 ou 3 révolutions, le chariot partira et il en sera de même à chaque passe ; toujours bien s'assurer que la cuirasse du chariot appuie bien contre la butée avant d'embrayer.

Dans le filetage à 2 roues, ordinairement les roues ne se touchent pas, on emploie un troisième engrenage monté sur un axe de la tête de cheval, qui engrène avec celui de l'axe du tour et celui monté sur la vis-mère ; c'est un engrenage intermédiaire et rien de plus, qui ne change rien à la marche et n'a aucune influence sur le mouvement.

Toutefois, il est urgent de choisir un engrenage intermédiaire 2 ou 4 fois plus grand ou plus petit que l'un des 2 engrenages servant à déterminer le pas, pour n'attendre que le minimum de temps pour réembrayer après chaque passe.

Dans les tables suivantes, tous les calculs sont faits pour tous les pas les plus usités, le tourneur n'aura donc qu'à consulter la table et verra de suite, en regard du pas donné, les engrenages qu'il lui faut pour le fileter, sans avoir recours à son contremaître ou à son voisin.

Avant de monter ses roues sur le tour, il pourra en faire la preuve et s'assurer de suite que les engrenages de la table correspondant au pas demandé lui donnent exactement ce pas.

Il y verra les différentes combinaisons qui s'affectent à chaque pas ; il pourra choisir celle qu'il lui sera le plus facile à placer, suivant la disposition de son tour, et bien placer les engrenages dans l'ordre qu'ils sont donnés dans les tables ; pour le filetage à 2 roues, le premier inscrit commandant le second.

Pour le filetage à 2 roues, la règle pour faire la preuve que les engrenages sont bons est celle-ci :

Multipliez le nombre de dents de l'engrenage de commande par le pas de la vis-mère, et divisez le produit par le nombre de dents de l'engrenage de réception monté sur la vis-mère, le quotient donnera exactement le pas.

Exemple pour vis-mère du pas de 10 $^{m/m}$, pris dans la table :

Pas de 3 $^{m/m}$. Engren. 30 et 100, 30 $\times$ 10 = 300 : 100 = 3 $^{m/m}$
—   —   45 et 150, 45 $\times$ 10 = 450 : 150 = 3 $^{m/m}$
—   —   60 et 200, 60 $\times$ 10 = 600 : 200 = 3 $^{m/m}$
et ainsi de suite pour tous les pas.

Tous les pas de ces tables sont calculés pour vis-mères du pas de 10 $^{m/m}$, et servent également pour toutes les vis-mères de n'importe quel pas métrique, soit 5, 6, 8, 12 et 14 $^{m/m}$, etc.

Ainsi, en reprenant l'exemple ci-dessus, les engrenages de 30 et 100, 45 et 150, 60 et 200 dents, qui nous donnent le pas de 3 $^{m/m}$ avec une vis-mère du pas de 10 $^{m/m}$, ces mêmes engrenages nous donneront :

Avec vis-mère du pas de   5 $^{m/m}$ 30 $\times$ 5 = 150 : 100 = 1 $^{m/m}$ 5
—   de   6 $^{m/m}$ 30 $\times$ 6 = 180 : 100 = 1 $^{m/m}$ 8
—   de   8 $^{m/m}$ 30 $\times$ 8 = 240 : 100 = 2 $^{m/m}$ 4
—   de 12 $^{m/m}$ 30 $\times$ 12 = 360 : 100 = 3 $^{m/m}$ 6
—   de 14 $^{m/m}$ 30 $\times$ 14 = 420 : 100 = 4 $^{m/m}$ 2
et ainsi de suite pour tous les pas.

Ainsi donc les engrenages 30 et 100 dents, ainsi que les autres combinaisons 45 et 150, 60 et 200 dents, nous donneront respectivement :

Pour vis-mère du pas de   5 $^{m/m}$ le pas de 1 $^{m/m}$ 5
—   de   6 $^{m/m}$ —   de 1 $^{m/m}$ 8
—   de   8 $^{m/m}$ —   de 2 $^{m/m}$ 4
—   de 12 $^{m/m}$ —   de 3 $^{m/m}$ 6
—   de 14 $^{m/m}$ —   de 4 $^{m/m}$ 2

On voit, par ce procédé, qu'avec les tables on peut trouver les pas pour toutes ces vis-mères.

Toutes ces tables sont calculées :

Pour filetage à 2 roues jusqu'au pas de   50 $^{m/m}$
—   à 4 roues   —   de 100 $^{m/m}$
—   à 6 roues   —   de 500 $^{m/m}$

Pour leurs multiples, s'il s'agit de faire un pas 2, 3 ou 4 fois plus rapide, on n'aura qu'à multiplier un engrenage de commande par 2, 3 et 4, ou diviser un engrenage de réception par 2, 3 et 4, on aura le pas cherché et pour toutes les vis-mères.

Voir plus loin la notice concernant le filetage à 4 et 6 roues.

TABLE

du nombre de dents des engrenages qu'il faut pour fileter à **2 roues**
et combinaisons diverses affectées à chaque pas pour vis-mère
du pas de 10 $^{m/m}$, avec série d'engrenages accompagnant le tour
et composée des engrenages suivants :

20, 25, 30, 35, 40, 45, 50, 55, 60, 65, 70, 75, 80, 85, 90, 95, 100, 110,
120, 130, 140, 150 et 200 dents, et un 2e engrenage supplémentaire de
100 dents.

Pas	Nombre de dents des engrenages
millimètr.	
1	20 × 200
1.25	25 × 200
1.333	20 × 150
1.5	30 × 200
1.666	20 × 120
	25 × 150
1.75	35 × 200
2 »	20 × 100
	30 × 150
	40 × 200
2.222	20 × 90
2.25	45 × 200
2.333	35 × 150
2.5	25 × 100
	30 × 120
	20 × 80
	35 × 140
	50 × 200
2.666	20 × 75
	40 × 150
2.75	55 × 200
2.857	20 × 70
	40 × 140
3	30 × 100
	45 × 150
	60 × 200
3.076	20 × 65
	40 × 130
3.125	25 × 80
3.25	65 × 200
3.333	20 × 60
	25 × 75
	30 × 90
	40 × 120
	50 × 150
3.5	35 × 100

Pas	Nombre de dents des engrenages
millimètr.	
3.5	70 × 200
3.636	20 × 55
	40 × 110
3.75	30 × 80
	45 × 120
	75 × 200
3.846	25 × 65
3.888	35 × 90
4	20 × 50
	30 × 75
	40 × 100
	60 × 150
	80 × 200
4.166	25 × 60
	50 × 120
4.210	40 × 95
4.230	55 × 130
4.25	85 × 200
4.333	65 × 150
4.375	35 × 80
4.444	20 × 45
	40 × 90
4.5	45 × 100
	90 × 200
4.666	35 × 75
	70 × 150
4.705	40 × 85
4.75	95 × 200
5	20 × 40
	25 × 50
	30 × 60
	35 × 70
	40 × 80
	45 × 90
	50 × 100
	55 × 110

Pas	Nombre de dents des engrenages
millimètr.	
5	60 × 120
	65 × 130
	70 × 140
	75 × 150
	100 × 200
5.333	40 × 75
	80 × 150
5.5	55 × 100
	110 × 200
5.555	25 × 45
	50 × 90
5.625	45 × 80
5.666	85 × 150
5.714	20 × 35
	40 × 70
	80 × 140
5.769	75 × 130
5.833	35 × 60
	70 × 120
5.909	65 × 110
6	30 × 50
	45 × 75
	60 × 100
	90 × 150
	120 × 200
6.111	55 × 90
6.25	25 × 40
	50 × 80
	75 × 120
6.333	95 × 150
6.470	55 × 85
6.5	65 × 100
	130 × 200
6.666	30 × 45
	40 × 60
	50 × 75

Pas	Nombre de dents des engrenages	Pas	Nombre de dents des engrenages	Pas	Nombre de dents des engrenages
millimètr.		millimètr.		millimètr.	
6.666	60 × 90	8.888	80 × 90	12	120 × 150
	80 × 120	9	45 × 50	12.222	55 × 45
	100 × 150		90 × 100		110 × 90
6.842	65 × 95	9.166	55 × 60	12.307	80 × 65
6.818	75 × 110		110 × 120	12.5	25 × 20
6.875	55 × 80	9.230	60 × 65		50 × 40
6.923	45 × 65		120 × 130		75 × 60
	90 × 130	9.285	65 × 70		100 × 80
7	35 × 50		130 × 140		150 × 120
	70 × 100	9.333	70 × 75	12.666	95 × 75
	140 × 200		140 × 150	12.727	70 × 55
7.142	25 × 35	9.375	75 × 80		140 × 110
	50 × 70	9.411	80 × 85	12.857	90 × 70
	100 × 140	9.444	85 × 90		45 × 35
7.222	65 × 90	9.5	95 × 100	12.941	110 × 85
7.333	55 × 75	10	100 × 100	13	65 × 50
	110 × 150	10.526	100 × 95		130 × 100
7.5	45 × 60	10.555	95 × 90	13.076	85 × 65
	60 × 80	10.588	90 × 85	13.333	40 × 30
	70 × 100	10.625	85 × 80		60 × 45
	90 × 120	10.666	80 × 75		80 × 60
	30 × 40	10.714	75 × 70		100 × 75
	150 × 200		150 × 140		120 × 90
7.647	65 × 85	10.769	70 × 65		200 × 150
7.692	50 × 65		140 × 130	13.571	95 × 70
	100 × 130	10.833	65 × 60	13.636	75 × 55
7.727	85 × 110		130 × 120		150 × 110
7.777	35 × 45	10.909	60 × 55	13.684	130 × 95
	70 × 90		120 × 110	13 75	55 × 40
7.857	55 × 70	11	55 × 50		110 × 80
	110 × 140		110 × 100	13.846	90 × 65
8	20 × 25	11.111	50 × 45	14	35 × 25
	40 × 50		100 × 90		70 × 50
	60 × 75	11.25	45 × 40		140 × 100
	80 × 100		90 × 80	14.166	85 × 60
	120 × 150	11.333	85 × 75	14.285	50 × 35
8.125	65 × 80	11.428	40 × 35		100 × 70
8.325	70 × 85		80 × 70		200 × 140
8.333	25 × 30	11.538	75 × 65	14.444	65 × 45
	50 × 60		150 × 130		130 × 90
	75 × 90	11.666	35 × 30	14.545	80 × 55
	100 × 120		70 × 60	14.615	95 × 65
8.421	80 × 95		140 × 120	14.666	110 × 75
8.5	85 × 100	11.764	100 × 85	15	30 × 20
8.666	65 × 75	11.818	65 × 55		45 × 30
	130 × 150		130 × 110		60 × 40
8.75	35 × 40	11.875	95 × 80		75 × 50
	70 × 80	12	30 × 25		90 × 60
8.823	75 × 85		60 × 50		120 × 80
8.888	40 × 45		90 × 75		150 × 100

Pas	Nombre de dents des engrenages
millimètr.	
15.294	130 × 85
15.384	100 × 65
	200 × 130
15.454	85 × 55
15.555	70 × 45
	140 × 90
15.714	55 × 35
	110 × 70
15.789	150 × 95
15.833	95 × 60
16	40 × 25
	80 × 50
	120 × 75
16.25	65 × 40
	130 × 80
16.363	90 × 55
16.470	140 × 85
16.666	50 × 30
	75 × 45
	100 × 60
	150 × 90
	200 × 120
16.923	110 × 65
17	85 × 50
17.142	60 × 35
	120 × 70
17.272	95 × 55
17.333	130 × 75
17.5	35 × 20
	70 × 40
	140 × 80
17.647	150 × 85
17.777	80 × 45
18	45 × 25
	90 × 50
18.1818	100 × 55
	200 × 110
18.333	55 × 30
	110 × 60
18.461	120 × 65
18.571	65 × 35
	130 × 70
18.666	140 × 75
18.75	75 × 40
	150 × 80
18.888	85 × 45
19	95 × 50
20	40 × 20
	50 × 25
	60 × 30

Pas	Nombre de dents des engrenages
millimètr.	
20	70 × 35
	80 × 40
	90 × 45
	100 × 50
	110 × 55
	120 × 60
	130 × 65
	140 × 70
	150 × 75
	200 × 100
21.111	95 × 45
21.25	85 × 40
21.428	75 × 35
	150 × 70
21.538	140 × 65
21.666	65 × 30
	130 × 60
21.818	120 × 55
22	55 × 25
	110 × 50
22.222	100 × 45
	200 × 90
22.5	45 × 20
	90 × 40
22.857	80 × 35
23.076	150 × 65
23.333	70 × 30
	140 × 60
23.529	200 × 85
23.75	95 × 40
23.636	130 × 55
24	60 × 25
	120 × 50
24.285	85 × 35
24.444	110 × 45
25	50 × 20
	75 × 30
	100 × 40
	150 × 60
	200 × 80
25.714	90 × 35
25.454	140 × 55
26	65 × 25
	130 × 50
26.666	80 × 30
	120 × 45
	200 × 75
27.142	95 × 35
27.272	150 × 55
27.5	55 × 20

Pas	Nombre de dents des engrenages
millimètr.	
27.5	110 × 40
28	70 × 25
	140 × 50
28.333	85 × 30
28.571	100 × 35
	200 × 70
28.888	130 × 45
30	60 × 20
	75 × 25
	90 × 30
	120 × 40
	150 × 50
30.769	200 × 65
31.111	140 × 45
31.428	110 × 35
31.666	95 × 30
32	80 × 25
32.5	65 × 20
33.333	100 × 30
	150 × 45
	200 × 60
34	85 × 25
34.235	120 × 35
35	70 × 20
	140 × 40
36	90 × 25
36.333	200 × 55
36.666	110 × 30
37 142	130 × 35
37.5	75 × 20
	150 × 40
38	95 × 25
40	80 × 20
	100 × 25
	120 × 30
	140 × 35
	200 × 50
42.5	85 × 20
42.857	150 × 35
43.333	130 × 30
44	110 × 25
44.444	200 × 45
45	90 × 20
46.666	110 × 30
47.5	95 × 20
48	120 × 25
50	100 × 20
	150 × 30
	200 × 40
52	130 × 25

2

Pas	Nombre de dents des engrenages	Pas	Nombre de dents des engrenages	Pas	Nombre de dents des engrenages
millimètr.		millimètr.		millimètr.	
55	110 × 20	60	120 × 20	66.666	200 × 30
56	140 × 25		150 × 25	70	140 × 20
57.142	200 × 35	65	130 × 20	75	150 × 20

Remarque. — Dans la table ci-contre, on trouvera certains pas fractionnaires qui donneront, en en faisant la preuve, un léger reste en centièmes et millièmes de millimètres, ce qui est insignifiant, surtout si l'écrou n'est pas trop long.

Filetage à 4 roues. Vis-mère du pas de 10 $^{m/m}$.

Le filetage à 4 roues s'emploie lorsqu'il est reconnu que le pas demandé ne peut s'obtenir avec 2 roues et pour fileter des pas plus rapides, ainsi que les pas approchant de très près les nombres premiers, car il est impossible de fileter un pas nombre premier à 4 et même 6 roues, sans fraction, si l'on ne possède pas un engrenage ayant un nombre de dents égal au nombre premier lui-même, puisque ce nombre n'est divisible que par lui-même ou par l'unité.

Dans les ateliers, le tourneur devrait toujours avoir devant lui un tableau des nombres premiers, pour qu'à première vue il constate si le pas qu'on lui donne à fileter est un nombre premier ou un multiple ; mais, avec cette Notice, il peut s'en passer, les pas nombres premiers et leurs multiples y sont marqués d'un astérisque * et y sont figurés filetables avec l'engrenage nombre premier lui-même ; alors le tourneur se reporte à la table du filetage à 6 roues pour trouver son pas le plus approchant.

Dans les ateliers, il serait même encore utile d'avoir une série d'engrenages nombres premiers, allant de 23 à 79 dents, afin que, si le pas demandé doit être d'une exactitude rigoureuse, on l'ait exactement ; de plus, cela complèterait la série du tour.

Les nombres premiers, jusqu'à 151, sont :

1, 2, 3, 5, 7, 11, 13, 17, 19, 23, 29, 31, 37, 41, 43, 47, 53, 59, 61, 67, 71, 73, 79, 83, 97, 101, 103, 107, 109, 113, 127, 131, 139, 149, 151.

Dans la table ci-contre du filetage à 4 roues, avoir bien soin de monter les engrenages sur le tour, dans l'ordre qu'ils sont inscrits, et les roues numérateurs, qui sont celles de commande, doivent engrener avec les roues dénominateurs, qui sont celles de réception.

Exemple pris dans la table :

$$\text{Pas de } 20 \,^{m}/^{m}\, 625 \qquad \frac{75}{100} \times \frac{110}{40}$$

Ainsi, 75 sur la poupée engrenant avec 100, monté sur le même axe que 110 fixés à la tête de cheval et 110 engrenant avec 40 fixé sur la vis-mère.

On peut changer les engrenages comme suit :

$$\frac{110}{40} \times \frac{75}{100}$$

$$\frac{110}{100} \times \frac{75}{40}$$

$$\frac{75}{40} \times \frac{110}{100}$$

Ces dispositions ne changent rien au pas.

Pour le filetage à 4 roues, la règle pour faire la preuve que les engrenages sont bons est celle-ci :

Multipliez le produit des engrenages de commande par le pas de la vis-mère, et divisez ce nouveau produit par le produit des engrenages de réception, le quotient donnera exactement le pas.

Exemple : Pas de $20 \,^{m}/^{m}\, 625$:

$$75 \times 110 = 825 \times 10 = 8250 : 400 = 20.625$$

Mêmes observations pour les vis-mères de 5, 6, 8, 12 et 14 $^{m}/^{m}$ (voir p. 5) On n'aura qu'à multiplier le produit des engrenages de commande par 5, 6, 8, 12 et 14 et diviser ce nouveau produit par le produit des engrenages de réception.

Exemple : Pas de $20 \,^{m}/^{m}\, 625$. Vis-mère de $8 \,^{m}/^{m}$:

$$75 \times 110 = 825 \times 8 = 6600 : 400 = 16,5$$

Ainsi donc, les engrenages qui nous donnent le pas de $20 \,^{m}/^{m}\, 625$ pour une vis-mère de $10 \,^{m}/^{m}$, ces mêmes engrenages nous donneront, avec une vis-mère de $8 \,^{m}/^{m}$, le pas de $16 \,^{m}/^{m}\, 5$, et ainsi de suite pour les autres vis-mères.

TABLE

du nombre de dents des engrenages qu'il faut pour fileter à **4** roues
et combinaisons diverses affectées à chaque pas pour vis-mère
du pas de **10** $^{m/m}$ avec la même série d'engrenages qu'à la p. **7**,
et une série en plus composée des engrenages nombres premiers :

23, 29, 31, 37, 41, 43, 47, 53, 59, 61, 67, 71, 73 et 79 dents.

Pas	Nombre de dents des engrenages	Pas	Nombre de dents des engrenages	Pas	Nombre de dents des engrenages
millimètr.		millimètr.		millimètr.	
0.400	$\frac{20}{100} \times \frac{40}{200}$	* 0.690	$\frac{23}{100} \times \frac{60}{200}$	0.800	$\frac{20}{100} \times \frac{40}{100}$
* 0.460	$\frac{23}{100} \times \frac{40}{200}$	0.625	$\frac{50}{200} \times \frac{25}{100}$		$\frac{20}{100} \times \frac{80}{200}$
0.500	$\frac{25}{100} \times \frac{40}{200}$		$\frac{25}{200} \times \frac{50}{100}$	* 0.820	$\frac{41}{100} \times \frac{20}{100}$
	$\frac{25}{100} \times \frac{20}{100}$	0.700	$\frac{20}{100} \times \frac{35}{100}$		$\frac{41}{100} \times \frac{40}{200}$
* 0 575	$\frac{23}{100} \times \frac{25}{100}$		$\frac{20}{100} \times \frac{70}{200}$	* 0.860	$\frac{43}{100} \times \frac{20}{100}$
	$\frac{23}{100} \times \frac{50}{200}$		$\frac{40}{200} \times \frac{35}{100}$		$\frac{43}{100} \times \frac{40}{200}$
* 0.580	$\frac{29}{100} \times \frac{20}{100}$	* 0.725	$\frac{29}{100} \times \frac{25}{100}$	* 0.870	$\frac{29}{100} \times \frac{30}{100}$
	$\frac{29}{100} \times \frac{40}{200}$		$\frac{29}{100} \times \frac{50}{200}$		$\frac{29}{100} \times \frac{60}{200}$
0.600	$\frac{20}{100} \times \frac{30}{100}$	0.750	$\frac{25}{100} \times \frac{20}{100}$	0.875	$\frac{25}{100} \times \frac{35}{100}$
	$\frac{20}{100} \times \frac{60}{200}$		$\frac{25}{100} \times \frac{60}{200}$		$\frac{50}{200} \times \frac{35}{100}$
* 0.620	$\frac{31}{100} \times \frac{20}{100}$		$\frac{50}{200} \times \frac{30}{100}$		$\frac{50}{100} \times \frac{35}{200}$
	$\frac{31}{100} \times \frac{40}{200}$	* 0.775	$\frac{31}{100} \times \frac{25}{100}$	0.900	$\frac{60}{200} \times \frac{30}{100}$
* 0.690	$\frac{23}{100} \times \frac{30}{100}$		$\frac{31}{100} \times \frac{50}{200}$		$\frac{45}{150} \times \frac{30}{100}$

Pas	Nombre de dents des engrenages	Pas	Nombre de dents des engrenages	Pas	Nombre de dents des engrenages
millimètr.		millimètr.		millimètr.	
0.900	$\frac{45}{150}\times\frac{60}{200}$	1.050	$\frac{30}{100}\times\frac{70}{200}$	*1.150	$\frac{23}{100}\times\frac{100}{200}$
	$\frac{20}{100}\times\frac{45}{100}$		$\frac{60}{200}\times\frac{35}{100}$		$\frac{23}{200}\times\frac{100}{100}$
	$\frac{20}{100}\times\frac{90}{200}$	*1.075	$\frac{43}{100}\times\frac{25}{100}$	*1.160	$\frac{29}{100}\times\frac{40}{100}$
	$\frac{40}{200}\times\frac{45}{100}$		$\frac{43}{100}\times\frac{50}{200}$		$\frac{29}{100}\times\frac{80}{200}$
*0.920	$\frac{23}{100}\times\frac{40}{100}$	*1.085	$\frac{31}{100}\times\frac{35}{100}$	*1.175	$\frac{47}{100}\times\frac{25}{100}$
	$\frac{23}{100}\times\frac{80}{200}$		$\frac{31}{100}\times\frac{70}{200}$		$\frac{47}{100}\times\frac{50}{200}$
*0.925	$\frac{37}{100}\times\frac{25}{100}$	1.100	$\frac{20}{100}\times\frac{55}{100}$	1.200	$\frac{20}{100}\times\frac{30}{50}$
	$\frac{37}{100}\times\frac{50}{200}$		$\frac{20}{100}\times\frac{110}{200}$		$\frac{20}{100}\times\frac{60}{100}$
*0.930	$\frac{31}{100}\times\frac{30}{100}$		$\frac{40}{200}\times\frac{55}{100}$		$\frac{20}{100}\times\frac{120}{200}$
	$\frac{31}{100}\times\frac{60}{200}$		$\frac{30}{150}\times\frac{55}{100}$		$\frac{30}{100}\times\frac{20}{50}$
*0.940	$\frac{47}{100}\times\frac{20}{100}$		$\frac{20}{50}\times\frac{55}{200}$		$\frac{30}{100}\times\frac{40}{100}$
	$\frac{47}{100}\times\frac{40}{200}$	*1.110	$\frac{37}{100}\times\frac{30}{100}$	*1.230	$\frac{41}{100}\times\frac{30}{100}$
1	$\frac{20}{100}\times\frac{25}{50}$		$\frac{37}{100}\times\frac{60}{200}$		$\frac{41}{100}\times\frac{60}{200}$
	$\frac{30}{150}\times\frac{25}{50}$	1.125	$\frac{25}{100}\times\frac{45}{100}$	1.225	$\frac{35}{100}\times\frac{70}{200}$
	$\frac{25}{100}\times\frac{20}{50}$		$\frac{50}{200}\times\frac{45}{100}$	*1.240	$\frac{31}{100}\times\frac{40}{100}$
*1.025	$\frac{41}{100}\times\frac{25}{100}$		$\frac{25}{100}\times\frac{90}{200}$		$\frac{31}{100}\times\frac{80}{200}$
	$\frac{41}{100}\times\frac{50}{200}$		$\frac{25}{200}\times\frac{90}{100}$		$\frac{31}{100}\times\frac{20}{50}$
1.050	$\frac{30}{100}\times\frac{35}{100}$	*1.150	$\frac{23}{100}\times\frac{50}{100}$	1.250	$\frac{25}{100}\times\frac{50}{100}$

Pas	Nombre de dents des engrenages	Pas	Nombre de dents des engrenages	Pas	Nombre de dents des engrenages
millimètr.		millimètr.		millimètr.	
1.250	$\frac{25}{100} \times \frac{100}{200}$	*1.305	$\frac{29}{100} \times \frac{90}{200}$	1.400	$\frac{30}{150} \times \frac{70}{100}$
	$\frac{20}{80} \times \frac{50}{100}$	1.375	$\frac{25}{100} \times \frac{55}{100}$		$\frac{30}{150} \times \frac{35}{50}$
	$\frac{20}{80} \times \frac{25}{50}$		$\frac{25}{100} \times \frac{110}{200}$	*1.410	$\frac{47}{100} \times \frac{30}{100}$
	$\frac{30}{120} \times \frac{50}{100}$		$\frac{25}{50} \times \frac{55}{200}$		$\frac{47}{100} \times \frac{60}{200}$
	$\frac{30}{120} \times \frac{25}{50}$		$\frac{50}{200} \times \frac{55}{100}$		$\frac{47}{50} \times \frac{30}{200}$
	$\frac{30}{120} \times \frac{100}{200}$	*1.380	$\frac{23}{100} \times \frac{60}{100}$	*1.435	$\frac{41}{100} \times \frac{35}{100}$
*1.265	$\frac{23}{100} \times \frac{55}{100}$		$\frac{23}{100} \times \frac{120}{200}$		$\frac{41}{100} \times \frac{70}{200}$
	$\frac{23}{100} \times \frac{110}{200}$		$\frac{23}{100} \times \frac{30}{50}$		$\frac{41}{50} \times \frac{35}{200}$
	$\frac{23}{50} \times \frac{55}{200}$		$\frac{23}{50} \times \frac{60}{200}$	*1.450	$\frac{29}{100} \times \frac{50}{100}$
	$\frac{23}{200} \times \frac{55}{50}$	*1.395	$\frac{31}{100} \times \frac{45}{100}$		$\frac{29}{100} \times \frac{100}{200}$
*1.290	$\frac{43}{100} \times \frac{30}{100}$		$\frac{31}{100} \times \frac{90}{100}$		$\frac{29}{50} \times \frac{25}{100}$
	$\frac{43}{100} \times \frac{60}{200}$	1.400	$\frac{20}{100} \times \frac{70}{100}$		$\frac{29}{100} \times \frac{25}{50}$
1.300	$\frac{20}{100} \times \frac{65}{100}$		$\frac{20}{100} \times \frac{140}{200}$	*1.480	$\frac{37}{100} \times \frac{40}{100}$
	$\frac{20}{100} \times \frac{130}{200}$		$\frac{40}{200} \times \frac{70}{100}$		$\frac{37}{100} \times \frac{80}{200}$
	$\frac{30}{150} \times \frac{65}{100}$		$\frac{20}{100} \times \frac{35}{50}$		$\frac{37}{100} \times \frac{20}{50}$
	$\frac{30}{150} \times \frac{110}{200}$		$\frac{35}{100} \times \frac{40}{100}$		$\frac{37}{50} \times \frac{40}{200}$
	$\frac{40}{200} \times \frac{65}{100}$		$\frac{35}{100} \times \frac{80}{200}$	*1.495	$\frac{23}{100} \times \frac{65}{100}$
*1.305	$\frac{29}{100} \times \frac{45}{100}$		$\frac{35}{100} \times \frac{20}{50}$		$\frac{23}{100} \times \frac{130}{200}$

Pas	Nombre de dents des engrenages	Pas	Nombre de dents des engrenages	Pas	Nombre de dents des engrenages
millimètr.		millmètr.		millimètr.	
*1.495	$\frac{23}{50} \times \frac{65}{200}$	1.600	$\frac{60}{150} \times \frac{80}{200}$	*1.725	$\frac{23}{100} \times \frac{150}{200}$
1.500	$\frac{30}{100} \times \frac{50}{100}$		$\frac{30}{75} \times \frac{20}{50}$	*1.740	$\frac{29}{100} \times \frac{60}{100}$
	$\frac{30}{100} \times \frac{100}{200}$	*1.610	$\frac{23}{100} \times \frac{70}{100}$		$\frac{29}{100} \times \frac{120}{200}$
	$\frac{30}{100} \times \frac{25}{50}$		$\frac{23}{100} \times \frac{140}{200}$		$\frac{29}{100} \times \frac{30}{50}$
	$\frac{60}{200} \times \frac{50}{100}$		$\frac{23}{100} \times \frac{35}{50}$	1.750	$\frac{25}{100} \times \frac{70}{100}$
	$\frac{40}{200} \times \frac{75}{100}$	*1.640	$\frac{41}{100} \times \frac{40}{100}$		$\frac{25}{100} \times \frac{140}{200}$
1.575	$\frac{35}{100} \times \frac{45}{100}$		$\frac{41}{100} \times \frac{80}{200}$		$\frac{25}{100} \times \frac{35}{50}$
	$\frac{35}{100} \times \frac{90}{200}$	•	$\frac{41}{100} \times \frac{20}{50}$		$\frac{35}{100} \times \frac{50}{100}$
	$\frac{70}{200} \times \frac{45}{100}$	1.650	$\frac{30}{100} \times \frac{55}{100}$		$\frac{70}{200} \times \frac{25}{50}$
	$\frac{35}{200} \times \frac{45}{50}$		$\frac{30}{100} \times \frac{110}{200}$		$\frac{35}{100} \times \frac{75}{150}$
*1.550	$\frac{31}{100} \times \frac{50}{100}$		$\frac{30}{50} \times \frac{55}{200}$		$\frac{35}{100} \times \frac{70}{140}$
	$\frac{31}{100} \times \frac{100}{200}$		$\frac{90}{150} \times \frac{55}{200}$		$\frac{35}{100} \times \frac{65}{130}$
*1.595	$\frac{29}{100} \times \frac{55}{100}$		$\frac{45}{75} \times \frac{55}{200}$		$\frac{35}{100} \times \frac{60}{120}$
	$\frac{29}{100} \times \frac{110}{200}$		$\frac{60}{100} \times \frac{55}{200}$		$\frac{35}{100} \times \frac{55}{110}$
1.600	$\frac{20}{100} \times \frac{80}{100}$	1.700	$\frac{20}{100} \times \frac{85}{100}$		$\frac{35}{100} \times \frac{45}{90}$
	$\frac{20}{100} \times \frac{40}{50}$		$\frac{30}{150} \times \frac{85}{100}$		$\frac{35}{100} \times \frac{40}{80}$
	$\frac{40}{200} \times \frac{80}{100}$		$\frac{40}{200} \times \frac{85}{100}$		$\frac{35}{100} \times \frac{30}{60}$
	$\frac{60}{150} \times \frac{40}{100}$	*1.725	$\frac{23}{100} \times \frac{75}{100}$		$\frac{35}{100} \times \frac{20}{40}$

Pas (millimètr.)	Nombre de dents des engrenages	Pas (millimètr.)	Nombre de dents des engrenages	Pas (millimètr.)	Nombre de dents des engrenages
1.800	$\frac{30}{100} \times \frac{60}{100}$	*1.880	$\frac{47}{100} \times \frac{40}{100}$	1.950	$\frac{30}{100} \times \frac{130}{200}$
	$\frac{30}{100} \times \frac{120}{200}$		$\frac{47}{100} \times \frac{80}{200}$		$\frac{60}{200} \times \frac{65}{100}$
	$\frac{30}{50} \times \frac{60}{200}$		$\frac{47}{100} \times \frac{20}{50}$		$\frac{30}{50} \times \frac{65}{200}$
	$\frac{40}{200} \times \frac{90}{100}$		$\frac{47}{100} \times \frac{60}{150}$	*1.955	$\frac{23}{100} \times \frac{85}{100}$
	$\frac{20}{100} \times \frac{45}{50}$		$\frac{47}{100} \times \frac{30}{75}$	2	$\frac{25}{100} \times \frac{80}{100}$
	$\frac{20}{100} \times \frac{90}{100}$	*1.885	$\frac{29}{100} \times \frac{65}{100}$		$\frac{25}{100} \times \frac{40}{50}$
*1.840	$\frac{23}{100} \times \frac{80}{100}$		$\frac{29}{100} \times \frac{130}{200}$		$\frac{50}{200} \times \frac{80}{100}$
	$\frac{23}{100} \times \frac{40}{50}$		$\frac{29}{50} \times \frac{65}{200}$		$\frac{60}{120} \times \frac{40}{100}$
	$\frac{23}{100} \times \frac{20}{25}$	1.900	$\frac{20}{100} \times \frac{95}{100}$		$\frac{30}{60} \times \frac{40}{100}$
	$\frac{23}{50} \times \frac{80}{200}$		$\frac{40}{200} \times \frac{95}{100}$		$\frac{30}{60} \times \frac{20}{50}$
*1.850	$\frac{37}{100} \times \frac{50}{100}$		$\frac{30}{150} \times \frac{95}{100}$		$\frac{35}{70} \times \frac{20}{50}$
	$\frac{37}{100} \times \frac{100}{200}$	1.925	$\frac{35}{100} \times \frac{55}{100}$		$\frac{40}{80} \times \frac{20}{50}$
	$\frac{37}{100} \times \frac{25}{50}$		$\frac{35}{100} \times \frac{110}{200}$		$\frac{45}{90} \times \frac{20}{50}$
1.875	$\frac{25}{100} \times \frac{75}{100}$		$\frac{70}{200} \times \frac{55}{100}$		$\frac{55}{110} \times \frac{20}{50}$
	$\frac{25}{100} \times \frac{150}{200}$		$\frac{35}{200} \times \frac{55}{50}$		$\frac{65}{130} \times \frac{20}{50}$
	$\frac{50}{200} \times \frac{75}{100}$	*1.935	$\frac{43}{100} \times \frac{45}{100}$		$\frac{70}{140} \times \frac{20}{50}$
	$\frac{25}{200} \times \frac{75}{50}$		$\frac{43}{100} \times \frac{90}{200}$		$\frac{75}{150} \times \frac{20}{50}$
	$\frac{25}{200} \times \frac{150}{100}$	1.950	$\frac{30}{100} \times \frac{65}{100}$		$\frac{100}{200} \times \frac{20}{50}$

Pas	Nombre de dents des engrenages
millimètr.	
* 2.015	$\dfrac{31}{100} \times \dfrac{65}{100}$
	$\dfrac{31}{100} \times \dfrac{130}{200}$
2.025	$\dfrac{45}{100} \times \dfrac{90}{200}$
* 2.035	$\dfrac{37}{100} \times \dfrac{55}{100}$
	$\dfrac{37}{100} \times \dfrac{110}{200}$
* 2.050	$\dfrac{41}{100} \times \dfrac{50}{100}$
	$\dfrac{41}{100} \times \dfrac{100}{200}$
	$\dfrac{41}{100} \times \dfrac{25}{50}$
* 2.070	$\dfrac{23}{100} \times \dfrac{90}{100}$
	$\dfrac{23}{100} \times \dfrac{45}{50}$
2.100	$\dfrac{30}{100} \times \dfrac{70}{100}$
	$\dfrac{30}{50} \times \dfrac{35}{100}$
	$\dfrac{30}{25} \times \dfrac{35}{200}$
	$\dfrac{60}{200} \times \dfrac{70}{100}$
	$\dfrac{60}{100} \times \dfrac{35}{100}$
	$\dfrac{30}{100} \times \dfrac{140}{200}$
	$\dfrac{30}{50} \times \dfrac{70}{200}$
	$\dfrac{30}{25} \times \dfrac{35}{200}$

Pas	Nombre de dents des engrenages
millimètr.	
2.100	$\dfrac{35}{100} \times \dfrac{120}{200}$
	$\dfrac{35}{50} \times \dfrac{60}{200}$
	$\dfrac{35}{100} \times \dfrac{90}{150}$
	$\dfrac{35}{100} \times \dfrac{45}{75}$
	$\dfrac{35}{50} \times \dfrac{45}{150}$
* 2.115	$\dfrac{47}{100} \times \dfrac{45}{100}$
	$\dfrac{47}{100} \times \dfrac{90}{200}$
	$\dfrac{47}{50} \times \dfrac{45}{200}$
2.125	$\dfrac{25}{100} \times \dfrac{85}{100}$
	$\dfrac{30}{120} \times \dfrac{85}{100}$
	$\dfrac{35}{140} \times \dfrac{85}{100}$
* 2.150	$\dfrac{43}{100} \times \dfrac{50}{100}$
	$\dfrac{43}{100} \times \dfrac{100}{200}$
	$\dfrac{43}{100} \times \dfrac{25}{50}$
	$\dfrac{43}{100} \times \dfrac{75}{150}$
	$\dfrac{43}{100} \times \dfrac{70}{140}$
	$\dfrac{43}{100} \times \dfrac{65}{130}$
	$\dfrac{43}{100} \times \dfrac{60}{120}$

Pas	Nombre de dents des engrenages
millimètr.	
* 2.150	$\dfrac{43}{100} \times \dfrac{45}{90}$
	$\dfrac{43}{100} \times \dfrac{40}{80}$
	$\dfrac{43}{100} \times \dfrac{35}{70}$
	$\dfrac{43}{100} \times \dfrac{30}{60}$
	$\dfrac{43}{100} \times \dfrac{20}{40}$
* 2.170	$\dfrac{31}{100} \times \dfrac{70}{100}$
	$\dfrac{31}{100} \times \dfrac{140}{200}$
	$\dfrac{31}{100} \times \dfrac{35}{50}$
* 2.175	$\dfrac{29}{100} \times \dfrac{75}{100}$
	$\dfrac{29}{100} \times \dfrac{150}{200}$
	$\dfrac{29}{50} \times \dfrac{75}{200}$
* 2.185	$\dfrac{23}{100} \times \dfrac{95}{100}$
	$\dfrac{23}{50} \times \dfrac{95}{200}$
2.200	$\dfrac{20}{100} \times \dfrac{110}{100}$
	$\dfrac{20}{100} \times \dfrac{55}{50}$
	$\dfrac{40}{200} \times \dfrac{110}{100}$
	$\dfrac{40}{100} \times \dfrac{55}{100}$
	$\dfrac{60}{150} \times \dfrac{55}{100}$

3

Pas	Nombre de dents des engrenages	Pas	Nombre de dents des engrenages	Pas	Nombre de dents des engrenages
millimètr.		millimètr.		millimètr.	
2.200	$\frac{30}{75} \times \frac{55}{100}$	2.250	$\frac{60}{200} \times \frac{75}{100}$	* 2.350	$\frac{47}{150} \times \frac{75}{100}$
	$\frac{30}{150} \times \frac{55}{50}$		$\frac{30}{100} \times \frac{150}{200}$	* 2.365	$\frac{43}{100} \times \frac{55}{100}$
	$\frac{80}{200} \times \frac{55}{100}$		$\frac{45}{100} \times \frac{50}{100}$		$\frac{43}{100} \times \frac{110}{200}$
	$\frac{40}{100} \times \frac{55}{100}$		$\frac{45}{100} \times \frac{100}{200}$		$\frac{43}{50} \times \frac{55}{200}$
* 2.220	$\frac{55}{50} \times \frac{20}{100}$	2.275	$\frac{35}{100} \times \frac{65}{100}$	3.375	$\frac{25}{100} \times \frac{95}{100}$
	$\frac{37}{100} \times \frac{60}{100}$		$\frac{35}{100} \times \frac{130}{200}$		$\frac{50}{200} \times \frac{95}{100}$
	$\frac{37}{100} \times \frac{120}{200}$		$\frac{35}{50} \times \frac{65}{200}$		$\frac{25}{200} \times \frac{95}{50}$
	$\frac{37}{100} \times \frac{30}{50}$		$\frac{70}{200} \times \frac{65}{100}$	2.400	$\frac{30}{100} \times \frac{80}{100}$
	$\frac{37}{100} \times \frac{90}{150}$	* 2.320	$\frac{29}{100} \times \frac{80}{100}$		$\frac{60}{200} \times \frac{40}{50}$
	$\frac{37}{50} \times \frac{60}{200}$		$\frac{29}{100} \times \frac{40}{50}$		$\frac{30}{100} \times \frac{40}{50}$
	$\frac{37}{100} \times \frac{45}{75}$		$\frac{29}{100} \times \frac{20}{25}$		$\frac{30}{100} \times \frac{20}{25}$
2.250	$\frac{25}{100} \times \frac{90}{100}$	* 2.325	$\frac{31}{100} \times \frac{75}{100}$		$\frac{20}{100} \times \frac{60}{50}$
	$\frac{25}{100} \times \frac{45}{50}$		$\frac{31}{100} \times \frac{150}{200}$		$\frac{20}{100} \times \frac{30}{25}$
	$\frac{20}{80} \times \frac{45}{50}$		$\frac{31}{50} \times \frac{75}{200}$		$\frac{40}{200} \times \frac{120}{100}$
	$\frac{30}{120} \times \frac{45}{50}$		$\frac{31}{200} \times \frac{75}{50}$		$\frac{20}{100} \times \frac{120}{100}$
	$\frac{35}{140} \times \frac{45}{50}$	* 2.350	$\frac{47}{100} \times \frac{50}{100}$		$\frac{40}{100} \times \frac{60}{100}$
	$\frac{50}{200} \times \frac{90}{100}$		$\frac{47}{100} \times \frac{100}{200}$		$\frac{40}{100} \times \frac{90}{150}$
	$\frac{30}{100} \times \frac{75}{100}$		$\frac{47}{100} \times \frac{25}{50}$		$\frac{20}{50} \times \frac{45}{75}$

Pas	Nombre de dents des engrenages	Pas	Nombre de dents des engrenages	Pas	Nombre de dents des engrenages
millimètr.		millimètr.		millimètr.	
*3.280	$\frac{41}{100} \times \frac{60}{75}$	3.375	$\frac{45}{100} \times \frac{150}{200}$	*3.480	$\frac{29}{100} \times \frac{30}{25}$
	$\frac{41}{50} \times \frac{60}{150}$		$\frac{90}{200} \times \frac{75}{100}$		$\frac{29}{100} \times \frac{90}{75}$
	$\frac{41}{50} \times \frac{30}{75}$		$\frac{45}{50} \times \frac{75}{200}$		$\frac{29}{50} \times \frac{45}{75}$
*3.290	$\frac{47}{100} \times \frac{70}{100}$	3.400	$\frac{40}{100} \times \frac{85}{100}$		$\frac{29}{50} \times \frac{90}{150}$
	$\frac{47}{100} \times \frac{140}{200}$		$\frac{80}{200} \times \frac{85}{100}$		$\frac{29}{25} \times \frac{45}{150}$
3.300	$\frac{47}{100} \times \frac{35}{50}$		$\frac{20}{50} \times \frac{85}{100}$	3.500	$\frac{100}{200} \times \frac{70}{100}$
	$\frac{55}{100} \times \frac{60}{100}$		$\frac{60}{150} \times \frac{85}{100}$		$\frac{75}{150} \times \frac{70}{100}$
	$\frac{110}{200} \times \frac{60}{100}$		$\frac{30}{75} \times \frac{85}{100}$		$\frac{70}{140} \times \frac{35}{50}$
	$\frac{55}{100} \times \frac{120}{200}$	*3.410	$\frac{31}{100} \times \frac{110}{100}$		$\frac{65}{130} \times \frac{35}{50}$
	$\frac{55}{100} \times \frac{30}{50}$		$\frac{31}{50} \times \frac{55}{100}$		$\frac{60}{120} \times \frac{35}{50}$
	$\frac{55}{100} \times \frac{90}{150}$		$\frac{31}{50} \times \frac{110}{200}$		$\frac{55}{110} \times \frac{35}{50}$
	$\frac{55}{100} \times \frac{45}{75}$	*3.440	$\frac{43}{100} \times \frac{80}{100}$		$\frac{50}{100} \times \frac{70}{100}$
3.225	$\frac{95}{100} \times \frac{35}{100}$		$\frac{43}{100} \times \frac{40}{50}$		$\frac{45}{90} \times \frac{35}{50}$
	$\frac{95}{100} \times \frac{70}{200}$		$\frac{43}{100} \times \frac{20}{25}$		$\frac{40}{80} \times \frac{35}{50}$
	$\frac{95}{50} \times \frac{35}{200}$	*3.450	$\frac{23}{100} \times \frac{150}{100}$		$\frac{30}{60} \times \frac{35}{50}$
*3.330	$\frac{37}{100} \times \frac{90}{100}$		$\frac{23}{100} \times \frac{75}{50}$		$\frac{20}{40} \times \frac{35}{50}$
	$\frac{37}{100} \times \frac{45}{50}$	*3.480	$\frac{29}{100} \times \frac{120}{100}$	*3.515	$\frac{37}{100} \times \frac{95}{100}$
3.375	$\frac{45}{100} \times \frac{75}{100}$		$\frac{29}{100} \times \frac{60}{50}$	*3.525	$\frac{47}{100} \times \frac{75}{100}$

Pas	Nombre de dents des engrenages		Pas	Nombre de dents des engrenages		Pas	Nombre de dents des engrenages	
millimètr.			millimètr.			millimètr.		
* 3.525	$\frac{47}{100}$	$\times \frac{150}{200}$	3.690	$\frac{41}{100}$	$\times \frac{45}{50}$	3.750	$\frac{100}{200}$	$\times \frac{75}{100}$
	$\frac{47}{50}$	$\times \frac{75}{200}$	* 3.700	$\frac{37}{50}$	$\times \frac{75}{150}$		$\frac{50}{100}$	$\times \frac{75}{100}$
3.600	$\frac{30}{100}$	$\times \frac{120}{100}$		$\frac{37}{50}$	$\times \frac{100}{200}$		$\frac{25}{50}$	$\times \frac{75}{100}$
	$\frac{30}{100}$	$\times \frac{60}{50}$		$\frac{37}{50}$	$\times \frac{70}{140}$		$\frac{50}{200}$	$\times \frac{150}{100}$
	$\frac{60}{200}$	$\times \frac{30}{25}$		$\frac{37}{50}$	$\times \frac{65}{130}$		$\frac{50}{200}$	$\times \frac{75}{50}$
	$\frac{20}{50}$	$\times \frac{60}{100}$		$\frac{37}{50}$	$\times \frac{60}{120}$		$\frac{25}{100}$	$\times \frac{150}{100}$
	$\frac{90}{150}$	$\times \frac{60}{100}$		$\frac{37}{50}$	$\times \frac{55}{110}$		$\frac{70}{140}$	$\times \frac{75}{100}$
	$\frac{45}{75}$	$\times \frac{30}{50}$		$\frac{37}{50}$	$\times \frac{45}{90}$		$\frac{65}{130}$	$\times \frac{75}{100}$
	$\frac{90}{150}$	$\times \frac{30}{50}$		$\frac{37}{50}$	$\times \frac{40}{80}$		$\frac{60}{120}$	$\times \frac{75}{100}$
	$\frac{45}{50}$	$\times \frac{40}{100}$		$\frac{37}{50}$	$\times \frac{35}{70}$		$\frac{55}{110}$	$\times \frac{75}{100}$
	$\frac{20}{50}$	$\times \frac{90}{100}$		$\frac{37}{50}$	$\times \frac{30}{60}$		$\frac{45}{90}$	$\times \frac{75}{100}$
	$\frac{40}{100}$	$\times \frac{90}{100}$		$\frac{37}{50}$	$\times \frac{20}{40}$		$\frac{40}{80}$	$\times \frac{75}{100}$
	$\frac{45}{100}$	$\times \frac{80}{100}$	* 3.720	$\frac{31}{100}$	$\times \frac{120}{100}$		$\frac{35}{70}$	$\times \frac{75}{100}$
	$\frac{20}{25}$	$\times \frac{45}{100}$		$\frac{31}{100}$	$\times \frac{60}{50}$		$\frac{30}{60}$	$\times \frac{75}{100}$
	$\frac{40}{50}$	$\times \frac{90}{200}$		$\frac{31}{100}$	$\times \frac{30}{25}$		$\frac{20}{40}$	$\times \frac{75}{100}$
* 3.655	$\frac{43}{100}$	$\times \frac{85}{100}$		$\frac{31}{100}$	$\times \frac{90}{75}$		$\frac{20}{40}$	$\times \frac{60}{80}$
	$\frac{43}{50}$	$\times \frac{85}{200}$		$\frac{31}{50}$	$\times \frac{90}{150}$		$\frac{25}{50}$	$\times \frac{30}{40}$
* 3.690	$\frac{41}{100}$	$\times \frac{90}{100}$		$\frac{31}{50}$	$\times \frac{45}{75}$		$\frac{35}{70}$	$\times \frac{30}{40}$

Pas	Nombre de dents des engrenages
millimètr.	
3.750	$\frac{45}{90} \times \frac{30}{40}$
	$\frac{50}{100} \times \frac{30}{40}$
	$\frac{60}{120} \times \frac{30}{40}$
* 3.760	$\frac{47}{100} \times \frac{80}{100}$
	$\frac{47}{100} \times \frac{40}{50}$
	$\frac{47}{100} \times \frac{20}{25}$
	$\frac{47}{100} \times \frac{60}{75}$
	$\frac{47}{50} \times \frac{30}{75}$
* 3.770	$\frac{29}{100} \times \frac{130}{100}$
	$\frac{29}{100} \times \frac{65}{50}$
3.800	$\frac{40}{100} \times \frac{95}{100}$
	$\frac{80}{200} \times \frac{95}{100}$
	$\frac{20}{50} \times \frac{95}{100}$
	$\frac{60}{150} \times \frac{95}{100}$
	$\frac{30}{75} \times \frac{95}{100}$
	$\frac{80}{200} \times \frac{95}{100}$
	$\frac{30}{150} \times \frac{95}{50}$
3.825	$\frac{45}{100} \times \frac{85}{100}$
millimètr.	
3.825	$\frac{90}{200} \times \frac{85}{100}$
	$\frac{45}{200} \times \frac{85}{50}$
3.850	$\frac{55}{100} \times \frac{70}{100}$
	$\frac{110}{200} \times \frac{70}{100}$
	$\frac{55}{100} \times \frac{140}{200}$
	$\frac{55}{100} \times \frac{35}{50}$
	$\frac{35}{50} \times \frac{110}{200}$
	$\frac{35}{100} \times \frac{110}{100}$
	$\frac{55}{50} \times \frac{70}{200}$
* 3.870	$\frac{43}{100} \times \frac{90}{100}$
	$\frac{43}{100} \times \frac{45}{50}$
* 3.895	$\frac{41}{100} \times \frac{95}{100}$
	$\frac{41}{50} \times \frac{95}{200}$
3.900	$\frac{60}{100} \times \frac{65}{100}$
	$\frac{120}{200} \times \frac{65}{100}$
	$\frac{60}{100} \times \frac{130}{200}$
	$\frac{30}{50} \times \frac{65}{100}$
	$\frac{90}{150} \times \frac{65}{100}$
millimètr.	
3.900	$\frac{45}{75} \times \frac{65}{100}$
	$\frac{45}{75} \times \frac{130}{200}$
	$\frac{30}{100} \times \frac{130}{100}$
* 3.950	$\frac{79}{100} \times \frac{50}{100}$
	$\frac{79}{50} \times \frac{25}{100}$
	$\frac{79}{100} \times \frac{25}{50}$
	$\frac{79}{100} \times \frac{20}{40}$
	$\frac{79}{100} \times \frac{30}{60}$
	$\frac{79}{100} \times \frac{35}{70}$
	$\frac{79}{100} \times \frac{40}{80}$
	$\frac{79}{100} \times \frac{45}{90}$
* 3.975	$\frac{53}{100} \times \frac{75}{100}$
	$\frac{53}{100} \times \frac{150}{200}$
	$\frac{53}{50} \times \frac{75}{200}$
	$\frac{53}{100} \times \frac{60}{80}$
	$\frac{53}{100} \times \frac{30}{40}$
* 3.995	$\frac{47}{100} \times \frac{85}{100}$
	$\frac{47}{50} \times \frac{95}{200}$

Pas	Nombre de dents des engrenages	Pas	Nombre de dents des engrenages	Pas	Nombre de dents des engrenages
millimètr.		millimètr.		millimètr.	
4	$\frac{100}{200} \times \frac{80}{100}$	* 4.070	$\frac{37}{100} \times \frac{55}{50}$	4.125	$\frac{55}{100} \times \frac{30}{40}$
	$\frac{75}{150} \times \frac{80}{100}$	* 4.085	$\frac{43}{100} \times \frac{95}{100}$	4.200	$\frac{60}{100} \times \frac{70}{100}$
	$\frac{70}{140} \times \frac{80}{100}$		$\frac{43}{50} \times \frac{95}{200}$		$\frac{60}{100} \times \frac{140}{200}$
	$\frac{65}{130} \times \frac{80}{100}$	* 4.100	$\frac{41}{50} \times \frac{100}{200}$		$\frac{120}{200} \times \frac{70}{100}$
	$\frac{60}{120} \times \frac{40}{50}$		$\frac{41}{50} \times \frac{75}{150}$		$\frac{60}{100} \times \frac{35}{50}$
	$\frac{55}{110} \times \frac{40}{50}$		$\frac{41}{50} \times \frac{70}{140}$		$\frac{90}{150} \times \frac{70}{100}$
	$\frac{50}{100} \times \frac{80}{100}$		$\frac{41}{50} \times \frac{65}{130}$		$\frac{45}{75} \times \frac{70}{100}$
	$\frac{45}{90} \times \frac{40}{50}$		$\frac{41}{50} \times \frac{60}{120}$		$\frac{45}{75} \times \frac{35}{50}$
	$\frac{40}{80} \times \frac{20}{25}$		$\frac{41}{50} \times \frac{55}{110}$		$\frac{45}{75} \times \frac{140}{200}$
	$\frac{35}{70} \times \frac{20}{25}$		$\frac{41}{50} \times \frac{45}{90}$		$\frac{35}{100} \times \frac{30}{25}$
	$\frac{30}{60} \times \frac{20}{25}$		$\frac{41}{50} \times \frac{40}{80}$		$\frac{30}{100} \times \frac{140}{100}$
	$\frac{20}{40} \times \frac{80}{100}$		$\frac{41}{50} \times \frac{35}{70}$	4.225	$\frac{65}{100} \times \frac{130}{200}$
	$\frac{20}{100} \times \frac{200}{100}$		$\frac{41}{50} \times \frac{30}{60}$		$\frac{130}{100} \times \frac{65}{200}$
	$\frac{40}{50} \times \frac{100}{200}$		$\frac{41}{50} \times \frac{20}{40}$	* 4.240	$\frac{53}{100} \times \frac{80}{100}$
	$\frac{20}{100} \times \frac{50}{25}$	4.125	$\frac{55}{100} \times \frac{75}{100}$		$\frac{53}{100} \times \frac{40}{50}$
* 4.030	$\frac{31}{100} \times \frac{130}{100}$		$\frac{55}{100} \times \frac{150}{200}$		$\frac{53}{100} \times \frac{20}{25}$
	$\frac{31}{100} \times \frac{65}{50}$		$\frac{110}{200} \times \frac{75}{100}$		$\frac{53}{50} \times \frac{40}{100}$
* 4.070	$\frac{37}{100} \times \frac{110}{100}$		$\frac{55}{100} \times \frac{60}{80}$	4.250	$\frac{100}{200} \times \frac{85}{100}$

Pas	Nombre de dents des engrenages	Pas	Nombre de dents des engrenages	Pas	Nombre de dents des engrenages
millimètr.		millimètr.		millimètr.	
4.250	$\frac{75}{150} \times \frac{85}{100}$	* 4.300	$\frac{43}{50} \times \frac{60}{120}$	4.400	$\frac{30}{75} \times \frac{55}{50}$
	$\frac{70}{140} \times \frac{85}{100}$		$\frac{43}{50} \times \frac{55}{110}$		$\frac{30}{75} \times \frac{110}{100}$
	$\frac{65}{130} \times \frac{85}{100}$		$\frac{43}{50} \times \frac{45}{90}$		$\frac{55}{25} \times \frac{20}{100}$
	$\frac{60}{120} \times \frac{85}{100}$		$\frac{43}{50} \times \frac{40}{80}$		$\frac{55}{75} \times \frac{60}{100}$
	$\frac{55}{110} \times \frac{85}{100}$		$\frac{43}{50} \times \frac{35}{70}$		$\frac{110}{50} \times \frac{40}{200}$
	$\frac{50}{100} \times \frac{85}{100}$		$\frac{43}{50} \times \frac{30}{60}$		$\frac{110}{25} \times \frac{20}{200}$
	$\frac{45}{90} \times \frac{85}{100}$		$\frac{43}{50} \times \frac{20}{40}$		$\frac{55}{100} \times \frac{120}{150}$
	$\frac{40}{80} \times \frac{85}{100}$	* 4.340	$\frac{31}{100} \times \frac{140}{100}$		$\frac{110}{200} \times \frac{120}{150}$
	$\frac{35}{70} \times \frac{85}{100}$		$\frac{31}{100} \times \frac{70}{50}$	* 4.440	$\frac{37}{100} \times \frac{120}{100}$
	$\frac{30}{60} \times \frac{85}{100}$		$\frac{31}{100} \times \frac{35}{25}$		$\frac{37}{100} \times \frac{60}{50}$
	$\frac{25}{50} \times \frac{85}{100}$	* 4.350	$\frac{29}{100} \times \frac{150}{100}$		$\frac{37}{100} \times \frac{30}{25}$
	$\frac{20}{40} \times \frac{85}{100}$		$\frac{29}{100} \times \frac{75}{50}$		$\frac{37}{50} \times \frac{60}{100}$
4.275	$\frac{45}{100} \times \frac{95}{100}$	4.400	$\frac{40}{100} \times \frac{110}{100}$		$\frac{37}{50} \times \frac{90}{150}$
	$\frac{90}{200} \times \frac{95}{100}$		$\frac{80}{200} \times \frac{55}{50}$		$\frac{37}{50} \times \frac{45}{75}$
* 4.300	$\frac{43}{50} \times \frac{100}{200}$		$\frac{80}{200} \times \frac{110}{100}$		$\frac{37}{25} \times \frac{45}{150}$
	$\frac{43}{50} \times \frac{75}{150}$		$\frac{20}{50} \times \frac{110}{100}$	* 4.465	$\frac{47}{100} \times \frac{95}{100}$
	$\frac{43}{50} \times \frac{70}{140}$		$\frac{40}{100} \times \frac{55}{50}$		$\frac{47}{50} \times \frac{95}{200}$
	$\frac{43}{50} \times \frac{65}{130}$		$\frac{60}{150} \times \frac{110}{100}$	4.500	$\frac{100}{200} \times \frac{90}{100}$

Pas	Nombre de dents des engrenages	Pas	Nombre de dents des engrenages	Pas	Nombre de dents des engrenages
millimètr. 4.500	$\dfrac{75}{150} \times \dfrac{45}{50}$	millimètr. * 4.600	$\dfrac{23}{100} \times \dfrac{100}{50}$	millimètr. * 4.700	$\dfrac{47}{50} \times \dfrac{40}{80}$
	$\dfrac{70}{140} \times \dfrac{45}{50}$		$\dfrac{23}{100} \times \dfrac{50}{25}$		$\dfrac{47}{50} \times \dfrac{35}{70}$
	$\dfrac{65}{130} \times \dfrac{45}{50}$		$\dfrac{23}{100} \times \dfrac{150}{75}$		$\dfrac{47}{50} \times \dfrac{30}{60}$
	$\dfrac{60}{120} \times \dfrac{45}{50}$		$\dfrac{23}{100} \times \dfrac{140}{70}$		$\dfrac{47}{50} \times \dfrac{20}{40}$
	$\dfrac{55}{110} \times \dfrac{45}{50}$		$\dfrac{231}{100} \times \dfrac{130}{65}$	* 4.730	$\dfrac{43}{100} \times \dfrac{110}{100}$
	$\dfrac{50}{100} \times \dfrac{90}{100}$		$\dfrac{23}{100} \times \dfrac{120}{60}$		$\dfrac{43}{50} \times \dfrac{55}{100}$
	$\dfrac{40}{80} \times \dfrac{45}{50}$		$\dfrac{23}{100} \times \dfrac{110}{55}$		$\dfrac{43}{50} \times \dfrac{110}{200}$
	$\dfrac{35}{70} \times \dfrac{45}{5}$		$\dfrac{23}{100} \times \dfrac{90}{45}$	4.750	$\dfrac{100}{200} \times \dfrac{95}{100}$
	$\dfrac{30}{60} \times \dfrac{45}{50}$		$\dfrac{23}{100} \times \dfrac{80}{40}$		$\dfrac{75}{150} \times \dfrac{95}{100}$
	$\dfrac{25}{50} \times \dfrac{90}{100}$	* 4.650	$\dfrac{31}{100} \times \dfrac{150}{100}$		$\dfrac{70}{140} \times \dfrac{95}{100}$
	$\dfrac{20}{40} \times \dfrac{45}{50}$		$\dfrac{31}{100} \times \dfrac{75}{50}$		$\dfrac{65}{130} \times \dfrac{95}{100}$
4.550	$\dfrac{65}{100} \times \dfrac{70}{100}$	* 4.700	$\dfrac{47}{50} \times \dfrac{100}{200}$		$\dfrac{60}{120} \times \dfrac{95}{100}$
	$\dfrac{65}{100} \times \dfrac{140}{200}$		$\dfrac{47}{50} \times \dfrac{75}{150}$		$\dfrac{55}{110} \times \dfrac{95}{100}$
	$\dfrac{65}{100} \times \dfrac{35}{50}$		$\dfrac{47}{50} \times \dfrac{70}{140}$		$\dfrac{50}{100} \times \dfrac{95}{100}$
	$\dfrac{130}{200} \times \dfrac{70}{100}$		$\dfrac{47}{50} \times \dfrac{65}{130}$		$\dfrac{45}{90} \times \dfrac{95}{100}$
	$\dfrac{70}{200} \times \dfrac{65}{50}$		$\dfrac{47}{50} \times \dfrac{60}{120}$		$\dfrac{40}{80} \times \dfrac{95}{100}$
	$\dfrac{35}{100} \times \dfrac{130}{100}$		$\dfrac{47}{50} \times \dfrac{55}{110}$		$\dfrac{35}{70} \times \dfrac{95}{100}$
* 4.600	$\dfrac{23}{100} \times \dfrac{200}{100}$		$\dfrac{47}{50} \times \dfrac{45}{90}$		$\dfrac{30}{60} \times \dfrac{95}{100}$

Pas	Nombre de dents des engrenages
millimètr.	
4.750	$\frac{25}{50} \times \frac{95}{100}$
	$\frac{20}{40} \times \frac{95}{100}$
4.800	$\frac{60}{100} \times \frac{80}{100}$
	$\frac{120}{200} \times \frac{80}{100}$
	$\frac{30}{50} \times \frac{80}{100}$
	$\frac{60}{100} \times \frac{40}{50}$
	$\frac{30}{50} \times \frac{20}{25}$
	$\frac{90}{150} \times \frac{80}{100}$
	$\frac{45}{75} \times \frac{40}{50}$
	$\frac{45}{75} \times \frac{20}{25}$
	$\frac{120}{50} \times \frac{20}{100}$
	$\frac{40}{100} \times \frac{120}{100}$
* 4.810	$\frac{37}{100} \times \frac{130}{100}$
	$\frac{37}{100} \times \frac{65}{50}$
4.875	$\frac{65}{100} \times \frac{75}{100}$
	$\frac{65}{50} \times \frac{75}{200}$
	$\frac{65}{100} \times \frac{150}{200}$
	$\frac{65}{100} \times \frac{60}{80}$

Pas	Nombre de dents des engrenages
millimètr	
4.875	$\frac{65}{100} \times \frac{30}{40}$
	$\frac{130}{100} \times \frac{75}{200}$
4.900	$\frac{70}{100} \times \frac{140}{200}$
	$\frac{35}{100} \times \frac{140}{100}$
	$\frac{35}{50} \times \frac{70}{100}$
* 4.920	$\frac{41}{100} \times \frac{120}{100}$
	$\frac{41}{50} \times \frac{120}{200}$
	$\frac{41}{100} \times \frac{60}{50}$
	$\frac{41}{100} \times \frac{30}{25}$
4.950	$\frac{55}{100} \times \frac{90}{100}$
	$\frac{110}{200} \times \frac{90}{100}$
	$\frac{55}{100} \times \frac{45}{50}$
	$\frac{55}{50} \times \frac{90}{200}$
	$\frac{45}{100} \times \frac{110}{100}$
	$\frac{45}{100} \times \frac{55}{50}$
* 4.970	$\frac{71}{100} \times \frac{70}{100}$
	$\frac{71}{100} \times \frac{140}{200}$
	$\frac{71}{100} \times \frac{35}{50}$

Pas	Nombre de dents des engrenages
millimètr.	
5	$\frac{25}{50} \times \frac{100}{100}$
	$\frac{25}{100} \times \frac{200}{100}$
	$\frac{25}{100} \times \frac{150}{75}$
	$\frac{25}{100} \times \frac{140}{70}$
	$\frac{25}{100} \times \frac{130}{65}$
	$\frac{25}{100} \times \frac{120}{60}$
	$\frac{25}{100} \times \frac{110}{55}$
	$\frac{25}{400} \times \frac{100}{50}$
	$\frac{25}{100} \times \frac{90}{45}$
	$\frac{25}{100} \times \frac{80}{40}$
5.100	$\frac{60}{100} \times \frac{85}{100}$
	$\frac{60}{50} \times \frac{85}{200}$
	$\frac{120}{200} \times \frac{85}{100}$
	$\frac{30}{50} \times \frac{85}{100}$
	$\frac{90}{150} \times \frac{85}{100}$
	$\frac{45}{75} \times \frac{85}{100}$
* 5.160	$\frac{43}{100} \times \frac{120}{100}$
	$\frac{43}{100} \times \frac{60}{50}$

Pas	Nombre de dents des engrenages	Pas	Nombre de dents des engrenages	Pas	Nombre de dents des engrenages
millimètr.		millimètr.		millimètr.	
* 5.160	$\frac{43}{100} \times \frac{30}{25}$	5.250	$\frac{70}{100} \times \frac{75}{100}$	* 5.330	$\frac{41}{100} \times \frac{65}{50}$
	$\frac{43}{50} \times \frac{120}{200}$		$\frac{35}{50} \times \frac{75}{100}$		$\frac{41}{50} \times \frac{130}{200}$
* 5.180	$\frac{37}{100} \times \frac{140}{100}$		$\frac{70}{50} \times \frac{75}{200}$	5.400	$\frac{45}{50} \times \frac{60}{100}$
	$\frac{37}{100} \times \frac{70}{50}$		$\frac{70}{100} \times \frac{150}{200}$		$\frac{90}{100} \times \frac{120}{200}$
	$\frac{37}{100} \times \frac{35}{25}$		$\frac{140}{200} \times \frac{75}{100}$		$\frac{90}{100} \times \frac{30}{50}$
	$\frac{37}{50} \times \frac{70}{100}$		$\frac{35}{100} \times \frac{150}{100}$		$\frac{45}{25} \times \frac{30}{100}$
5.200	$\frac{65}{100} \times \frac{80}{100}$	* 5.300	$\frac{53}{50} \times \frac{75}{150}$	5.500	$\frac{100}{200} \times \frac{110}{100}$
	$\frac{65}{100} \times \frac{40}{50}$		$\frac{53}{50} \times \frac{100}{200}$		$\frac{75}{150} \times \frac{110}{100}$
	$\frac{65}{100} \times \frac{20}{25}$		$\frac{53}{50} \times \frac{70}{140}$		$\frac{70}{140} \times \frac{110}{100}$
	$\frac{130}{200} \times \frac{80}{100}$		$\frac{53}{50} \times \frac{65}{130}$		$\frac{65}{130} \times \frac{110}{100}$
	$\frac{20}{50} \times \frac{130}{100}$		$\frac{53}{50} \times \frac{60}{120}$		$\frac{60}{120} \times \frac{110}{100}$
	$\frac{130}{25} \times \frac{20}{200}$		$\frac{53}{50} \times \frac{55}{110}$		$\frac{55}{110} \times \frac{110}{100}$
	$\frac{60}{150} \times \frac{130}{100}$		$\frac{53}{50} \times \frac{45}{90}$		$\frac{50}{100} \times \frac{110}{100}$
	$\frac{60}{150} \times \frac{65}{50}$		$\frac{53}{50} \times \frac{40}{80}$		$\frac{45}{90} \times \frac{55}{50}$
	$\frac{30}{75} \times \frac{65}{50}$		$\frac{53}{50} \times \frac{35}{70}$		$\frac{40}{80} \times \frac{55}{50}$
	$\frac{60}{75} \times \frac{65}{100}$		$\frac{53}{50} \times \frac{30}{60}$		$\frac{35}{70} \times \frac{55}{50}$
5.225	$\frac{55}{100} \times \frac{95}{100}$		$\frac{53}{50} \times \frac{20}{40}$		$\frac{30}{60} \times \frac{55}{50}$
	$\frac{55}{50} \times \frac{95}{200}$	* 5.330	$\frac{41}{100} \times \frac{130}{100}$		$\frac{20}{40} \times \frac{55}{50}$

Pas	Nombre de dents des engrenages
millimètr.	
5.525	$\frac{65}{100} \times \frac{85}{100}$
	$\frac{130}{200} \times \frac{85}{100}$
	$\frac{65}{50} \times \frac{85}{200}$
* 5.550	$\frac{37}{100} \times \frac{150}{100}$
	$\frac{37}{100} \times \frac{75}{50}$
	$\frac{37}{50} \times \frac{150}{200}$
* 5.590	$\frac{43}{100} \times \frac{130}{100}$
	$\frac{43}{100} \times \frac{65}{50}$
	$\frac{43}{50} \times \frac{130}{200}$
5.600	$\frac{70}{100} \times \frac{80}{100}$
	$\frac{70}{100} \times \frac{40}{50}$
	$\frac{35}{50} \times \frac{20}{25}$
	$\frac{35}{50} \times \frac{80}{100}$
	$\frac{70}{100} \times \frac{20}{25}$
	$\frac{35}{50} \times \frac{60}{75}$
	$\frac{70}{100} \times \frac{60}{75}$
	$\frac{35}{25} \times \frac{40}{100}$
	$\frac{140}{100} \times \frac{80}{200}$

Pas	Nombre de dents des engrenages
millimètr.	
5.600	$\frac{140}{50} \times \frac{40}{200}$
	$\frac{140}{100} \times \frac{40}{100}$
5.625	$\frac{75}{100} \times \frac{150}{200}$
	$\frac{60}{80} \times \frac{150}{200}$
	$\frac{60}{80} \times \frac{75}{100}$
	$\frac{30}{40} \times \frac{75}{100}$
* 5.640	$\frac{47}{100} \times \frac{120}{100}$
	$\frac{47}{100} \times \frac{60}{50}$
	$\frac{47}{100} \times \frac{30}{25}$
	$\frac{47}{50} \times \frac{120}{200}$
	$\frac{47}{50} \times \frac{60}{100}$
5.700	$\frac{60}{100} \times \frac{95}{100}$
	$\frac{120}{200} \times \frac{95}{100}$
	$\frac{30}{50} \times \frac{95}{100}$
	$\frac{60}{50} \times \frac{95}{200}$
	$\frac{90}{150} \times \frac{95}{100}$
	$\frac{45}{75} \times \frac{95}{100}$
* 5.740	$\frac{41}{100} \times \frac{140}{100}$

Pas	Nombre de dents des engrenages
millimètr.	
* 5.740	$\frac{41}{100} \times \frac{70}{50}$
	$\frac{41}{100} \times \frac{35}{25}$
	$\frac{41}{50} \times \frac{140}{200}$
* 5.800	$\frac{29}{100} \times \frac{200}{100}$
	$\frac{29}{100} \times \frac{100}{50}$
	$\frac{29}{100} \times \frac{50}{25}$
* 5.830	$\frac{53}{100} \times \frac{110}{100}$
	$\frac{53}{50} \times \frac{110}{200}$
	$\frac{53}{100} \times \frac{55}{50}$
5.850	$\frac{45}{100} \times \frac{130}{100}$
	$\frac{45}{100} \times \frac{65}{50}$
	$\frac{90}{200} \times \frac{65}{50}$
	$\frac{45}{50} \times \frac{130}{200}$
	$\frac{65}{100} \times \frac{90}{100}$
* 5.900	$\frac{59}{50} \times \frac{100}{200}$
	$\frac{59}{50} \times \frac{75}{150}$
	$\frac{59}{50} \times \frac{70}{140}$
	$\frac{59}{50} \times \frac{65}{130}$

Pas	Nombre de dents des engrenages	Pas	Nombre de dents des engrenages	Pas	Nombre de dents des engrenages
millimètr.		millimètr.		millimètr.	
*5.900	$\frac{59}{50} \times \frac{60}{120}$	6	$\frac{45}{90} \times \frac{60}{50}$	*6.150	$\frac{41}{100} \times \frac{150}{100}$
	$\frac{59}{50} \times \frac{55}{110}$		$\frac{40}{80} \times \frac{30}{25}$		$\frac{41}{100} \times \frac{75}{50}$
	$\frac{59}{50} \times \frac{45}{90}$		$\frac{35}{70} \times \frac{30}{25}$		$\frac{41}{50} \times \frac{150}{200}$
	$\frac{59}{50} \times \frac{40}{80}$		$\frac{30}{60} \times \frac{120}{100}$	6.175	$\frac{65}{100} \times \frac{95}{100}$
	$\frac{59}{50} \times \frac{35}{70}$		$\frac{20}{40} \times \frac{30}{25}$		$\frac{65}{50} \times \frac{95}{200}$
	$\frac{59}{50} \times \frac{30}{60}$	6.050	$\frac{55}{100} \times \frac{110}{100}$		$\frac{130}{200} \times \frac{95}{100}$
	$\frac{59}{50} \times \frac{20}{40}$		$\frac{55}{50} \times \frac{110}{200}$	*6.200	$\frac{31}{100} \times \frac{200}{100}$
5.950	$\frac{70}{100} \times \frac{85}{100}$	*6.100	$\frac{61}{50} \times \frac{100}{200}$		$\frac{31}{100} \times \frac{150}{75}$
	$\frac{140}{200} \times \frac{85}{100}$		$\frac{61}{50} \times \frac{75}{150}$		$\frac{31}{100} \times \frac{140}{70}$
	$\frac{35}{50} \times \frac{85}{100}$		$\frac{61}{50} \times \frac{70}{140}$		$\frac{31}{100} \times \frac{130}{65}$
	$\frac{70}{50} \times \frac{85}{200}$		$\frac{61}{50} \times \frac{65}{130}$		$\frac{31}{100} \times \frac{120}{60}$
6	$\frac{100}{200} \times \frac{120}{100}$		$\frac{61}{50} \times \frac{60}{120}$		$\frac{31}{100} \times \frac{100}{50}$
	$\frac{75}{150} \times \frac{120}{100}$		$\frac{61}{50} \times \frac{55}{110}$		$\frac{31}{100} \times \frac{90}{45}$
	$\frac{70}{140} \times \frac{120}{100}$		$\frac{61}{50} \times \frac{45}{90}$		$\frac{31}{100} \times \frac{80}{40}$
	$\frac{65}{130} \times \frac{120}{100}$		$\frac{61}{50} \times \frac{40}{80}$		$\frac{31}{100} \times \frac{60}{30}$
	$\frac{60}{120} \times \frac{120}{100}$		$\frac{61}{50} \times \frac{35}{70}$		$\frac{31}{100} \times \frac{50}{25}$
	$\frac{55}{110} \times \frac{60}{50}$		$\frac{61}{50} \times \frac{30}{60}$		$\frac{31}{100} \times \frac{40}{20}$
	$\frac{50}{100} \times \frac{120}{100}$		$\frac{61}{50} \times \frac{20}{40}$	6.300	$\frac{70}{100} \times \frac{90}{100}$

Pas	Nombre de dents des engrenages	Pas	Nombre de dents des engrenages	Pas	Nombre de dents des engrenages
millimètr.		millimètr.		millimètr.	
6.500	$\frac{140}{200} \times \frac{90}{100}$	* 6.450	$\frac{43}{100} \times \frac{150}{100}$	6.600	$\frac{60}{100} \times \frac{110}{100}$
	$\frac{35}{50} \times \frac{90}{100}$		$\frac{43}{100} \times \frac{75}{50}$		$\frac{60}{100} \times \frac{55}{50}$
	$\frac{70}{50} \times \frac{90}{200}$		$\frac{43}{50} \times \frac{150}{200}$		$\frac{120}{200} \times \frac{55}{50}$
	$\frac{70}{100} \times \frac{45}{50}$	6.500	$\frac{100}{200} \times \frac{130}{100}$		$\frac{30}{50} \times \frac{110}{100}$
	$\frac{35}{25} \times \frac{45}{100}$		$\frac{75}{150} \times \frac{130}{100}$		$\frac{90}{150} \times \frac{110}{100}$
	$\frac{35}{25} \times \frac{90}{200}$		$\frac{70}{140} \times \frac{65}{50}$		$\frac{45}{75} \times \frac{55}{50}$
6.375	$\frac{75}{100} \times \frac{85}{100}$		$\frac{60}{120} \times \frac{65}{50}$		$\frac{90}{150} \times \frac{55}{50}$
	$\frac{150}{200} \times \frac{85}{100}$		$\frac{55}{110} \times \frac{65}{50}$	6.650	$\frac{70}{100} \times \frac{95}{100}$
	$\frac{60}{80} \times \frac{85}{100}$		$\frac{50}{100} \times \frac{130}{100}$		$\frac{35}{50} \times \frac{95}{100}$
	$\frac{30}{40} \times \frac{85}{100}$		$\frac{45}{90} \times \frac{65}{50}$	* 6.700	$\frac{67}{50} \times \frac{100}{200}$
6.400	$\frac{40}{50} \times \frac{80}{100}$		$\frac{40}{80} \times \frac{65}{50}$		$\frac{67}{50} \times \frac{75}{150}$
	$\frac{20}{25} \times \frac{80}{100}$		$\frac{35}{70} \times \frac{65}{50}$		$\frac{67}{50} \times \frac{70}{140}$
	$\frac{20}{25} \times \frac{40}{50}$		$\frac{30}{60} \times \frac{65}{50}$		$\frac{67}{50} \times \frac{65}{130}$
	$\frac{60}{75} \times \frac{80}{100}$		$\frac{20}{40} \times \frac{65}{50}$		$\frac{67}{50} \times \frac{60}{120}$
	$\frac{120}{150} \times \frac{80}{100}$	* 6.580	$\frac{47}{100} \times \frac{140}{100}$		$\frac{67}{50} \times \frac{55}{110}$
	$\frac{60}{75} \times \frac{40}{50}$		$\frac{47}{100} \times \frac{70}{50}$		$\frac{67}{50} \times \frac{45}{90}$
	$\frac{60}{75} \times \frac{20}{25}$		$\frac{47}{100} \times \frac{35}{25}$		$\frac{67}{50} \times \frac{40}{80}$
	$\frac{120}{150} \times \frac{40}{50}$		$\frac{47}{50} \times \frac{140}{200}$		$\frac{67}{50} \times \frac{35}{70}$

Pas	Nombre de dents des engrenages	Pas	Nombre de dents des engrenages	Pas	Nombre de dents des engrenages
millimètr.		millimètr.		mililmètr.	
*6.700	$\frac{67}{50}\times\frac{30}{60}$	7	$\frac{35}{25}\times\frac{55}{110}$	7.125	$\frac{150}{200}\times\frac{95}{100}$
	$\frac{67}{50}\times\frac{20}{40}$		$\frac{35}{25}\times\frac{45}{90}$	7.150	$\frac{65}{100}\times\frac{110}{100}$
6.750	$\frac{45}{100}\times\frac{150}{100}$		$\frac{35}{25}\times\frac{40}{80}$		$\frac{130}{200}\times\frac{110}{100}$
	$\frac{45}{100}\times\frac{75}{50}$		$\frac{35}{25}\times\frac{70}{140}$		$\frac{65}{100}\times\frac{55}{50}$
	$\frac{90}{200}\times\frac{75}{50}$		$\frac{35}{25}\times\frac{30}{60}$	7.200	$\frac{60}{100}\times\frac{120}{100}$
	$\frac{45}{50}\times\frac{150}{200}$		$\frac{35}{25}\times\frac{20}{40}$		$\frac{60}{100}\times\frac{30}{25}$
	$\frac{90}{100}\times\frac{75}{100}$	*7.050	$\frac{47}{100}\times\frac{150}{100}$		$\frac{30}{50}\times\frac{120}{100}$
6.800	$\frac{80}{100}\times\frac{85}{100}$		$\frac{47}{100}\times\frac{75}{50}$		$\frac{60}{100}\times\frac{90}{75}$
	$\frac{40}{50}\times\frac{85}{100}$	*7.100	$\frac{71}{50}\times\frac{100}{200}$		$\frac{30}{50}\times\frac{90}{75}$
	$\frac{20}{25}\times\frac{85}{100}$		$\frac{71}{50}\times\frac{75}{150}$		$\frac{90}{150}\times\frac{120}{100}$
	$\frac{60}{75}\times\frac{85}{100}$		$\frac{71}{50}\times\frac{70}{140}$		$\frac{45}{75}\times\frac{120}{100}$
	$\frac{120}{150}\times\frac{85}{100}$		$\frac{71}{50}\times\frac{65}{130}$		$\frac{45}{75}\times\frac{60}{50}$
7	$\frac{35}{25}\times\frac{50}{100}$		$\frac{71}{50}\times\frac{60}{120}$		$\frac{45}{75}\times\frac{30}{25}$
	$\frac{70}{50}\times\frac{100}{200}$		$\frac{71}{50}\times\frac{55}{110}$		$\frac{80}{50}\times\frac{45}{100}$
	$\frac{140}{100}\times\frac{75}{150}$		$\frac{71}{50}\times\frac{45}{90}$		$\frac{40}{25}\times\frac{45}{100}$
	$\frac{35}{25}\times\frac{70}{140}$		$\frac{71}{50}\times\frac{40}{80}$		$\frac{40}{25}\times\frac{90}{200}$
	$\frac{35}{25}\times\frac{65}{130}$		$\frac{71}{50}\times\frac{35}{70}$		$\frac{40}{50}\times\frac{90}{100}$
	$\frac{35}{25}\times\frac{60}{120}$	7.125	$\frac{75}{100}\times\frac{95}{100}$		$\frac{20}{25}\times\frac{45}{50}$

Pas	Nombre de dents des engrenages	Pas	Nombre de dents des engrenages	Pas	Nombre de dents des engrenages
millimètr.		millimètr.		millimètr.	
* 7.300	$\frac{73}{50} \times \frac{100}{200}$	* 7.400	$\frac{37}{25} \times \frac{20}{40}$	7.700	$\frac{70}{100} \times \frac{55}{50}$
	$\frac{73}{50} \times \frac{75}{150}$		$\frac{37}{25} \times \frac{60}{120}$		$\frac{140}{200} \times \frac{110}{100}$
	$\frac{73}{25} \times \frac{50}{200}$	7.500	$\frac{50}{100} \times \frac{150}{100}$		$\frac{140}{100} \times \frac{55}{100}$
	$\frac{73}{50} \times \frac{70}{140}$		$\frac{100}{200} \times \frac{75}{50}$		$\frac{140}{200} \times \frac{55}{50}$
	$\frac{73}{50} \times \frac{65}{130}$		$\frac{25}{100} \times \frac{150}{50}$		$\frac{35}{25} \times \frac{55}{100}$
	$\frac{73}{50} \times \frac{60}{120}$		$\frac{50}{200} \times \frac{75}{25}$		$\frac{35}{25} \times \frac{110}{200}$
	$\frac{73}{50} \times \frac{55}{110}$		$\frac{150}{100} \times \frac{100}{200}$	7.800	$\frac{65}{100} \times \frac{120}{100}$
	$\frac{73}{50} \times \frac{45}{90}$	7.600	$\frac{80}{100} \times \frac{95}{100}$		$\frac{65}{50} \times \frac{60}{100}$
	$\frac{73}{50} \times \frac{40}{80}$		$\frac{40}{50} \times \frac{95}{100}$		$\frac{65}{100} \times \frac{60}{50}$
	$\frac{73}{50} \times \frac{35}{70}$		$\frac{20}{25} \times \frac{95}{100}$		$\frac{65}{100} \times \frac{30}{25}$
	$\frac{73}{50} \times \frac{30}{60}$		$\frac{80}{200} \times \frac{95}{50}$		$\frac{130}{200} \times \frac{120}{100}$
	$\frac{73}{50} \times \frac{20}{40}$		$\frac{60}{150} \times \frac{95}{50}$		$\frac{130}{200} \times \frac{60}{50}$
* 7.400	$\frac{37}{100} \times \frac{200}{100}$		$\frac{30}{75} \times \frac{95}{50}$		$\frac{130}{100} \times \frac{30}{50}$
	$\frac{37}{25} \times \frac{50}{100}$	7.650	$\frac{85}{100} \times \frac{90}{100}$		$\frac{130}{200} \times \frac{30}{25}$
	$\frac{37}{25} \times \frac{45}{90}$		$\frac{85}{100} \times \frac{45}{50}$		$\frac{60}{100} \times \frac{130}{100}$
	$\frac{37}{25} \times \frac{40}{80}$		$\frac{85}{200} \times \frac{90}{50}$		$\frac{30}{100} \times \frac{130}{50}$
	$\frac{37}{25} \times \frac{35}{70}$	7.700	$\frac{70}{100} \times \frac{110}{100}$		$\frac{60}{200} \times \frac{130}{50}$
	$\frac{37}{25} \times \frac{30}{60}$		$\frac{35}{50} \times \frac{110}{100}$		$\frac{45}{75} \times \frac{65}{50}$

Pas	Nombre de dents des engrenages	Pas	Nombre de dents des engrenages	Pas	Nombre de dents des engrenages
millimètr.		millimètr.		millimètr.	
7.800	$\frac{90}{150} \times \frac{130}{100}$	* 8.200	$\frac{41}{100} \times \frac{200}{100}$	8.250	$\frac{75}{100} \times \frac{110}{100}$
* 7.900	$\frac{79}{50} \times \frac{100}{200}$		$\frac{41}{100} \times \frac{150}{75}$	* 8.300	$\frac{83}{50} \times \frac{100}{200}$
	$\frac{79}{50} \times \frac{75}{150}$		$\frac{41}{100} \times \frac{140}{70}$		$\frac{83}{50} \times \frac{75}{150}$
8	$\frac{40}{25} \times \frac{100}{200}$		$\frac{41}{100} \times \frac{130}{65}$		$\frac{83}{50} \times \frac{70}{140}$
	$\frac{40}{25} \times \frac{75}{150}$		$\frac{41}{100} \times \frac{120}{60}$		$\frac{83}{50} \times \frac{65}{130}$
	$\frac{40}{25} \times \frac{70}{140}$		$\frac{41}{100} \times \frac{110}{55}$		$\frac{83}{50} \times \frac{60}{120}$
	$\frac{40}{25} \times \frac{65}{130}$		$\frac{41}{100} \times \frac{100}{50}$		$\frac{83}{50} \times \frac{50}{100}$
	$\frac{40}{25} \times \frac{60}{120}$		$\frac{41}{100} \times \frac{90}{45}$		$\frac{83}{50} \times \frac{40}{80}$
	$\frac{40}{25} \times \frac{55}{110}$		$\frac{41}{100} \times \frac{80}{40}$		$\frac{83}{50} \times \frac{30}{60}$
	$\frac{40}{25} \times \frac{50}{100}$		$\frac{41}{100} \times \frac{70}{35}$		$\frac{83}{50} \times \frac{20}{40}$
	$\frac{40}{25} \times \frac{45}{90}$		$\frac{41}{100} \times \frac{60}{30}$	8.400	$\frac{70}{100} \times \frac{120}{100}$
	$\frac{40}{25} \times \frac{35}{70}$		$\frac{41}{100} \times \frac{50}{25}$		$\frac{140}{200} \times \frac{120}{100}$
	$\frac{40}{25} \times \frac{30}{60}$		$\frac{41}{100} \times \frac{40}{20}$		$\frac{35}{50} \times \frac{120}{100}$
	$\frac{80}{50} \times \frac{20}{40}$	8.250	$\frac{55}{100} \times \frac{150}{100}$		$\frac{35}{50} \times \frac{30}{25}$
8.075	$\frac{85}{100} \times \frac{95}{100}$		$\frac{110}{200} \times \frac{150}{100}$		$\frac{70}{200} \times \frac{120}{50}$
	$\frac{85}{200} \times \frac{95}{50}$		$\frac{55}{100} \times \frac{75}{50}$		$\frac{140}{200} \times \frac{60}{60}$
8.100	$\frac{45}{50} \times \frac{90}{100}$		$\frac{55}{200} \times \frac{150}{50}$		$\frac{140}{100} \times \frac{60}{100}$
	$\frac{45}{100} \times \frac{90}{50}$		$\frac{110}{200} \times \frac{75}{50}$		$\frac{70}{100} \times \frac{30}{25}$

Pas	Nombre de dents des engrenages	Pas	Nombre de dents des engrenages	Pas	Nombre de dents des engrenages
millimètr.		millimètr.		millimètr.	
8.400	$\frac{70}{50} \times \frac{60}{100}$	8.550	$\frac{45}{50} \times \frac{95}{100}$	8.800	$\frac{120}{150} \times \frac{55}{50}$
	$\frac{35}{25} \times \frac{30}{50}$	*8.600	$\frac{43}{100} \times \frac{200}{100}$		$\frac{120}{75} \times \frac{55}{100}$
	$\frac{35}{25} \times \frac{60}{100}$		$\frac{43}{100} \times \frac{150}{75}$	*8.900	$\frac{89}{50} \times \frac{100}{200}$
	$\frac{70}{50} \times \frac{120}{200}$		$\frac{43}{100} \times \frac{120}{60}$		$\frac{89}{50} \times \frac{75}{150}$
8.450	$\frac{65}{100} \times \frac{130}{100}$		$\frac{43}{100} \times \frac{100}{50}$		$\frac{89}{50} \times \frac{60}{120}$
	$\frac{65}{200} \times \frac{130}{50}$		$\frac{43}{100} \times \frac{80}{40}$		$\frac{89}{50} \times \frac{45}{90}$
8.500	$\frac{85}{50} \times \frac{100}{200}$	*8.700	$\frac{29}{50} \times \frac{150}{100}$		$\frac{89}{50} \times \frac{30}{60}$
	$\frac{85}{50} \times \frac{75}{150}$		$\frac{29}{100} \times \frac{150}{50}$	9	$\frac{45}{25} \times \frac{100}{200}$
	$\frac{85}{50} \times \frac{70}{140}$		$\frac{29}{25} \times \frac{75}{100}$		$\frac{90}{50} \times \frac{75}{150}$
	$\frac{85}{50} \times \frac{65}{130}$	8.800	$\frac{80}{100} \times \frac{110}{100}$		$\frac{45}{25} \times \frac{70}{140}$
	$\frac{85}{50} \times \frac{60}{120}$		$\frac{80}{200} \times \frac{110}{50}$		$\frac{45}{25} \times \frac{65}{130}$
	$\frac{85}{50} \times \frac{55}{110}$		$\frac{40}{50} \times \frac{110}{100}$		$\frac{45}{25} \times \frac{60}{120}$
	$\frac{85}{50} \times \frac{45}{90}$		$\frac{80}{100} \times \frac{55}{50}$		$\frac{45}{25} \times \frac{55}{110}$
	$\frac{85}{50} \times \frac{40}{80}$		$\frac{20}{25} \times \frac{55}{50}$		$\frac{45}{25} \times \frac{50}{100}$
	$\frac{85}{50} \times \frac{35}{70}$		$\frac{60}{75} \times \frac{110}{100}$		$\frac{45}{25} \times \frac{40}{80}$
	$\frac{85}{50} \times \frac{30}{60}$		$\frac{60}{75} \times \frac{55}{50}$		$\frac{45}{25} \times \frac{35}{70}$
	$\frac{85}{50} \times \frac{20}{40}$		$\frac{60}{150} \times \frac{110}{50}$		$\frac{45}{25} \times \frac{30}{60}$
8.550	$\frac{90}{100} \times \frac{95}{100}$		$\frac{120}{150} \times \frac{110}{100}$		$\frac{45}{25} \times \frac{20}{40}$

Pas	Nombre de dents des engrenages
millimètr.	
9.100	$\frac{70}{100} \times \frac{130}{100}$
	$\frac{140}{200} \times \frac{130}{100}$
	$\frac{70}{100} \times \frac{65}{50}$
	$\frac{35}{50} \times \frac{130}{100}$
	$\frac{35}{25} \times \frac{65}{100}$
	$\frac{70}{50} \times \frac{130}{200}$
	$\frac{140}{100} \times \frac{65}{100}$
	$\frac{140}{200} \times \frac{65}{50}$
9.350	$\frac{85}{100} \times \frac{110}{100}$
	$\frac{85}{100} \times \frac{55}{50}$
	$\frac{85}{200} \times \frac{110}{50}$
* 9.400	$\frac{47}{100} \times \frac{200}{100}$
	$\frac{47}{100} \times \frac{150}{75}$
	$\frac{47}{100} \times \frac{140}{70}$
	$\frac{47}{100} \times \frac{130}{65}$
	$\frac{47}{100} \times \frac{120}{60}$
	$\frac{47}{100} \times \frac{100}{50}$
	$\frac{47}{100} \times \frac{80}{40}$

Pas	Nombre de dents des engrenages
millimètr.	
* 9.400	$\frac{47}{100} \times \frac{60}{30}$
	$\frac{47}{100} \times \frac{40}{20}$
9.600	$\frac{80}{100} \times \frac{120}{100}$
	$\frac{80}{100} \times \frac{60}{50}$
	$\frac{80}{100} \times \frac{30}{25}$
	$\frac{40}{50} \times \frac{120}{100}$
	$\frac{40}{50} \times \frac{30}{25}$
	$\frac{20}{25} \times \frac{60}{50}$
	$\frac{60}{75} \times \frac{30}{25}$
9.750	$\frac{65}{100} \times \frac{150}{100}$
	$\frac{65}{200} \times \frac{150}{50}$
	$\frac{65}{100} \times \frac{75}{50}$
	$\frac{130}{100} \times \frac{75}{100}$
	$\frac{130}{200} \times \frac{75}{50}$
	$\frac{65}{50} \times \frac{75}{100}$
9.800	$\frac{140}{100} \times \frac{70}{100}$
	$\frac{140}{200} \times \frac{70}{50}$
	$\frac{35}{25} \times \frac{70}{100}$

Pas	Nombre de dents des engrenages
millimètr.	
9.800	$\frac{70}{50} \times \frac{140}{200}$
	$\frac{140}{50} \times \frac{35}{100}$
9.900	$\frac{90}{100} \times \frac{110}{100}$
	$\frac{45}{50} \times \frac{110}{100}$
	$\frac{90}{100} \times \frac{55}{50}$
	$\frac{90}{200} \times \frac{110}{50}$
	$\frac{90}{200} \times \frac{55}{25}$
10	$\frac{100}{200} \times \frac{100}{50}$
	$\frac{50}{100} \times \frac{150}{75}$
	$\frac{50}{100} \times \frac{140}{70}$
	$\frac{50}{100} \times \frac{130}{65}$
	$\frac{50}{100} \times \frac{120}{60}$
	$\frac{50}{100} \times \frac{110}{55}$
	$\frac{25}{50} \times \frac{90}{45}$
	$\frac{25}{50} \times \frac{80}{40}$
	$\frac{25}{50} \times \frac{70}{35}$
	$\frac{25}{50} \times \frac{60}{30}$
	$\frac{25}{50} \times \frac{40}{20}$

Pas	Nombre de dents des engrenages	Pas	Nombre de dents des engrenages	Pas	Nombre de dents des engrenages
millimètr.		millimètr.		millimètr.	
10	$\frac{35}{25} \times \frac{50}{70}$	10.400	$\frac{40}{100} \times \frac{130}{50}$	*10.600	$\frac{53}{25} \times \frac{100}{200}$
	$\frac{200}{100} \times \frac{50}{100}$		$\frac{120}{150} \times \frac{130}{100}$		$\frac{53}{25} \times \frac{75}{150}$
10.133	$\frac{95}{50} \times \frac{80}{150}$		$\frac{60}{75} \times \frac{130}{100}$		$\frac{53}{25} \times \frac{70}{140}$
	$\frac{95}{50} \times \frac{40}{75}$		$\frac{60}{75} \times \frac{65}{50}$		$\frac{53}{25} \times \frac{60}{120}$
	$\frac{95}{100} \times \frac{80}{75}$	10.450	$\frac{95}{100} \times \frac{110}{100}$		$\frac{53}{25} \times \frac{50}{100}$
10.200	$\frac{85}{100} \times \frac{120}{100}$		$\frac{95}{100} \times \frac{55}{50}$		$\frac{53}{25} \times \frac{40}{80}$
	$\frac{85}{100} \times \frac{60}{50}$		$\frac{95}{200} \times \frac{110}{50}$		$\frac{53}{25} \times \frac{35}{70}$
	$\frac{85}{100} \times \frac{30}{25}$	10.500	$\frac{70}{100} \times \frac{150}{100}$		$\frac{53}{25} \times \frac{20}{40}$
	$\frac{85}{200} \times \frac{120}{50}$		$\frac{70}{100} \times \frac{75}{50}$	*10.660	$\frac{41}{100} \times \frac{130}{50}$
*10.360	$\frac{37}{100} \times \frac{140}{50}$		$\frac{35}{50} \times \frac{150}{100}$		$\frac{41}{100} \times \frac{65}{25}$
	$\frac{37}{100} \times \frac{70}{25}$		$\frac{70}{200} \times \frac{150}{50}$	10.800	$\frac{90}{100} \times \frac{120}{100}$
	$\frac{37}{200} \times \frac{140}{25}$		$\frac{35}{100} \times \frac{75}{25}$		$\frac{45}{50} \times \frac{120}{100}$
	$\frac{37}{50} \times \frac{140}{100}$		$\frac{30}{100} \times \frac{70}{20}$		$\frac{90}{100} \times \frac{60}{50}$
10.400	$\frac{80}{100} \times \frac{130}{100}$		$\frac{140}{100} \times \frac{75}{100}$		$\frac{45}{50} \times \frac{30}{25}$
	$\frac{40}{50} \times \frac{130}{100}$		$\frac{140}{100} \times \frac{150}{200}$		$\frac{45}{25} \times \frac{60}{100}$
	$\frac{20}{25} \times \frac{65}{50}$		$\frac{70}{50} \times \frac{75}{100}$		$\frac{90}{200} \times \frac{120}{50}$
	$\frac{80}{100} \times \frac{65}{50}$	*10.950	$\frac{35}{25} \times \frac{75}{100}$		$\frac{73}{100} \times \frac{150}{100}$
	$\frac{80}{200} \times \frac{130}{50}$		$\frac{140}{200} \times \frac{75}{50}$		$\frac{73}{100} \times \frac{75}{50}$

Pas	Nombre de dents des engrenages		Pas	Nombre de dents des engrenages		Pas	Nombre de dents des engrenages	
millimètr.			millimètr.			millimètr.		
*10.950	$\frac{73}{200}$	$\times \frac{150}{50}$	*11.180	$\frac{43}{100}$	$\times \frac{130}{50}$	11.400	$\frac{95}{200}$	$\times \frac{120}{50}$
11	$\frac{100}{50}$	$\times \frac{55}{100}$		$\frac{43}{100}$	$\times \frac{65}{25}$		$\frac{95}{200}$	$\times \frac{60}{25}$
	$\frac{200}{100}$	$\times \frac{55}{100}$		$\frac{43}{200}$	$\times \frac{130}{25}$		$\frac{95}{50}$	$\times \frac{45}{75}$
	$\frac{150}{75}$	$\times \frac{55}{100}$	11.200	$\frac{80}{100}$	$\times \frac{140}{100}$		$\frac{95}{50}$	$\times \frac{90}{150}$
	$\frac{130}{65}$	$\times \frac{55}{100}$		$\frac{40}{50}$	$\times \frac{140}{100}$		$\frac{95}{100}$	$\times \frac{90}{75}$
	$\frac{120}{60}$	$\times \frac{55}{100}$		$\frac{80}{100}$	$\times \frac{70}{50}$	*11.480	$\frac{41}{100}$	$\times \frac{140}{50}$
	$\frac{90}{45}$	$\times \frac{55}{100}$		$\frac{40}{50}$	$\times \frac{35}{25}$		$\frac{41}{100}$	$\times \frac{70}{25}$
	$\frac{80}{40}$	$\times \frac{55}{100}$		$\frac{20}{25}$	$\times \frac{70}{50}$		$\frac{41}{50}$	$\times \frac{35}{25}$
	$\frac{60}{30}$	$\times \frac{55}{100}$		$\frac{80}{100}$	$\times \frac{35}{25}$	*11.500	$\frac{23}{100}$	$\times \frac{100}{20}$
	$\frac{50}{25}$	$\times \frac{55}{100}$		$\frac{80}{200}$	$\times \frac{140}{50}$		$\frac{23}{100}$	$\times \frac{200}{40}$
11.050	$\frac{85}{100}$	$\times \frac{130}{100}$	11.250	$\frac{75}{100}$	$\times \frac{150}{100}$	*11.600	$\frac{29}{100}$	$\times \frac{100}{25}$
	$\frac{85}{100}$	$\times \frac{65}{50}$		$\frac{75}{200}$	$\times \frac{150}{50}$		$\frac{29}{100}$	$\times \frac{200}{50}$
	$\frac{85}{200}$	$\times \frac{130}{50}$	*11.280	$\frac{47}{100}$	$\times \frac{120}{50}$	*11.660	$\frac{53}{100}$	$\times \frac{110}{50}$
*11.100	$\frac{37}{100}$	$\times \frac{150}{50}$		$\frac{47}{100}$	$\times \frac{60}{25}$		$\frac{53}{100}$	$\times \frac{55}{25}$
	$\frac{37}{100}$	$\times \frac{75}{25}$		$\frac{47}{200}$	$\times \frac{120}{25}$		$\frac{53}{200}$	$\times \frac{110}{25}$
	$\frac{37}{100}$	$\times \frac{120}{40}$	11.400	$\frac{95}{100}$	$\times \frac{120}{100}$	11.700	$\frac{90}{100}$	$\times \frac{130}{100}$
	$\frac{37}{100}$	$\times \frac{90}{30}$		$\frac{95}{100}$	$\times \frac{60}{50}$		$\frac{90}{100}$	$\times \frac{65}{50}$
	$\frac{37}{100}$	$\times \frac{60}{20}$		$\frac{95}{100}$	$\times \frac{30}{25}$		$\frac{45}{50}$	$\times \frac{130}{100}$

Pas	Nombre de dents des engrenages
millimètr.	
11.700	$\dfrac{90}{200} \times \dfrac{130}{50}$
*11.800	$\dfrac{59}{100} \times \dfrac{100}{50}$
	$\dfrac{59}{100} \times \dfrac{50}{25}$
	$\dfrac{59}{200} \times \dfrac{100}{25}$
11.900	$\dfrac{85}{100} \times \dfrac{140}{100}$
	$\dfrac{85}{100} \times \dfrac{70}{50}$
	$\dfrac{85}{100} \times \dfrac{35}{25}$
	$\dfrac{85}{200} \times \dfrac{140}{50}$
	$\dfrac{85}{200} \times \dfrac{70}{25}$
12	$\dfrac{200}{100} \times \dfrac{60}{100}$
	$\dfrac{150}{75} \times \dfrac{60}{100}$
	$\dfrac{140}{70} \times \dfrac{60}{100}$
	$\dfrac{130}{65} \times \dfrac{60}{100}$
	$\dfrac{120}{60} \times \dfrac{30}{50}$
	$\dfrac{110}{55} \times \dfrac{30}{50}$
	$\dfrac{100}{50} \times \dfrac{60}{100}$
	$\dfrac{90}{45} \times \dfrac{30}{50}$
	$\dfrac{80}{40} \times \dfrac{30}{50}$

Pas	Nombre de dents des engrenages
millimètr.	
12	$\dfrac{70}{35} \times \dfrac{30}{50}$
	$\dfrac{50}{25} \times \dfrac{60}{100}$
	$\dfrac{40}{20} \times \dfrac{30}{50}$
	$\dfrac{100}{25} \times \dfrac{30}{100}$
	$\dfrac{100}{50} \times \dfrac{90}{150}$
	$\dfrac{100}{50} \times \dfrac{45}{75}$
	$\dfrac{50}{25} \times \dfrac{45}{75}$
	$\dfrac{80}{100} \times \dfrac{150}{100}$
	$\dfrac{80}{100} \times \dfrac{75}{50}$
	$\dfrac{40}{50} \times \dfrac{150}{100}$
	$\dfrac{80}{200} \times \dfrac{75}{25}$
	$\dfrac{20}{25} \times \dfrac{75}{50}$
	$\dfrac{40}{100} \times \dfrac{75}{25}$
12.100	$\dfrac{55}{50} \times \dfrac{110}{100}$
	$\dfrac{110}{200} \times \dfrac{55}{25}$
*12.200	$\dfrac{61}{25} \times \dfrac{75}{150}$
	$\dfrac{61}{25} \times \dfrac{50}{100}$
	$\dfrac{61}{25} \times \dfrac{40}{80}$

Pas	Nombre de dents des engrenages
millimètr.	
*12.200	$\dfrac{61}{25} \times \dfrac{35}{70}$
	$\dfrac{61}{25} \times \dfrac{30}{60}$
	$\dfrac{61}{25} \times \dfrac{20}{40}$
*12.220	$\dfrac{47}{100} \times \dfrac{130}{150}$
	$\dfrac{47}{25} \times \dfrac{65}{100}$
*12.300	$\dfrac{41}{100} \times \dfrac{150}{50}$
	$\dfrac{41}{25} \times \dfrac{75}{100}$
	$\dfrac{41}{25} \times \dfrac{150}{200}$
12.350	$\dfrac{95}{100} \times \dfrac{130}{100}$
	$\dfrac{95}{100} \times \dfrac{65}{50}$
*12.400	$\dfrac{31}{100} \times \dfrac{200}{50}$
	$\dfrac{31}{100} \times \dfrac{100}{25}$
12.444	$\dfrac{40}{100} \times \dfrac{140}{45}$
	$\dfrac{20}{50} \times \dfrac{140}{45}$
	$\dfrac{40}{50} \times \dfrac{70}{45}$
	$\dfrac{80}{100} \times \dfrac{140}{90}$
12.500	$\dfrac{25}{100} \times \dfrac{100}{20}$
	$\dfrac{50}{200} \times \dfrac{100}{20}$

Pas	Nombre de dents des engrenages	Pas	Nombre de dents des engrenages	Pas	Nombre de dents des engrenages
millimètr.		millimètr.		millimètr.	
12.500	$\frac{25}{100} \times \frac{200}{40}$	12.800	$\frac{120}{75} \times \frac{40}{50}$	13	$\frac{65}{25} \times \frac{35}{70}$
12.600	$\frac{90}{100} \times \frac{140}{100}$		$\frac{60}{150} \times \frac{80}{25}$		$\frac{65}{25} \times \frac{40}{80}$
	$\frac{90}{100} \times \frac{70}{50}$	*12.900	$\frac{43}{100} \times \frac{150}{50}$		$\frac{65}{25} \times \frac{45}{90}$
	$\frac{90}{100} \times \frac{35}{25}$		$\frac{43}{100} \times \frac{75}{25}$		$\frac{65}{25} \times \frac{50}{100}$
	$\frac{45}{50} \times \frac{140}{100}$		$\frac{43}{200} \times \frac{150}{25}$		$\frac{65}{25} \times \frac{55}{110}$
	$\frac{45}{50} \times \frac{35}{25}$	13	$\frac{100}{50} \times \frac{65}{100}$		$\frac{65}{25} \times \frac{60}{120}$
	$\frac{45}{100} \times \frac{70}{25}$		$\frac{200}{100} \times \frac{65}{100}$		$\frac{65}{25} \times \frac{70}{140}$
	$\frac{90}{200} \times \frac{140}{50}$		$\frac{150}{75} \times \frac{65}{100}$		$\frac{65}{25} \times \frac{75}{150}$
	$\frac{45}{200} \times \frac{140}{25}$		$\frac{140}{70} \times \frac{65}{100}$		$\frac{65}{25} \times \frac{100}{200}$
12.750	$\frac{85}{100} \times \frac{150}{100}$		$\frac{100}{50} \times \frac{130}{200}$	*13.160	$\frac{47}{100} \times \frac{140}{50}$
	$\frac{85}{100} \times \frac{75}{50}$		$\frac{120}{60} \times \frac{65}{100}$		$\frac{47}{100} \times \frac{70}{25}$
	$\frac{85}{200} \times \frac{150}{50}$		$\frac{80}{40} \times \frac{65}{100}$		$\frac{47}{200} \times \frac{140}{25}$
12.800	$\frac{40}{25} \times \frac{80}{100}$		$\frac{50}{25} \times \frac{65}{100}$	13.200	$\frac{110}{100} \times \frac{120}{100}$
	$\frac{20}{25} \times \frac{80}{50}$		$\frac{60}{30} \times \frac{65}{100}$		$\frac{110}{100} \times \frac{60}{50}$
	$\frac{60}{75} \times \frac{80}{50}$		$\frac{40}{20} \times \frac{65}{100}$		$\frac{110}{100} \times \frac{30}{25}$
	$\frac{60}{75} \times \frac{40}{25}$		$\frac{130}{50} \times \frac{75}{150}$		$\frac{55}{50} \times \frac{120}{100}$
	$\frac{120}{150} \times \frac{80}{50}$		$\frac{65}{25} \times \frac{20}{40}$		$\frac{55}{50} \times \frac{30}{25}$
	$\frac{120}{150} \times \frac{40}{25}$		$\frac{65}{25} \times \frac{30}{60}$		$\frac{110}{200} \times \frac{120}{50}$

Pas	Nombre de dents des engrenages	Pas	Nombre de dents des engrenages	Pas	Nombre de dents des engrenages
millimètr.		millimètr.		millimètr.	
13.200	$\dfrac{30}{100} \times \dfrac{110}{25}$	13.500	$\dfrac{90}{200} \times \dfrac{150}{50}$	14	$\dfrac{35}{50} \times \dfrac{110}{55}$
	$\dfrac{110}{75} \times \dfrac{90}{100}$		$\dfrac{45}{25} \times \dfrac{75}{100}$		$\dfrac{70}{100} \times \dfrac{100}{50}$
	$\dfrac{110}{150} \times \dfrac{90}{50}$		$\dfrac{90}{200} \times \dfrac{75}{25}$		$\dfrac{35}{50} \times \dfrac{90}{45}$
	$\dfrac{55}{75} \times \dfrac{45}{25}$		$\dfrac{45}{100} \times \dfrac{60}{20}$		$\dfrac{35}{50} \times \dfrac{80}{40}$
	$\dfrac{55}{100} \times \dfrac{60}{25}$		$\dfrac{45}{100} \times \dfrac{90}{30}$		$\dfrac{35}{50} \times \dfrac{60}{30}$
13.300	$\dfrac{95}{100} \times \dfrac{140}{100}$		$\dfrac{45}{100} \times \dfrac{120}{40}$		$\dfrac{70}{100} \times \dfrac{50}{25}$
	$\dfrac{95}{100} \times \dfrac{70}{50}$	13.600	$\dfrac{80}{100} \times \dfrac{85}{50}$		$\dfrac{35}{50} \times \dfrac{40}{20}$
	$\dfrac{95}{100} \times \dfrac{35}{25}$		$\dfrac{40}{25} \times \dfrac{85}{100}$		$\dfrac{70}{25} \times \dfrac{20}{40}$
	$\dfrac{95}{200} \times \dfrac{140}{50}$		$\dfrac{20}{25} \times \dfrac{85}{50}$		$\dfrac{70}{25} \times \dfrac{30}{60}$
*13.400	$\dfrac{67}{100} \times \dfrac{200}{100}$		$\dfrac{60}{75} \times \dfrac{85}{50}$		$\dfrac{70}{25} \times \dfrac{40}{80}$
	$\dfrac{67}{25} \times \dfrac{50}{100}$		$\dfrac{120}{75} \times \dfrac{85}{100}$		$\dfrac{70}{25} \times \dfrac{45}{90}$
	$\dfrac{67}{100} \times \dfrac{100}{50}$		$\dfrac{120}{150} \times \dfrac{85}{50}$		$\dfrac{70}{25} \times \dfrac{50}{100}$
	$\dfrac{67}{100} \times \dfrac{80}{40}$	*13.800	$\dfrac{23}{100} \times \dfrac{150}{25}$		$\dfrac{70}{25} \times \dfrac{55}{110}$
	$\dfrac{67}{25} \times \dfrac{20}{40}$		$\dfrac{23}{50} \times \dfrac{75}{25}$		$\dfrac{70}{25} \times \dfrac{60}{120}$
	$\dfrac{67}{100} \times \dfrac{40}{20}$	14	$\dfrac{70}{100} \times \dfrac{200}{100}$		$\dfrac{70}{25} \times \dfrac{65}{130}$
13.500	$\dfrac{90}{100} \times \dfrac{150}{100}$		$\dfrac{70}{100} \times \dfrac{150}{75}$		$\dfrac{70}{25} \times \dfrac{75}{150}$
	$\dfrac{45}{50} \times \dfrac{150}{100}$		$\dfrac{70}{100} \times \dfrac{130}{65}$		$\dfrac{70}{25} \times \dfrac{100}{200}$
	$\dfrac{90}{100} \times \dfrac{75}{50}$		$\dfrac{70}{100} \times \dfrac{120}{60}$		$\dfrac{140}{50} \times \dfrac{75}{150}$

Pas	Nombre de dents des engrenages	Pas	Nombre de dents des engrenages	Pas	Nombre de dents des engrenages
millimètr.		millimètr.		millimètr.	
*14.100	$\frac{47}{100} \times \frac{150}{50}$	14.300	$\frac{110}{200} \times \frac{130}{50}$	*14.620	$\frac{43}{100} \times \frac{85}{25}$
	$\frac{47}{25} \times \frac{75}{100}$	14.400	$\frac{60}{50} \times \frac{120}{100}$		$\frac{43}{25} \times \frac{85}{100}$
	$\frac{47}{200} \times \frac{150}{25}$		$\frac{30}{25} \times \frac{120}{100}$	*14.750	$\frac{59}{100} \times \frac{100}{40}$
*14.200	$\frac{71}{25} \times \frac{75}{150}$		$\frac{30}{25} \times \frac{60}{50}$		$\frac{59}{100} \times \frac{50}{20}$
	$\frac{71}{25} \times \frac{100}{200}$		$\frac{90}{75} \times \frac{120}{100}$		$\frac{59}{200} \times \frac{100}{20}$
	$\frac{71}{25} \times \frac{70}{140}$		$\frac{90}{75} \times \frac{60}{50}$		$\frac{59}{50} \times \frac{25}{20}$
	$\frac{71}{25} \times \frac{60}{120}$		$\frac{90}{75} \times \frac{30}{25}$	*14.800	$\frac{37}{100} \times \frac{200}{50}$
	$\frac{71}{25} \times \frac{50}{100}$		$\frac{45}{75} \times \frac{120}{50}$		$\frac{37}{100} \times \frac{100}{25}$
	$\frac{71}{25} \times \frac{40}{80}$		$\frac{45}{75} \times \frac{60}{25}$	15	$\frac{100}{50} \times \frac{75}{100}$
	$\frac{71}{25} \times \frac{30}{60}$		$\frac{90}{150} \times \frac{120}{50}$		$\frac{200}{100} \times \frac{75}{100}$
	$\frac{71}{25} \times \frac{20}{40}$		$\frac{40}{25} \times \frac{90}{100}$		$\frac{50}{25} \times \frac{75}{100}$
14.250	$\frac{95}{100} \times \frac{150}{100}$		$\frac{80}{100} \times \frac{90}{50}$		$\frac{120}{60} \times \frac{150}{200}$
	$\frac{95}{100} \times \frac{75}{50}$		$\frac{40}{50} \times \frac{45}{25}$		$\frac{60}{30} \times \frac{75}{100}$
	$\frac{95}{200} \times \frac{150}{50}$		$\frac{120}{75} \times \frac{90}{100}$		$\frac{40}{20} \times \frac{75}{100}$
14.300	$\frac{110}{100} \times \frac{130}{100}$	14.444	$\frac{130}{45} \times \frac{75}{150}$		$\frac{150}{50} \times \frac{100}{200}$
	$\frac{110}{50} \times \frac{65}{100}$	*14.500	$\frac{29}{100} \times \frac{100}{20}$		$\frac{75}{25} \times \frac{70}{140}$
	$\frac{55}{50} \times \frac{130}{100}$		$\frac{29}{100} \times \frac{200}{40}$		$\frac{75}{25} \times \frac{65}{130}$
	$\frac{110}{100} \times \frac{65}{50}$		$\frac{29}{50} \times \frac{100}{40}$		$\frac{75}{25} \times \frac{60}{120}$

Pas	Nombre de dents des engrenages	Pas	Nombre de dents des engrenages	Pas	Nombre de dents des engrenages
millimètr. 15	$\frac{75}{25}\times\frac{55}{110}$	millimètr. 15.200	$\frac{20}{50}\times\frac{95}{25}$	millimètr. 15.600	$\frac{30}{25}\times\frac{130}{100}$
	$\frac{75}{25}\times\frac{50}{100}$		$\frac{60}{150}\times\frac{95}{25}$		$\frac{30}{25}\times\frac{65}{50}$
	$\frac{75}{25}\times\frac{45}{90}$		$\frac{30}{75}\times\frac{95}{25}$		$\frac{90}{75}\times\frac{65}{50}$
	$\frac{60}{20}\times\frac{40}{80}$	15.300	$\frac{85}{100}\times\frac{90}{50}$		$\frac{45}{75}\times\frac{130}{50}$
	$\frac{90}{30}\times\frac{35}{70}$		$\frac{85}{200}\times\frac{90}{25}$		$\frac{130}{200}\times\frac{60}{25}$
	$\frac{120}{40}\times\frac{30}{60}$		$\frac{85}{100}\times\frac{45}{25}$		$\frac{120}{200}\times\frac{130}{50}$
	$\frac{60}{20}\times\frac{25}{50}$	15.400	$\frac{110}{100}\times\frac{140}{100}$		$\frac{45}{75}\times\frac{65}{25}$
	$\frac{150}{50}\times\frac{20}{40}$		$\frac{55}{50}\times\frac{140}{100}$		$\frac{90}{150}\times\frac{65}{25}$
*15.040	$\frac{47}{100}\times\frac{80}{25}$		$\frac{110}{100}\times\frac{70}{50}$	15.750	$\frac{70}{100}\times\frac{90}{40}$
	$\frac{47}{50}\times\frac{40}{25}$		$\frac{55}{50}\times\frac{35}{25}$		$\frac{140}{200}\times\frac{90}{40}$
	$\frac{47}{50}\times\frac{120}{75}$		$\frac{110}{200}\times\frac{140}{50}$		$\frac{70}{100}\times\frac{45}{20}$
*15.080	$\frac{29}{100}\times\frac{130}{25}$		$\frac{70}{100}\times\frac{55}{25}$		$\frac{35}{50}\times\frac{90}{40}$
	$\frac{29}{50}\times\frac{65}{25}$		$\frac{35}{25}\times\frac{110}{100}$		$\frac{35}{50}\times\frac{45}{20}$
15.200	$\frac{80}{100}\times\frac{95}{50}$	*15.480	$\frac{43}{100}\times\frac{90}{25}$		$\frac{70}{200}\times\frac{90}{20}$
	$\frac{80}{200}\times\frac{95}{25}$		$\frac{43}{50}\times\frac{45}{25}$		$\frac{70}{50}\times\frac{45}{40}$
	$\frac{40}{100}\times\frac{95}{25}$	*15.580	$\frac{41}{100}\times\frac{95}{25}$	*15.800	$\frac{79}{25}\times\frac{100}{200}$
	$\frac{60}{75}\times\frac{95}{50}$	15.600	$\frac{120}{100}\times\frac{130}{100}$		$\frac{79}{25}\times\frac{75}{150}$
	$\frac{120}{150}\times\frac{95}{50}$		$\frac{60}{50}\times\frac{130}{100}$		$\frac{79}{25}\times\frac{70}{140}$

Pas	Nombre de dents des engrenages	Pas	Nombre de dents des engrenages	Pas	Nombre de dents des engrenages
millimètr.		millimètr.		millimètr.	
*15.800	$\frac{79}{25}\times\frac{50}{100}$	16	$\frac{120}{150}\times\frac{100}{50}$	16.200	$\frac{45}{25}\times\frac{90}{100}$
	$\frac{79}{25}\times\frac{40}{80}$		$\frac{60}{75}\times\frac{100}{50}$		$\frac{90}{25}\times\frac{45}{100}$
	$\frac{79}{25}\times\frac{20}{40}$		$\frac{60}{150}\times\frac{200}{50}$	*16.280	$\frac{37}{100}\times\frac{110}{25}$
*15.900	$\frac{53}{100}\times\frac{75}{25}$		$\frac{30}{75}\times\frac{100}{25}$		$\frac{37}{50}\times\frac{55}{25}$
	$\frac{53}{100}\times\frac{150}{50}$		$\frac{60}{75}\times\frac{50}{25}$	*16.340	$\frac{43}{100}\times\frac{95}{25}$
	$\frac{53}{100}\times\frac{120}{40}$		$\frac{80}{25}\times\frac{20}{40}$		$\frac{43}{25}\times\frac{95}{100}$
	$\frac{53}{100}\times\frac{90}{30}$		$\frac{80}{25}\times\frac{30}{60}$	*16.400	$\frac{41}{100}\times\frac{200}{50}$
	$\frac{53}{100}\times\frac{60}{20}$		$\frac{80}{25}\times\frac{35}{70}$		$\frac{41}{100}\times\frac{100}{25}$
16	$\frac{80}{100}\times\frac{200}{100}$		$\frac{80}{25}\times\frac{45}{90}$	16.500	$\frac{110}{100}\times\frac{150}{100}$
	$\frac{40}{50}\times\frac{150}{75}$		$\frac{80}{25}\times\frac{50}{100}$		$\frac{110}{100}\times\frac{75}{50}$
	$\frac{20}{25}\times\frac{140}{70}$		$\frac{80}{25}\times\frac{55}{110}$		$\frac{55}{50}\times\frac{150}{100}$
	$\frac{20}{25}\times\frac{120}{60}$		$\frac{80}{25}\times\frac{60}{120}$		$\frac{110}{200}\times\frac{150}{50}$
	$\frac{20}{25}\times\frac{100}{50}$		$\frac{80}{25}\times\frac{65}{130}$		$\frac{55}{25}\times\frac{75}{100}$
	$\frac{20}{25}\times\frac{90}{45}$		$\frac{80}{25}\times\frac{70}{140}$	16.800	$\frac{140}{100}\times\frac{120}{100}$
	$\frac{20}{25}\times\frac{70}{35}$		$\frac{80}{25}\times\frac{75}{150}$		$\frac{70}{100}\times\frac{120}{50}$
	$\frac{20}{25}\times\frac{60}{30}$		$\frac{80}{25}\times\frac{100}{200}$		$\frac{70}{50}\times\frac{120}{100}$
	$\frac{80}{100}\times\frac{50}{25}$	16.150	$\frac{85}{100}\times\frac{95}{50}$		$\frac{35}{25}\times\frac{60}{50}$
	$\frac{120}{150}\times\frac{200}{100}$		$\frac{85}{200}\times\frac{95}{25}$		$\frac{70}{50}\times\frac{30}{25}$

Pas	Nombre de dents des engrenages	Pas	Nombre de dents des engrenages	Pas	Nombre de dents des engrenages
millimètr.		millimètr.		millimètr.	
16.800	$\frac{140}{100} \times \frac{60}{50}$	17	$\frac{100}{200} \times \frac{85}{25}$	17.500	$\frac{50}{80} \times \frac{70}{25}$
	$\frac{140}{200} \times \frac{120}{50}$		$\frac{75}{150} \times \frac{85}{25}$		$\frac{25}{40} \times \frac{140}{50}$
	$\frac{70}{100} \times \frac{60}{25}$		$\frac{70}{140} \times \frac{85}{25}$		$\frac{100}{80} \times \frac{70}{50}$
	$\frac{140}{100} \times \frac{30}{25}$		$\frac{65}{130} \times \frac{85}{25}$		$\frac{50}{80} \times \frac{140}{50}$
	$\frac{70}{25} \times \frac{45}{75}$		$\frac{60}{120} \times \frac{85}{25}$		$\frac{50}{40} \times \frac{70}{50}$
	$\frac{70}{50} \times \frac{90}{75}$		$\frac{55}{110} \times \frac{85}{25}$	17.600	$\frac{80}{100} \times \frac{110}{50}$
16.900	$\frac{65}{50} \times \frac{130}{100}$		$\frac{50}{100} \times \frac{85}{25}$		$\frac{80}{200} \times \frac{110}{25}$
	$\frac{65}{100} \times \frac{130}{50}$		$\frac{45}{90} \times \frac{85}{25}$		$\frac{40}{50} \times \frac{55}{25}$
	$\frac{65}{200} \times \frac{130}{25}$		$\frac{40}{80} \times \frac{85}{25}$		$\frac{20}{25} \times \frac{110}{50}$
17	$\frac{200}{100} \times \frac{85}{100}$		$\frac{35}{70} \times \frac{85}{25}$		$\frac{60}{75} \times \frac{110}{90}$
	$\frac{150}{75} \times \frac{85}{100}$		$\frac{30}{60} \times \frac{85}{25}$		$\frac{60}{150} \times \frac{110}{25}$
	$\frac{140}{70} \times \frac{85}{100}$		$\frac{20}{40} \times \frac{85}{25}$		$\frac{60}{75} \times \frac{55}{25}$
	$\frac{120}{60} \times \frac{85}{100}$	*17.200	$\frac{43}{100} \times \frac{200}{50}$		$\frac{120}{150} \times \frac{110}{50}$
	$\frac{100}{50} \times \frac{85}{100}$		$\frac{43}{100} \times \frac{100}{25}$		$\frac{120}{75} \times \frac{55}{50}$
	$\frac{90}{45} \times \frac{85}{100}$	*17.360	$\frac{31}{100} \times \frac{140}{25}$		$\frac{40}{100} \times \frac{110}{25}$
	$\frac{80}{40} \times \frac{85}{100}$		$\frac{31}{50} \times \frac{70}{25}$		$\frac{80}{200} \times \frac{110}{25}$
	$\frac{60}{30} \times \frac{85}{100}$	*17.400	$\frac{29}{25} \times \frac{150}{100}$		$\frac{80}{100} \times \frac{55}{25}$
	$\frac{50}{25} \times \frac{85}{100}$		$\frac{29}{25} \times \frac{75}{50}$		$\frac{55}{75} \times \frac{60}{25}$

Pas	Nombre de dents des engrenages	Pas	Nombre de dents des engrenages	Pas	Nombre de dents des engrenages
millimètr.		millimètr.		millimètr.	
17,600	$\frac{55}{25} \times \frac{120}{150}$	18	$\frac{60}{30} \times \frac{45}{50}$	*18,300	$\frac{61}{100} \times \frac{90}{30}$
*17,760	$\frac{37}{100} \times \frac{120}{25}$		$\frac{50}{25} \times \frac{90}{100}$		$\frac{61}{100} \times \frac{60}{20}$
	$\frac{37}{50} \times \frac{60}{25}$		$\frac{40}{20} \times \frac{45}{50}$	*18,400	$\frac{23}{100} \times \frac{200}{25}$
*17,860	$\frac{47}{100} \times \frac{95}{25}$		$\frac{90}{25} \times \frac{20}{40}$		$\frac{23}{25} \times \frac{100}{50}$
	$\frac{47}{25} \times \frac{95}{100}$		$\frac{90}{25} \times \frac{30}{60}$	*18,600	$\frac{31}{100} \times \frac{150}{25}$
18	$\frac{120}{100} \times \frac{150}{100}$		$\frac{90}{25} \times \frac{35}{70}$		$\frac{31}{25} \times \frac{75}{50}$
	$\frac{60}{50} \times \frac{150}{100}$		$\frac{90}{25} \times \frac{40}{80}$	18,700	$\frac{85}{100} \times \frac{110}{50}$
	$\frac{30}{25} \times \frac{150}{100}$		$\frac{90}{25} \times \frac{50}{100}$		$\frac{85}{200} \times \frac{110}{25}$
	$\frac{120}{100} \times \frac{75}{50}$		$\frac{90}{25} \times \frac{60}{120}$		$\frac{85}{25} \times \frac{55}{100}$
	$\frac{60}{25} \times \frac{75}{100}$		$\frac{90}{25} \times \frac{75}{150}$	18,750	$\frac{75}{200} \times \frac{100}{20}$
	$\frac{30}{25} \times \frac{75}{50}$	18,200	$\frac{140}{100} \times \frac{130}{100}$		$\frac{75}{100} \times \frac{50}{20}$
	$\frac{200}{100} \times \frac{90}{100}$		$\frac{70}{50} \times \frac{130}{100}$		$\frac{75}{50} \times \frac{25}{20}$
	$\frac{150}{75} \times \frac{90}{100}$		$\frac{35}{25} \times \frac{130}{100}$		$\frac{75}{100} \times \frac{100}{40}$
	$\frac{140}{70} \times \frac{90}{100}$		$\frac{140}{100} \times \frac{65}{50}$	*18,800	$\frac{47}{100} \times \frac{200}{50}$
	$\frac{130}{65} \times \frac{90}{100}$		$\frac{35}{25} \times \frac{65}{50}$		$\frac{47}{100} \times \frac{100}{25}$
	$\frac{120}{60} \times \frac{45}{50}$	18,281	$\frac{45}{80} \times \frac{65}{20}$	*18,920	$\frac{43}{100} \times \frac{110}{25}$
	$\frac{100}{50} \times \frac{90}{100}$		$\frac{45}{80} \times \frac{130}{40}$		$\frac{43}{50} \times \frac{55}{25}$
	$\frac{80}{40} \times \frac{45}{50}$	*18,300	$\frac{61}{100} \times \frac{75}{25}$		$\frac{43}{25} \times \frac{55}{50}$

Pas	Nombre de dents des engrenages	Pas	Nombre de dents des engrenages	Pas	Nombre de dents des engrenages
millimètr. 19	$\frac{200}{100}\times\frac{95}{100}$	millimètr. *19.240	$\frac{37}{100}\times\frac{130}{25}$	millimètr. 19.800	$\frac{45}{50}\times\frac{55}{25}$
	$\frac{150}{75}\times\frac{95}{100}$		$\frac{37}{25}\times\frac{65}{50}$		$\frac{90}{100}\times\frac{55}{25}$
	$\frac{140}{70}\times\frac{95}{100}$	19.500	$\frac{65}{100}\times\frac{150}{50}$	19.800	$\frac{45}{100}\times\frac{110}{25}$
	$\frac{100}{50}\times\frac{95}{100}$		$\frac{65}{200}\times\frac{150}{25}$	*19.880	$\frac{71}{100}\times\frac{70}{25}$
	$\frac{80}{40}\times\frac{95}{100}$		$\frac{130}{100}\times\frac{75}{50}$		$\frac{71}{50}\times\frac{35}{25}$
	$\frac{60}{30}\times\frac{95}{100}$		$\frac{130}{200}\times\frac{75}{25}$		$\frac{71}{200}\times\frac{140}{25}$
	$\frac{50}{25}\times\frac{95}{100}$	20	$\frac{65}{100}\times\frac{75}{25}$		$\frac{100}{200}\times\frac{100}{25}$
	$\frac{95}{25}\times\frac{20}{40}$		$\frac{65}{100}\times\frac{60}{20}$		$\frac{75}{150}\times\frac{100}{25}$
	$\frac{95}{25}\times\frac{30}{60}$		$\frac{65}{100}\times\frac{90}{30}$		$\frac{70}{140}\times\frac{100}{25}$
	$\frac{95}{25}\times\frac{35}{70}$		$\frac{65}{100}\times\frac{120}{40}$		$\frac{65}{130}\times\frac{100}{25}$
	$\frac{95}{25}\times\frac{40}{80}$	19.600	$\frac{140}{100}\times\frac{70}{50}$		$\frac{60}{120}\times\frac{100}{25}$
	$\frac{95}{25}\times\frac{45}{90}$		$\frac{140}{200}\times\frac{70}{25}$		$\frac{55}{110}\times\frac{100}{25}$
	$\frac{95}{25}\times\frac{50}{100}$		$\frac{140}{100}\times\frac{35}{25}$		$\frac{50}{100}\times\frac{100}{25}$
	$\frac{95}{25}\times\frac{55}{110}$		$\frac{70}{50}\times\frac{35}{25}$		$\frac{45}{90}\times\frac{100}{25}$
	$\frac{95}{25}\times\frac{60}{120}$	*19.680	$\frac{41}{100}\times\frac{120}{25}$		$\frac{40}{80}\times\frac{100}{25}$
	$\frac{95}{25}\times\frac{65}{130}$		$\frac{41}{25}\times\frac{60}{50}$		$\frac{35}{70}\times\frac{100}{25}$
	$\frac{95}{25}\times\frac{70}{140}$	19.800	$\frac{90}{100}\times\frac{110}{50}$		$\frac{30}{60}\times\frac{80}{20}$
	$\frac{95}{25}\times\frac{75}{150}$		$\frac{90}{200}\times\frac{110}{25}$		$\frac{25}{50}\times\frac{120}{30}$

Pas	Nombre de dents des engrenages	Pas	Nombre de dents des engrenages	Pas	Nombre de dents des engrenages
millimètr.		millimètr.		millimètr.	
20	$\frac{20}{40} \times \frac{140}{35}$	*20.500	$\frac{41}{25} \times \frac{100}{80}$	20.900	$\frac{95}{100} \times \frac{55}{25}$
	$\frac{20}{40} \times \frac{150}{50}$	20.625	$\frac{75}{100} \times \frac{110}{40}$		$\frac{95}{200} \times \frac{110}{25}$
	$\frac{200}{50} \times \frac{20}{40}$		$\frac{75}{50} \times \frac{55}{40}$	21	$\frac{70}{100} \times \frac{150}{50}$
*20.150	$\frac{31}{100} \times \frac{130}{20}$		$\frac{75}{200} \times \frac{110}{20}$		$\frac{70}{100} \times \frac{75}{25}$
	$\frac{31}{50} \times \frac{65}{20}$		$\frac{75}{100} \times \frac{55}{20}$		$\frac{35}{25} \times \frac{60}{20}$
20.266	$\frac{95}{50} \times \frac{80}{75}$		$\frac{150}{200} \times \frac{110}{40}$		$\frac{35}{25} \times \frac{90}{30}$
	$\frac{95}{25} \times \frac{40}{75}$		$\frac{150}{100} \times \frac{110}{80}$		$\frac{35}{25} \times \frac{120}{40}$
*20.350	$\frac{37}{100} \times \frac{110}{20}$	*20.720	$\frac{37}{100} \times \frac{140}{25}$		$\frac{70}{200} \times \frac{150}{25}$
	$\frac{37}{50} \times \frac{55}{20}$		$\frac{37}{50} \times \frac{70}{25}$		$\frac{30}{50} \times \frac{70}{20}$
20.400	$\frac{85}{100} \times \frac{120}{50}$	20.800	$\frac{80}{50} \times \frac{130}{100}$		$\frac{140}{50} \times \frac{75}{100}$
	$\frac{85}{100} \times \frac{60}{25}$		$\frac{40}{100} \times \frac{130}{25}$		$\frac{140}{100} \times \frac{150}{100}$
	$\frac{85}{50} \times \frac{30}{25}$		$\frac{40}{25} \times \frac{130}{100}$		$\frac{45}{30} \times \frac{35}{25}$
	$\frac{85}{200} \times \frac{120}{25}$		$\frac{40}{25} \times \frac{65}{50}$		$\frac{60}{40} \times \frac{35}{25}$
*20.425	$\frac{43}{100} \times \frac{95}{20}$		$\frac{20}{25} \times \frac{130}{50}$		$\frac{75}{50} \times \frac{35}{25}$
	$\frac{43}{20} \times \frac{95}{100}$		$\frac{120}{75} \times \frac{130}{100}$		$\frac{90}{60} \times \frac{35}{25}$
*20.500	$\frac{41}{50} \times \frac{100}{40}$		$\frac{60}{75} \times \frac{130}{50}$		$\frac{120}{80} \times \frac{35}{25}$
	$\frac{41}{25} \times \frac{50}{40}$		$\frac{60}{75} \times \frac{65}{25}$		$\frac{150}{100} \times \frac{35}{25}$
	$\frac{41}{100} \times \frac{100}{20}$	20.900	$\frac{95}{100} \times \frac{110}{50}$		$\frac{45}{30} \times \frac{70}{50}$

Pas	Nombre de dents des engrenages	Pas	Nombre de dents des engrenages	Pas	Nombre de dents des engrenages
millimètr.		millimètr		millimètr.	
21	$\frac{60}{40} \times \frac{70}{50}$	21.250	$\frac{25}{50} \times \frac{85}{20}$	21.600	$\frac{45}{25} \times \frac{120}{100}$
	$\frac{90}{60} \times \frac{70}{50}$		$\frac{25}{20} \times \frac{85}{50}$		$\frac{45}{25} \times \frac{60}{50}$
	$\frac{120}{80} \times \frac{70}{50}$	*21.300	$\frac{71}{50} \times \frac{150}{100}$		$\frac{90}{25} \times \frac{30}{50}$
21.125	$\frac{65}{200} \times \frac{120}{20}$		$\frac{71}{25} \times \frac{75}{100}$	*21.700	$\frac{31}{20} \times \frac{35}{25}$
	$\frac{65}{20} \times \frac{130}{200}$	*21.320	$\frac{41}{25} \times \frac{130}{100}$		$\frac{31}{40} \times \frac{70}{25}$
*21.200	$\frac{53}{100} \times \frac{80}{20}$		$\frac{41}{25} \times \frac{65}{50}$		$\frac{31}{20} \times \frac{70}{50}$
	$\frac{53}{50} \times \frac{40}{20}$	21.375	$\frac{45}{100} \times \frac{95}{20}$		$\frac{31}{20} \times \frac{140}{100}$
21.250	$\frac{100}{200} \times \frac{85}{20}$		$\frac{90}{200} \times \frac{95}{20}$		$\frac{31}{40} \times \frac{140}{50}$
	$\frac{75}{150} \times \frac{85}{20}$		$\frac{90}{100} \times \frac{95}{40}$	*21.750	$\frac{29}{20} \times \frac{60}{40}$
	$\frac{70}{140} \times \frac{85}{20}$	*21.500	$\frac{43}{25} \times \frac{50}{40}$		$\frac{29}{20} \times \frac{120}{80}$
	$\frac{65}{130} \times \frac{85}{20}$		$\frac{43}{25} \times \frac{100}{80}$		$\frac{29}{20} \times \frac{150}{100}$
	$\frac{60}{120} \times \frac{85}{20}$		$\frac{43}{50} \times \frac{100}{40}$		$\frac{29}{20} \times \frac{75}{50}$
	$\frac{55}{110} \times \frac{85}{20}$		$\frac{43}{25} \times \frac{150}{120}$		$\frac{29}{40} \times \frac{75}{25}$
	$\frac{50}{100} \times \frac{85}{20}$		$\frac{43}{25} \times \frac{75}{60}$		$\frac{29}{40} \times \frac{90}{30}$
	$\frac{45}{90} \times \frac{85}{20}$		$\frac{43}{50} \times \frac{150}{60}$		$\frac{29}{40} \times \frac{60}{20}$
	$\frac{40}{80} \times \frac{85}{20}$		$\frac{43}{50} \times \frac{75}{30}$	21.777	$\frac{70}{90} \times \frac{140}{50}$
	$\frac{35}{70} \times \frac{85}{20}$	21.600	$\frac{90}{50} \times \frac{120}{100}$		$\frac{35}{90} \times \frac{140}{25}$
	$\frac{30}{60} \times \frac{85}{20}$		$\frac{90}{25} \times \frac{60}{100}$		$\frac{35}{45} \times \frac{70}{25}$

Pas	Nombre de dents des engrenages	Pas	Nombre de dents des engrenages	Pas	Nombre de dents des engrenages
millimètr.		millimètr.		millimètr.	
21.875	$\frac{50}{40} \times \frac{35}{20}$	22	$\frac{110}{25} \times \frac{20}{40}$	*22.360	$\frac{43}{25} \times \frac{65}{50}$
	$\frac{100}{80} \times \frac{35}{20}$		$\frac{110}{25} \times \frac{30}{60}$	22.400	$\frac{70}{100} \times \frac{80}{25}$
	$\frac{25}{20} \times \frac{70}{40}$		$\frac{110}{25} \times \frac{35}{70}$		$\frac{70}{50} \times \frac{40}{25}$
	$\frac{25}{20} \times \frac{140}{80}$		$\frac{110}{25} \times \frac{40}{80}$		$\frac{35}{50} \times \frac{80}{25}$
*21.900	$\frac{73}{50} \times \frac{150}{100}$		$\frac{110}{25} \times \frac{45}{90}$		$\frac{70}{25} \times \frac{60}{75}$
	$\frac{73}{25} \times \frac{75}{100}$		$\frac{110}{25} \times \frac{50}{100}$		$\frac{140}{100} \times \frac{80}{50}$
22	$\frac{200}{100} \times \frac{55}{50}$		$\frac{110}{25} \times \frac{60}{120}$		$\frac{140}{100} \times \frac{40}{25}$
	$\frac{100}{50} \times \frac{110}{100}$		$\frac{110}{25} \times \frac{75}{150}$	22.500	$\frac{100}{50} \times \frac{45}{40}$
	$\frac{150}{75} \times \frac{55}{50}$		$\frac{110}{25} \times \frac{100}{200}$		$\frac{200}{100} \times \frac{45}{40}$
	$\frac{140}{70} \times \frac{55}{50}$	22.100	$\frac{65}{25} \times \frac{85}{100}$		$\frac{150}{75} \times \frac{90}{80}$
	$\frac{130}{65} \times \frac{55}{50}$		$\frac{130}{50} \times \frac{85}{100}$		$\frac{140}{70} \times \frac{90}{80}$
	$\frac{120}{60} \times \frac{55}{50}$	*22.125	$\frac{59}{100} \times \frac{75}{20}$		$\frac{130}{65} \times \frac{90}{80}$
	$\frac{90}{45} \times \frac{55}{50}$		$\frac{59}{100} \times \frac{150}{40}$		$\frac{120}{60} \times \frac{45}{40}$
	$\frac{80}{40} \times \frac{55}{50}$	*22.200	$\frac{37}{100} \times \frac{150}{25}$		$\frac{110}{55} \times \frac{45}{40}$
	$\frac{70}{35} \times \frac{55}{50}$		$\frac{37}{50} \times \frac{75}{25}$		$\frac{70}{35} \times \frac{45}{40}$
	$\frac{60}{30} \times \frac{55}{50}$	*22.325	$\frac{47}{100} \times \frac{95}{20}$		$\frac{60}{30} \times \frac{45}{40}$
	$\frac{50}{25} \times \frac{110}{100}$		$\frac{47}{50} \times \frac{95}{40}$		$\frac{40}{20} \times \frac{90}{80}$
	$\frac{40}{20} \times \frac{55}{50}$	*22.360	$\frac{43}{25} \times \frac{130}{100}$	22.750	$\frac{65}{100} \times \frac{70}{20}$

Pas	Nombre de dents des engrenages	Pas	Nombre de dents des engrenages	Pas	Nombre de dents des engrenages
millimètr.		millimètr.		millimètr.	
22.750	$\dfrac{130}{40} \times \dfrac{70}{100}$	*23	$\dfrac{23}{100} \times \dfrac{200}{20}$	*23.200	$\dfrac{29}{100} \times \dfrac{200}{25}$
	$\dfrac{65}{100} \times \dfrac{140}{40}$		$\dfrac{23}{50} \times \dfrac{100}{20}$		$\dfrac{29}{50} \times \dfrac{100}{25}$
	$\dfrac{130}{200} \times \dfrac{70}{20}$		$\dfrac{23}{25} \times \dfrac{50}{20}$	*23.250	$\dfrac{31}{100} \times \dfrac{150}{20}$
	$\dfrac{130}{80} \times \dfrac{70}{50}$		$\dfrac{23}{25} \times \dfrac{100}{40}$		$\dfrac{31}{20} \times \dfrac{75}{50}$
	$\dfrac{65}{40} \times \dfrac{35}{25}$		$\dfrac{23}{20} \times \dfrac{50}{25}$		$\dfrac{31}{40} \times \dfrac{75}{25}$
	$\dfrac{65}{20} \times \dfrac{35}{50}$		$\dfrac{23}{20} \times \dfrac{60}{30}$		$\dfrac{31}{40} \times \dfrac{150}{50}$
	$\dfrac{70}{40} \times \dfrac{65}{50}$		$\dfrac{23}{20} \times \dfrac{70}{35}$		$\dfrac{31}{40} \times \dfrac{90}{30}$
	$\dfrac{35}{20} \times \dfrac{130}{100}$		$\dfrac{23}{20} \times \dfrac{80}{40}$		$\dfrac{31}{40} \times \dfrac{60}{20}$
22.800	$\dfrac{95}{50} \times \dfrac{120}{100}$		$\dfrac{23}{20} \times \dfrac{90}{45}$	*23.320	$\dfrac{53}{100} \times \dfrac{110}{25}$
	$\dfrac{95}{50} \times \dfrac{30}{25}$		$\dfrac{23}{20} \times \dfrac{100}{50}$		$\dfrac{53}{50} \times \dfrac{55}{25}$
	$\dfrac{95}{50} \times \dfrac{90}{75}$		$\dfrac{23}{20} \times \dfrac{110}{55}$	23.333	$\dfrac{140}{75} \times \dfrac{150}{120}$
	$\dfrac{95}{100} \times \dfrac{120}{50}$		$\dfrac{23}{20} \times \dfrac{120}{60}$		$\dfrac{70}{75} \times \dfrac{150}{60}$
	$\dfrac{95}{100} \times \dfrac{60}{25}$		$\dfrac{23}{20} \times \dfrac{130}{65}$	23.400	$\dfrac{45}{100} \times \dfrac{130}{25}$
*22.875	$\dfrac{61}{100} \times \dfrac{75}{20}$		$\dfrac{23}{20} \times \dfrac{170}{35}$		$\dfrac{90}{200} \times \dfrac{130}{25}$
	$\dfrac{61}{50} \times \dfrac{75}{40}$		$\dfrac{23}{20} \times \dfrac{150}{75}$		$\dfrac{90}{100} \times \dfrac{65}{25}$
	$\dfrac{61}{50} \times \dfrac{150}{80}$		$\dfrac{23}{20} \times \dfrac{200}{100}$		$\dfrac{45}{50} \times \dfrac{65}{25}$
*22.960	$\dfrac{41}{100} \times \dfrac{140}{25}$	*23.125	$\dfrac{37}{20} \times \dfrac{50}{40}$		$\dfrac{90}{50} \times \dfrac{130}{100}$
	$\dfrac{41}{50} \times \dfrac{70}{25}$		$\dfrac{37}{20} \times \dfrac{100}{80}$	*23.500	$\dfrac{47}{50} \times \dfrac{100}{40}$

Pas	Nombre de dents des engrenages	Pas	Nombre de dents des engrenages	Pas	Nombre de dents des engrenages
millimètr.		millimètr.		millimètr.	
*23.500	$\dfrac{47}{25} \times \dfrac{50}{40}$	23.800	$\dfrac{85}{100} \times \dfrac{140}{50}$	24.200	$\dfrac{55}{100} \times \dfrac{110}{25}$
	$\dfrac{47}{100} \times \dfrac{100}{20}$	*23.920	$\dfrac{23}{25} \times \dfrac{130}{50}$		$\dfrac{55}{25} \times \dfrac{110}{100}$
	$\dfrac{47}{25} \times \dfrac{100}{80}$		$\dfrac{23}{50} \times \dfrac{130}{25}$	24.375	$\dfrac{65}{100} \times \dfrac{75}{20}$
	$\dfrac{47}{50} \times \dfrac{200}{80}$	24	$\dfrac{60}{100} \times \dfrac{100}{25}$		$\dfrac{65}{100} \times \dfrac{150}{40}$
	$\dfrac{47}{100} \times \dfrac{200}{40}$		$\dfrac{30}{50} \times \dfrac{100}{25}$		$\dfrac{65}{200} \times \dfrac{150}{20}$
*23.600	$\dfrac{59}{100} \times \dfrac{100}{25}$	*24.400	$\dfrac{120}{200} \times \dfrac{100}{25}$	*24.400	$\dfrac{61}{50} \times \dfrac{200}{100}$
	$\dfrac{59}{100} \times \dfrac{200}{50}$		$\dfrac{60}{100} \times \dfrac{200}{50}$		$\dfrac{61}{50} \times \dfrac{150}{75}$
	$\dfrac{59}{100} \times \dfrac{80}{20}$		$\dfrac{30}{100} \times \dfrac{200}{25}$		$\dfrac{61}{50} \times \dfrac{140}{70}$
	$\dfrac{59}{100} \times \dfrac{120}{30}$		$\dfrac{120}{25} \times \dfrac{20}{40}$		$\dfrac{61}{50} \times \dfrac{130}{65}$
	$\dfrac{59}{100} \times \dfrac{140}{35}$		$\dfrac{120}{25} \times \dfrac{30}{60}$		$\dfrac{61}{50} \times \dfrac{120}{60}$
23.750	$\dfrac{50}{20} \times \dfrac{95}{100}$		$\dfrac{120}{25} \times \dfrac{35}{70}$		$\dfrac{61}{50} \times \dfrac{90}{45}$
	$\dfrac{100}{40} \times \dfrac{95}{100}$		$\dfrac{120}{25} \times \dfrac{40}{80}$		$\dfrac{61}{50} \times \dfrac{80}{40}$
	$\dfrac{200}{80} \times \dfrac{95}{100}$		$\dfrac{120}{25} \times \dfrac{45}{90}$	—	$\dfrac{61}{50} \times \dfrac{70}{35}$
	$\dfrac{100}{80} \times \dfrac{95}{50}$		$\dfrac{120}{25} \times \dfrac{50}{100}$		$\dfrac{61}{50} \times \dfrac{60}{30}$
	$\dfrac{50}{80} \times \dfrac{95}{25}$		$\dfrac{120}{25} \times \dfrac{55}{110}$		$\dfrac{61}{50} \times \dfrac{40}{20}$
23.800	$\dfrac{70}{100} \times \dfrac{85}{25}$		$\dfrac{120}{25} \times \dfrac{65}{130}$	*24.440	$\dfrac{47}{100} \times \dfrac{130}{25}$
	$\dfrac{35}{50} \times \dfrac{85}{25}$		$\dfrac{120}{25} \times \dfrac{70}{140}$		$\dfrac{47}{50} \times \dfrac{65}{25}$
	$\dfrac{140}{200} \times \dfrac{85}{25}$	24.500	$\dfrac{120}{25} \times \dfrac{75}{150}$	24.500	$\dfrac{70}{100} \times \dfrac{140}{40}$

Pas	Nombre de dents des engrenages	Pas	Nombre de dents des engrenages	Pas	Nombre de dents des engrenages
millimètr.		millimètr.		millimètr.	
24.500	$\frac{35}{50} \times \frac{140}{40}$	24.750	$\frac{110}{50} \times \frac{45}{40}$	25	$\frac{50}{100} \times \frac{100}{20}$
	$\frac{35}{50} \times \frac{70}{20}$		$\frac{110}{100} \times \frac{45}{20}$		$\frac{45}{90} \times \frac{100}{20}$
	$\frac{70}{200} \times \frac{140}{20}$	*24.800	$\frac{31}{50} \times \frac{100}{25}$		$\frac{40}{80} \times \frac{100}{20}$
	$\frac{35}{100} \times \frac{140}{20}$		$\frac{31}{100} \times \frac{200}{25}$		$\frac{35}{70} \times \frac{100}{20}$
*24.600	$\frac{41}{25} \times \frac{60}{40}$	*24.850	$\frac{71}{100} \times \frac{70}{20}$		$\frac{30}{60} \times \frac{100}{20}$
	$\frac{41}{25} \times \frac{30}{20}$		$\frac{71}{50} \times \frac{35}{20}$		$\frac{50}{100} \times \frac{200}{40}$
	$\frac{41}{25} \times \frac{120}{80}$		$\frac{71}{100} \times \frac{140}{40}$		$\frac{25}{20} \times \frac{60}{30}$
	$\frac{41}{50} \times \frac{60}{20}$		$\frac{71}{100} \times \frac{140}{20}$		$\frac{25}{20} \times \frac{70}{35}$
	$\frac{41}{50} \times \frac{120}{40}$	24.888	$\frac{40}{50} \times \frac{140}{45}$		$\frac{25}{20} \times \frac{80}{40}$
	$\frac{41}{25} \times \frac{90}{60}$		$\frac{20}{25} \times \frac{140}{45}$		$\frac{25}{20} \times \frac{90}{45}$
	$\frac{41}{25} \times \frac{45}{30}$		$\frac{80}{50} \times \frac{140}{90}$		$\frac{25}{20} \times \frac{100}{50}$
24.700	$\frac{65}{100} \times \frac{95}{25}$		$\frac{80}{50} \times \frac{70}{45}$		$\frac{25}{20} \times \frac{110}{55}$
	$\frac{130}{200} \times \frac{95}{25}$		$\frac{40}{25} \times \frac{70}{45}$		$\frac{25}{20} \times \frac{120}{50}$
	$\frac{130}{100} \times \frac{95}{50}$		$\frac{80}{25} \times \frac{35}{45}$		$\frac{25}{20} \times \frac{130}{65}$
24.750	$\frac{55}{100} \times \frac{90}{20}$	25	$\frac{80}{100} \times \frac{140}{45}$		$\frac{25}{20} \times \frac{140}{70}$
	$\frac{55}{50} \times \frac{45}{20}$		$\frac{75}{150} \times \frac{100}{20}$		$\frac{25}{20} \times \frac{150}{75}$
	$\frac{110}{200} \times \frac{90}{20}$		$\frac{100}{200} \times \frac{100}{20}$		$\frac{25}{20} \times \frac{200}{100}$
	$\frac{110}{100} \times \frac{90}{40}$		$\frac{70}{140} \times \frac{100}{20}$	25.200	$\frac{70}{100} \times \frac{90}{25}$

Pas	Nombre de dents des engrenages	Pas	Nombre de dents des engrenages	Pas	Nombre de dents des engrenages
millimètr.		millimètr.		millimètr.	
25.200	$\frac{70}{50} \times \frac{45}{25}$	*25.625	$\frac{41}{20} \times \frac{100}{80}$	26	$\frac{100}{50} \times \frac{130}{100}$
	$\frac{35}{50} \times \frac{90}{25}$	*25.800	$\frac{43}{100} \times \frac{150}{25}$		$\frac{80}{40} \times \frac{65}{50}$
	$\frac{140}{100} \times \frac{90}{50}$		$\frac{43}{50} \times \frac{75}{25}$		$\frac{60}{30} \times \frac{65}{50}$
	$\frac{140}{200} \times \frac{90}{25}$		$\frac{43}{25} \times \frac{75}{50}$		$\frac{40}{20} \times \frac{65}{50}$
	$\frac{140}{100} \times \frac{45}{25}$	*25.900	$\frac{37}{20} \times \frac{140}{100}$		$\frac{130}{25} \times \frac{20}{40}$
*25.300	$\frac{23}{20} \times \frac{110}{50}$		$\frac{37}{20} \times \frac{70}{50}$		$\frac{130}{25} \times \frac{30}{60}$
	$\frac{23}{20} \times \frac{55}{25}$		$\frac{37}{20} \times \frac{35}{25}$		$\frac{130}{25} \times \frac{35}{70}$
25.500	$\frac{85}{50} \times \frac{150}{100}$		$\frac{37}{40} \times \frac{140}{50}$		$\frac{130}{25} \times \frac{40}{80}$
	$\frac{85}{25} \times \frac{75}{100}$		$\frac{37}{40} \times \frac{70}{25}$		$\frac{130}{25} \times \frac{50}{100}$
	$\frac{85}{25} \times \frac{75}{100}$		$\frac{37}{80} \times \frac{140}{25}$		$\frac{130}{25} \times \frac{60}{120}$
	$\frac{85}{25} \times \frac{150}{200}$	26	$\frac{65}{100} \times \frac{80}{20}$		$\frac{130}{25} \times \frac{70}{140}$
	$\frac{75}{25} \times \frac{85}{100}$		$\frac{130}{200} \times \frac{80}{20}$		$\frac{130}{25} \times \frac{75}{150}$
	$\frac{120}{40} \times \frac{85}{100}$		$\frac{65}{50} \times \frac{40}{20}$	*26.100	$\frac{29}{20} \times \frac{45}{25}$
	$\frac{90}{30} \times \frac{85}{100}$		$\frac{130}{100} \times \frac{40}{20}$		$\frac{29}{20} \times \frac{90}{50}$
	$\frac{60}{20} \times \frac{85}{100}$		$\frac{200}{100} \times \frac{65}{50}$	26.125	$\frac{55}{100} \times \frac{95}{20}$
25.600	$\frac{40}{50} \times \frac{80}{25}$		$\frac{150}{75} \times \frac{65}{50}$		$\frac{110}{200} \times \frac{95}{20}$
	$\frac{40}{25} \times \frac{80}{50}$		$\frac{140}{70} \times \frac{65}{50}$	26.250	$\frac{150}{20} \times \frac{35}{100}$
*25.625	$\frac{41}{20} \times \frac{50}{40}$		$\frac{120}{60} \times \frac{65}{50}$		$\frac{150}{20} \times \frac{70}{200}$

Pas	Nombre de dents des engrenages	Pas	Nombre de dents des engrenages	Pas	Nombre de dents des engrenages
millimètr.		millimètr.		millimètr.	
26.250	$\frac{75}{20} \times \frac{70}{100}$	26.666	$\frac{50}{60} \times \frac{80}{25}$	27.200	$\frac{120}{150} \times \frac{85}{25}$
	$\frac{75}{20} \times \frac{35}{50}$		$\frac{100}{120} \times \frac{80}{25}$		$\frac{40}{25} \times \frac{85}{50}$
	$\frac{150}{40} \times \frac{140}{200}$		$\frac{50}{30} \times \frac{40}{25}$	27.500	$\frac{100}{200} \times \frac{110}{20}$
*26.320	$\frac{47}{25} \times \frac{70}{50}$		$\frac{100}{60} \times \frac{80}{50}$		$\frac{75}{150} \times \frac{110}{20}$
	$\frac{47}{25} \times \frac{140}{100}$		$\frac{100}{60} \times \frac{40}{25}$		$\frac{70}{140} \times \frac{110}{20}$
26.400	$\frac{110}{100} \times \frac{120}{50}$	*26.800	$\frac{67}{100} \times \frac{200}{50}$		$\frac{50}{100} \times \frac{110}{20}$
	$\frac{55}{50} \times \frac{65}{25}$		$\frac{67}{100} \times \frac{100}{25}$		$\frac{45}{90} \times \frac{110}{20}$
	$\frac{110}{200} \times \frac{120}{25}$	27	$\frac{90}{100} \times \frac{150}{50}$		$\frac{40}{80} \times \frac{110}{20}$
	$\frac{55}{50} \times \frac{120}{25}$		$\frac{90}{200} \times \frac{150}{25}$		$\frac{35}{70} \times \frac{110}{20}$
	$\frac{30}{50} \times \frac{110}{25}$		$\frac{45}{50} \times \frac{75}{25}$		$\frac{30}{60} \times \frac{110}{20}$
	$\frac{110}{75} \times \frac{90}{50}$		$\frac{45}{50} \times \frac{120}{40}$		$\frac{25}{50} \times \frac{110}{20}$
	$\frac{55}{75} \times \frac{90}{25}$		$\frac{45}{50} \times \frac{90}{30}$	*27.600	$\frac{23}{50} \times \frac{150}{25}$
*26.500	$\frac{53}{25} \times \frac{50}{40}$		$\frac{45}{50} \times \frac{60}{20}$		$\frac{23}{20} \times \frac{60}{25}$
	$\frac{53}{25} \times \frac{100}{80}$		$\frac{90}{100} \times \frac{75}{25}$		$\frac{23}{40} \times \frac{120}{25}$
26.600	$\frac{95}{50} \times \frac{35}{25}$	27.200	$\frac{80}{100} \times \frac{85}{25}$	*27.750	$\frac{37}{100} \times \frac{150}{20}$
	$\frac{95}{50} \times \frac{140}{100}$		$\frac{40}{50} \times \frac{85}{25}$		$\frac{37}{50} \times \frac{75}{20}$
	$\frac{95}{100} \times \frac{70}{25}$		$\frac{120}{75} \times \frac{85}{50}$	*27.900	$\frac{31}{20} \times \frac{45}{25}$
	$\frac{95}{200} \times \frac{140}{25}$		$\frac{60}{75} \times \frac{85}{25}$		$\frac{31}{20} \times \frac{90}{50}$

Pas	Nombre de dents des engrenages	Pas	Nombre de dents des engrenages	Pas	Nombre de dents des engrenages
millimètr.		millimètr.		millimètr.	
*27.900	$\frac{31}{40} \times \frac{90}{25}$	28	$\frac{35}{100} \times \frac{200}{25}$	28.500	$\frac{95}{200} \times \frac{150}{25}$
*27.950	$\frac{43}{100} \times \frac{130}{20}$		$\frac{140}{25} \times \frac{20}{40}$		$\frac{95}{100} \times \frac{75}{25}$
	$\frac{43}{50} \times \frac{65}{20}$		$\frac{140}{25} \times \frac{30}{60}$	*14.750	$\frac{95}{100} \times \frac{120}{40}$
	$\frac{43}{20} \times \frac{65}{50}$		$\frac{140}{25} \times \frac{35}{70}$		$\frac{95}{100} \times \frac{90}{30}$
28	$\frac{35}{50} \times \frac{100}{25}$		$\frac{140}{25} \times \frac{40}{80}$	28.600	$\frac{110}{100} \times \frac{130}{50}$
	$\frac{70}{100} \times \frac{100}{25}$		$\frac{140}{25} \times \frac{50}{100}$		$\frac{110}{100} \times \frac{65}{25}$
	$\frac{140}{100} \times \frac{100}{50}$	28.125	$\frac{75}{100} \times \frac{150}{40}$		$\frac{110}{200} \times \frac{130}{25}$
	$\frac{70}{50} \times \frac{200}{100}$		$\frac{75}{200} \times \frac{150}{20}$		$\frac{55}{50} \times \frac{65}{25}$
	$\frac{70}{50} \times \frac{150}{75}$	*28.200	$\frac{47}{100} \times \frac{120}{20}$		$\frac{55}{25} \times \frac{130}{100}$
	$\frac{35}{25} \times \frac{140}{70}$		$\frac{47}{50} \times \frac{60}{20}$	*28.700	$\frac{41}{100} \times \frac{140}{20}$
	$\frac{70}{50} \times \frac{130}{65}$		$\frac{47}{25} \times \frac{30}{20}$		$\frac{41}{50} \times \frac{70}{20}$
	$\frac{70}{50} \times \frac{120}{60}$	*28.400	$\frac{71}{100} \times \frac{100}{25}$		$\frac{41}{25} \times \frac{35}{20}$
	$\frac{70}{50} \times \frac{110}{55}$		$\frac{71}{50} \times \frac{200}{100}$	*28.750	$\frac{23}{20} \times \frac{100}{40}$
	$\frac{35}{25} \times \frac{100}{50}$		$\frac{71}{100} \times \frac{80}{20}$		$\frac{23}{20} \times \frac{200}{80}$
	$\frac{35}{25} \times \frac{90}{45}$		$\frac{71}{100} \times \frac{120}{30}$	28.800	$\frac{30}{25} \times \frac{120}{50}$
	$\frac{35}{25} \times \frac{80}{40}$		$\frac{71}{100} \times \frac{140}{35}$		$\frac{60}{25} \times \frac{120}{100}$
	$\frac{35}{25} \times \frac{60}{30}$		$\frac{71}{100} \times \frac{200}{50}$		$\frac{90}{75} \times \frac{120}{50}$
	$\frac{35}{25} \times \frac{40}{20}$	28.500	$\frac{95}{100} \times \frac{150}{50}$		$\frac{90}{75} \times \frac{60}{25}$

Pas	Nombre de dents des engrenages	Pas	Nombre de dents des engrenages	Pas	Nombre de dents des engrenages
millimètr.		millimètr.		millimètr.	
28.800	$\frac{45}{75} \times \frac{120}{25}$	*29	$\frac{29}{20} \times \frac{140}{70}$	*29.375	$\frac{47}{20} \times \frac{100}{80}$
	$\frac{90}{150} \times \frac{120}{25}$		$\frac{29}{20} \times \frac{130}{65}$		$\frac{47}{40} \times \frac{200}{80}$
	$\frac{40}{25} \times \frac{90}{50}$		$\frac{29}{20} \times \frac{120}{60}$	*29.500	$\frac{59}{50} \times \frac{100}{40}$
	$\frac{80}{100} \times \frac{90}{25}$		$\frac{29}{20} \times \frac{100}{50}$		$\frac{59}{50} \times \frac{200}{80}$
	$\frac{120}{50} \times \frac{30}{25}$		$\frac{29}{20} \times \frac{50}{25}$		$\frac{59}{25} \times \frac{50}{40}$
28.888	$\frac{130}{90} \times \frac{150}{75}$		$\frac{29}{20} \times \frac{60}{30}$	*29.600	$\frac{37}{25} \times \frac{200}{100}$
	$\frac{65}{45} \times \frac{200}{100}$	*29.150	$\frac{53}{100} \times \frac{110}{20}$		$\frac{37}{25} \times \frac{150}{75}$
	$\frac{65}{45} \times \frac{140}{70}$		$\frac{53}{50} \times \frac{55}{20}$		$\frac{37}{25} \times \frac{140}{70}$
	$\frac{65}{45} \times \frac{120}{60}$	*29.200	$\frac{73}{20} \times \frac{40}{50}$		$\frac{37}{25} \times \frac{120}{60}$
	$\frac{65}{45} \times \frac{110}{55}$		$\frac{73}{20} \times \frac{80}{100}$		$\frac{37}{25} \times \frac{100}{50}$
	$\frac{65}{45} \times \frac{100}{50}$	29.250	$\frac{45}{100} \times \frac{130}{20}$		$\frac{37}{25} \times \frac{90}{45}$
	$\frac{65}{45} \times \frac{80}{40}$		$\frac{45}{50} \times \frac{65}{20}$		$\frac{37}{25} \times \frac{80}{40}$
	$\frac{65}{45} \times \frac{70}{35}$		$\frac{90}{100} \times \frac{130}{40}$		$\frac{37}{25} \times \frac{70}{35}$
	$\frac{65}{45} \times \frac{60}{30}$		$\frac{90}{200} \times \frac{130}{20}$		$\frac{37}{25} \times \frac{60}{30}$
	$\frac{65}{45} \times \frac{50}{25}$		$\frac{90}{100} \times \frac{65}{20}$		$\frac{37}{25} \times \frac{40}{20}$
	$\frac{65}{45} \times \frac{40}{20}$		$\frac{90}{50} \times \frac{65}{40}$	29.750	$\frac{70}{100} \times \frac{85}{20}$
*29	$\frac{29}{20} \times \frac{200}{100}$		$\frac{45}{25} \times \frac{65}{40}$		$\frac{140}{200} \times \frac{85}{20}$
	$\frac{29}{20} \times \frac{150}{75}$	*29.375	$\frac{47}{20} \times \frac{50}{40}$		$\frac{35}{50} \times \frac{85}{20}$

Pas	Nombre de dents des engrenages	Pas	Nombre de dents des engrenages	Pas	Nombre de dents des engrenages
millimètr.		millimètr.		millimètr.	
29.750	$\frac{70}{50} \times \frac{85}{40}$	30	$\frac{150}{25} \times \frac{40}{80}$	30.400	$\frac{120}{150} \times \frac{95}{25}$
	$\frac{35}{25} \times \frac{85}{40}$		$\frac{150}{25} \times \frac{45}{90}$	*30.500	$\frac{61}{50} \times \frac{100}{40}$
*29.900	$\frac{23}{20} \times \frac{65}{25}$		$\frac{150}{25} \times \frac{50}{100}$		$\frac{61}{100} \times \frac{100}{25}$
	$\frac{23}{20} \times \frac{130}{50}$		$\frac{150}{25} \times \frac{55}{110}$		$\frac{61}{25} \times \frac{50}{40}$
	$\frac{23}{40} \times \frac{130}{25}$		$\frac{150}{25} \times \frac{60}{120}$		$\frac{61}{25} \times \frac{100}{80}$
	$\frac{23}{25} \times \frac{130}{40}$		$\frac{150}{25} \times \frac{65}{130}$	30.600	$\frac{85}{100} \times \frac{90}{25}$
30	$\frac{30}{50} \times \frac{100}{20}$		$\frac{150}{25} \times \frac{70}{140}$		$\frac{85}{50} \times \frac{45}{25}$
	$\frac{30}{50} \times \frac{200}{40}$		$\frac{150}{25} \times \frac{100}{200}$	30.625	$\frac{140}{80} \times \frac{70}{40}$
	$\frac{60}{100} \times \frac{100}{20}$	*30.080	$\frac{47}{50} \times \frac{80}{25}$		$\frac{140}{80} \times \frac{35}{25}$
	$\frac{120}{200} \times \frac{100}{20}$		$\frac{47}{25} \times \frac{80}{50}$		$\frac{70}{40} \times \frac{35}{25}$
	$\frac{60}{50} \times \frac{100}{40}$	*30.160	$\frac{29}{50} \times \frac{130}{25}$	*30.750	$\frac{41}{50} \times \frac{75}{20}$
	$\frac{60}{25} \times \frac{50}{40}$		$\frac{29}{25} \times \frac{130}{50}$		$\frac{41}{50} \times \frac{150}{40}$
	$\frac{120}{50} \times \frac{100}{80}$	30.250	$\frac{55}{100} \times \frac{110}{20}$		$\frac{41}{100} \times \frac{150}{20}$
	$\frac{30}{25} \times \frac{50}{20}$		$\frac{110}{100} \times \frac{55}{20}$		$\frac{41}{25} \times \frac{75}{40}$
	$\frac{60}{75} \times \frac{150}{40}$	30.400	$\frac{80}{100} \times \frac{95}{25}$		$\frac{41}{25} \times \frac{150}{80}$
	$\frac{150}{25} \times \frac{20}{40}$		$\frac{40}{50} \times \frac{95}{25}$	30.800	$\frac{110}{100} \times \frac{140}{50}$
	$\frac{150}{25} \times \frac{30}{60}$		$\frac{60}{75} \times \frac{95}{25}$		$\frac{110}{100} \times \frac{70}{25}$
	$\frac{150}{25} \times \frac{35}{70}$		$\frac{40}{25} \times \frac{95}{50}$		$\frac{55}{50} \times \frac{70}{25}$

Pas	Nombre de dents des engrenages	Pas	Nombre de dents des engrenages	Pas	Nombre de dents des engrenages
millimètr.		millimètr.		millimètr.	
30.800	$\frac{110}{50} \times \frac{35}{25}$	*31	$\frac{31}{20} \times \frac{130}{65}$	31.250	$\frac{100}{80} \times \frac{100}{40}$
30.875	$\frac{65}{100} \times \frac{95}{20}$		$\frac{31}{20} \times \frac{140}{70}$		$\frac{25}{40} \times \frac{100}{20}$
	$\frac{130}{200} \times \frac{95}{20}$		$\frac{31}{20} \times \frac{150}{75}$		$\frac{50}{80} \times \frac{100}{20}$
	$\frac{130}{100} \times \frac{95}{40}$		$\frac{31}{20} \times \frac{200}{100}$		$\frac{50}{40} \times \frac{200}{80}$
	$\frac{65}{50} \times \frac{95}{40}$		$\frac{31}{100} \times \frac{200}{20}$	31.500	$\frac{70}{100} \times \frac{90}{20}$
*30.960	$\frac{43}{50} \times \frac{90}{25}$	*31.160	$\frac{41}{50} \times \frac{95}{25}$		$\frac{35}{50} \times \frac{90}{20}$
*31	$\frac{31}{50} \times \frac{100}{20}$		$\frac{41}{25} \times \frac{95}{50}$		$\frac{140}{200} \times \frac{90}{20}$
	$\frac{31}{50} \times \frac{200}{40}$	31.200	$\frac{120}{100} \times \frac{130}{50}$		$\frac{70}{50} \times \frac{45}{20}$
	$\frac{31}{25} \times \frac{50}{20}$		$\frac{120}{100} \times \frac{65}{25}$		$\frac{70}{50} \times \frac{90}{40}$
	$\frac{31}{25} \times \frac{100}{40}$		$\frac{60}{50} \times \frac{65}{25}$		$\frac{35}{25} \times \frac{45}{20}$
	$\frac{31}{20} \times \frac{50}{25}$		$\frac{60}{25} \times \frac{130}{100}$		$\frac{140}{100} \times \frac{45}{20}$
	$\frac{31}{20} \times \frac{60}{30}$		$\frac{30}{25} \times \frac{130}{50}$		$\frac{70}{25} \times \frac{45}{40}$
	$\frac{31}{20} \times \frac{70}{35}$		$\frac{90}{75} \times \frac{130}{50}$		$\frac{70}{25} \times \frac{90}{80}$
	$\frac{31}{20} \times \frac{80}{40}$		$\frac{90}{75} \times \frac{65}{25}$		$\frac{140}{50} \times \frac{45}{40}$
	$\frac{31}{20} \times \frac{90}{45}$		$\frac{45}{75} \times \frac{130}{25}$		$\frac{140}{100} \times \frac{90}{40}$
	$\frac{31}{20} \times \frac{100}{50}$		$\frac{90}{150} \times \frac{130}{25}$	*31.600	$\frac{79}{100} \times \frac{100}{25}$
	$\frac{31}{20} \times \frac{110}{55}$	31.250	$\frac{25}{20} \times \frac{100}{40}$		$\frac{79}{100} \times \frac{80}{20}$
	$\frac{31}{20} \times \frac{120}{60}$		$\frac{25}{20} \times \frac{200}{80}$		$\frac{79}{100} \times \frac{120}{30}$

Pas	Nombre de dents des engrenages	Pas	Nombre de dents des engrenages	Pas	Nombre de dents des engrenages
millimètr.		millimètr		millimètr.	
*31.600	$\frac{79}{100} \times \frac{140}{35}$	31.875	$\frac{150}{200} \times \frac{85}{20}$	32	$\frac{90}{45} \times \frac{40}{25}$
	$\frac{79}{100} \times \frac{200}{50}$		$\frac{150}{100} \times \frac{85}{40}$		$\frac{70}{35} \times \frac{40}{25}$
	$\frac{79}{50} \times \frac{40}{20}$		$\frac{75}{50} \times \frac{85}{40}$		$\frac{60}{30} \times \frac{40}{25}$
	$\frac{79}{50} \times \frac{60}{30}$		$\frac{150}{50} \times \frac{85}{80}$		$\frac{40}{20} \times \frac{80}{50}$
	$\frac{79}{50} \times \frac{70}{35}$		$\frac{75}{25} \times \frac{85}{80}$		$\frac{80}{20} \times \frac{60}{75}$
	$\frac{79}{50} \times \frac{80}{40}$		$\frac{120}{40} \times \frac{85}{80}$		$\frac{80}{20} \times \frac{120}{150}$
	$\frac{79}{50} \times \frac{90}{45}$		$\frac{90}{30} \times \frac{85}{80}$		$\frac{100}{25} \times \frac{60}{75}$
	$\frac{79}{50} \times \frac{120}{60}$		$\frac{60}{20} \times \frac{85}{80}$		$\frac{120}{30} \times \frac{60}{75}$
	$\frac{79}{50} \times \frac{150}{75}$	*31.960	$\frac{47}{50} \times \frac{85}{25}$		$\frac{140}{35} \times \frac{60}{75}$
	$\frac{79}{50} \times \frac{200}{100}$		$\frac{47}{25} \times \frac{85}{50}$		$\frac{200}{50} \times \frac{60}{75}$
*31.625	$\frac{23}{20} \times \frac{110}{40}$	32	$\frac{40}{50} \times \frac{80}{20}$		$\frac{120}{75} \times \frac{40}{20}$
	$\frac{23}{40} \times \frac{110}{20}$		$\frac{200}{100} \times \frac{80}{50}$		$\frac{120}{75} \times \frac{50}{25}$
*31.800	$\frac{53}{50} \times \frac{75}{25}$		$\frac{150}{75} \times \frac{80}{50}$		$\frac{120}{75} \times \frac{100}{50}$
	$\frac{53}{100} \times \frac{150}{25}$		$\frac{140}{70} \times \frac{80}{50}$	*32.200	$\frac{23}{20} \times \frac{70}{25}$
	$\frac{53}{50} \times \frac{120}{40}$		$\frac{130}{65} \times \frac{80}{50}$		$\frac{23}{20} \times \frac{140}{50}$
	$\frac{53}{50} \times \frac{90}{30}$		$\frac{120}{60} \times \frac{80}{50}$		$\frac{23}{40} \times \frac{140}{25}$
	$\frac{53}{50} \times \frac{60}{20}$		$\frac{110}{55} \times \frac{80}{50}$	*32.250	$\frac{43}{100} \times \frac{150}{20}$
31.875	$\frac{75}{100} \times \frac{85}{20}$		$\frac{100}{50} \times \frac{40}{25}$		$\frac{43}{50} \times \frac{75}{20}$

Pas	Nombre de dents des engrenages	Pas	Nombre de dents des engrenages	Pas	Nombre de dents des engrenages
millimètr.		millimètr.		millimètr.	
32.300	$\frac{85}{100} \times \frac{95}{25}$	32.500	$\frac{120}{60} \times \frac{65}{40}$	*32.800	$\frac{41}{25} \times \frac{110}{55}$
	$\frac{85}{25} \times \frac{95}{100}$		$\frac{110}{55} \times \frac{65}{40}$		$\frac{41}{25} \times \frac{100}{50}$
32.400	$\frac{45}{50} \times \frac{90}{25}$		$\frac{100}{50} \times \frac{65}{40}$		$\frac{41}{25} \times \frac{90}{45}$
	$\frac{45}{25} \times \frac{90}{50}$		$\frac{90}{45} \times \frac{65}{40}$		$\frac{41}{25} \times \frac{80}{40}$
32.500	$\frac{100}{200} \times \frac{130}{20}$		$\frac{70}{35} \times \frac{65}{40}$		$\frac{41}{25} \times \frac{70}{35}$
	$\frac{75}{150} \times \frac{130}{20}$		$\frac{60}{30} \times \frac{65}{40}$		$\frac{41}{25} \times \frac{60}{30}$
	$\frac{70}{140} \times \frac{130}{20}$		$\frac{50}{25} \times \frac{65}{40}$		$\frac{41}{25} \times \frac{40}{20}$
	$\frac{60}{120} \times \frac{130}{20}$	*32.560	$\frac{37}{50} \times \frac{110}{25}$	*32.900	$\frac{47}{100} \times \frac{140}{20}$
	$\frac{55}{110} \times \frac{130}{20}$		$\frac{37}{25} \times \frac{110}{50}$		$\frac{47}{50} \times \frac{70}{20}$
	$\frac{50}{100} \times \frac{130}{20}$	*32.625	$\frac{29}{20} \times \frac{90}{40}$		$\frac{47}{25} \times \frac{35}{20}$
	$\frac{45}{90} \times \frac{130}{20}$		$\frac{29}{40} \times \frac{90}{20}$	33	$\frac{110}{100} \times \frac{150}{50}$
	$\frac{40}{80} \times \frac{130}{20}$	*32.680	$\frac{43}{50} \times \frac{95}{25}$		$\frac{55}{50} \times \frac{75}{25}$
	$\frac{35}{70} \times \frac{130}{20}$		$\frac{43}{25} \times \frac{95}{50}$		$\frac{55}{50} \times \frac{120}{40}$
	$\frac{30}{60} \times \frac{130}{20}$	*32.800	$\frac{41}{25} \times \frac{200}{100}$		$\frac{55}{50} \times \frac{90}{30}$
	$\frac{25}{50} \times \frac{130}{20}$		$\frac{41}{25} \times \frac{150}{75}$		$\frac{55}{50} \times \frac{60}{20}$
	$\frac{200}{100} \times \frac{65}{40}$		$\frac{41}{25} \times \frac{140}{70}$		$\frac{110}{200} \times \frac{150}{25}$
	$\frac{150}{75} \times \frac{65}{40}$		$\frac{41}{25} \times \frac{130}{65}$		$\frac{55}{100} \times \frac{150}{25}$
	$\frac{140}{70} \times \frac{65}{40}$		$\frac{41}{25} \times \frac{120}{60}$	33.250	$\frac{95}{100} \times \frac{70}{20}$

Pas	Nombre de dents des engrenages	Pas	Nombre de dents des engrenages	Pas	Nombre de dents des engrenages
millimètr. 33.250	$\dfrac{95}{50} \times \dfrac{35}{20}$	millimètr. 33.600	$\dfrac{70}{25} \times \dfrac{120}{100}$	millimètr. 33.800	$\dfrac{65}{25} \times \dfrac{130}{100}$
	$\dfrac{95}{50} \times \dfrac{70}{40}$		$\dfrac{140}{50} \times \dfrac{30}{25}$		$\dfrac{65}{100} \times \dfrac{130}{25}$
	$\dfrac{95}{100} \times \dfrac{140}{40}$		$\dfrac{70}{25} \times \dfrac{90}{75}$	*33.920	$\dfrac{53}{50} \times \dfrac{80}{25}$
	$\dfrac{95}{50} \times \dfrac{140}{80}$		$\dfrac{140}{25} \times \dfrac{90}{150}$		$\dfrac{53}{25} \times \dfrac{80}{50}$
	$\dfrac{95}{200} \times \dfrac{140}{20}$	33.750	$\dfrac{45}{50} \times \dfrac{75}{20}$	34	$\dfrac{200}{50} \times \dfrac{85}{100}$
	$\dfrac{95}{25} \times \dfrac{70}{80}$		$\dfrac{90}{100} \times \dfrac{75}{20}$		$\dfrac{140}{35} \times \dfrac{85}{100}$
*33.300	$\dfrac{37}{20} \times \dfrac{90}{50}$		$\dfrac{45}{50} \times \dfrac{150}{40}$		$\dfrac{120}{30} \times \dfrac{85}{100}$
	$\dfrac{37}{40} \times \dfrac{90}{25}$		$\dfrac{90}{100} \times \dfrac{150}{40}$		$\dfrac{100}{25} \times \dfrac{85}{100}$
	$\dfrac{37}{20} \times \dfrac{45}{25}$		$\dfrac{90}{50} \times \dfrac{75}{40}$		$\dfrac{80}{20} \times \dfrac{85}{100}$
*33.500	$\dfrac{67}{50} \times \dfrac{100}{40}$		$\dfrac{45}{100} \times \dfrac{150}{20}$		$\dfrac{200}{100} \times \dfrac{85}{50}$
	$\dfrac{67}{50} \times \dfrac{200}{80}$		$\dfrac{45}{25} \times \dfrac{75}{40}$		$\dfrac{150}{75} \times \dfrac{85}{50}$
	$\dfrac{67}{25} \times \dfrac{50}{40}$		$\dfrac{90}{25} \times \dfrac{75}{80}$		$\dfrac{140}{70} \times \dfrac{85}{50}$
	$\dfrac{67}{100} \times \dfrac{100}{20}$		$\dfrac{90}{50} \times \dfrac{150}{80}$		$\dfrac{130}{65} \times \dfrac{85}{50}$
33.600	$\dfrac{140}{100} \times \dfrac{120}{50}$		$\dfrac{90}{80} \times \dfrac{150}{50}$		$\dfrac{120}{60} \times \dfrac{85}{50}$
	$\dfrac{70}{50} \times \dfrac{60}{25}$		$\dfrac{90}{80} \times \dfrac{75}{25}$		$\dfrac{110}{55} \times \dfrac{85}{50}$
	$\dfrac{35}{25} \times \dfrac{120}{50}$		$\dfrac{45}{40} \times \dfrac{90}{30}$		$\dfrac{90}{45} \times \dfrac{85}{50}$
	$\dfrac{140}{200} \times \dfrac{120}{25}$		$\dfrac{90}{80} \times \dfrac{120}{40}$		$\dfrac{80}{40} \times \dfrac{85}{50}$
	$\dfrac{140}{50} \times \dfrac{120}{100}$		$\dfrac{45}{40} \times \dfrac{60}{20}$		$\dfrac{70}{35} \times \dfrac{85}{50}$

Pas	Nombre de dents des engrenages
millimètr. 34	$\frac{60}{30} \times \frac{85}{50}$
	$\frac{40}{20} \times \frac{85}{50}$
*34.100	$\frac{31}{50} \times \frac{110}{20}$
	$\frac{31}{25} \times \frac{55}{20}$
34.200	$\frac{45}{50} \times \frac{95}{25}$
	$\frac{90}{100} \times \frac{95}{25}$
*34.375	$\frac{25}{20} \times \frac{110}{40}$
	$\frac{50}{40} \times \frac{55}{20}$
	$\frac{100}{80} \times \frac{110}{40}$
	$\frac{100}{80} \times \frac{55}{20}$
	$\frac{50}{80} \times \frac{110}{20}$
	$\frac{150}{120} \times \frac{110}{40}$
	$\frac{75}{60} \times \frac{110}{40}$
	$\frac{75}{60} \times \frac{55}{20}$
	$\frac{150}{60} \times \frac{55}{40}$
	$\frac{150}{120} \times \frac{55}{20}$
*34.400	$\frac{43}{50} \times \frac{100}{25}$
	$\frac{43}{25} \times \frac{100}{50}$

Pas	Nombre de dents des engrenages
millimètr. *34.400	$\frac{43}{25} \times \frac{200}{100}$
	$\frac{43}{25} \times \frac{150}{75}$
	$\frac{43}{25} \times \frac{120}{60}$
	$\frac{43}{25} \times \frac{90}{45}$
	$\frac{43}{25} \times \frac{80}{40}$
	$\frac{43}{25} \times \frac{40}{20}$
34.412	$\frac{65}{20} \times \frac{90}{85}$
	$\frac{130}{40} \times \frac{90}{85}$
	$\frac{130}{20} \times \frac{45}{85}$
*34.500	$\frac{23}{20} \times \frac{150}{50}$
	$\frac{23}{20} \times \frac{120}{40}$
	$\frac{23}{20} \times \frac{90}{30}$
	$\frac{23}{20} \times \frac{75}{25}$
	$\frac{23}{40} \times \frac{150}{25}$
*34.720	$\frac{31}{50} \times \frac{140}{25}$
	$\frac{31}{25} \times \frac{140}{50}$
*34.800	$\frac{29}{25} \times \frac{150}{50}$
	$\frac{29}{25} \times \frac{120}{40}$

Pas	Nombre de dents des engrenages
millimètr. *34.800	$\frac{29}{25} \times \frac{90}{30}$
	$\frac{29}{25} \times \frac{60}{20}$
*34.875	$\frac{31}{20} \times \frac{90}{40}$
	$\frac{31}{40} \times \frac{80}{20}$
35	$\frac{50}{40} \times \frac{70}{25}$
	$\frac{100}{80} \times \frac{70}{25}$
	$\frac{100}{80} \times \frac{140}{50}$
	$\frac{50}{80} \times \frac{140}{25}$
	$\frac{100}{40} \times \frac{70}{50}$
	$\frac{50}{20} \times \frac{35}{25}$
	$\frac{100}{20} \times \frac{35}{50}$
	$\frac{100}{50} \times \frac{35}{20}$
	$\frac{200}{100} \times \frac{70}{40}$
	$\frac{150}{75} \times \frac{140}{80}$
	$\frac{130}{65} \times \frac{70}{40}$
	$\frac{120}{60} \times \frac{70}{40}$
	$\frac{110}{55} \times \frac{70}{40}$
	$\frac{100}{50} \times \frac{70}{40}$

Pas	Nombre de dents des engrenages	Pas	Nombre de dents des engrenages	Pas	Nombre de dents des engrenages
millimètr. 35	$\frac{90}{45} \times \frac{35}{20}$	millimètr. *35.400	$\frac{59}{25} \times \frac{150}{100}$	millimètr. 35.750	$\frac{130}{20} \times \frac{55}{100}$
	$\frac{80}{40} \times \frac{35}{20}$		$\frac{59}{25} \times \frac{75}{50}$	*35.875	$\frac{41}{20} \times \frac{70}{40}$
	$\frac{60}{30} \times \frac{35}{20}$	*35.500	$\frac{71}{25} \times \frac{50}{40}$		$\frac{41}{20} \times \frac{140}{80}$
*35.150	$\frac{37}{50} \times \frac{95}{20}$		$\frac{71}{25} \times \frac{100}{80}$		$\frac{41}{40} \times \frac{70}{20}$
	$\frac{37}{20} \times \frac{95}{50}$		$\frac{71}{50} \times \frac{100}{40}$	36	$\frac{60}{25} \times \frac{75}{50}$
35.200	$\frac{80}{100} \times \frac{110}{25}$		$\frac{71}{50} \times \frac{200}{80}$		$\frac{60}{25} \times \frac{150}{100}$
	$\frac{40}{50} \times \frac{110}{25}$		$\frac{71}{100} \times \frac{100}{20}$		$\frac{30}{25} \times \frac{150}{50}$
	$\frac{80}{50} \times \frac{55}{25}$		$\frac{71}{100} \times \frac{200}{40}$		$\frac{30}{25} \times \frac{120}{40}$
	$\frac{120}{75} \times \frac{110}{50}$	35.625	$\frac{150}{40} \times \frac{95}{100}$		$\frac{30}{25} \times \frac{60}{20}$
	$\frac{120}{75} \times \frac{55}{25}$		$\frac{75}{20} \times \frac{95}{100}$		$\frac{120}{25} \times \frac{75}{100}$
	$\frac{60}{75} \times \frac{110}{25}$		$\frac{75}{40} \times \frac{95}{50}$		$\frac{120}{25} \times \frac{150}{200}$
	$\frac{120}{150} \times \frac{110}{25}$		$\frac{75}{80} \times \frac{95}{25}$		$\frac{100}{25} \times \frac{90}{100}$
*35.250	$\frac{47}{20} \times \frac{150}{100}$	35.750	$\frac{65}{20} \times \frac{110}{100}$		$\frac{100}{25} \times \frac{45}{50}$
	$\frac{47}{20} \times \frac{75}{50}$		$\frac{65}{20} \times \frac{55}{50}$		$\frac{80}{20} \times \frac{45}{50}$
	$\frac{47}{40} \times \frac{75}{25}$		$\frac{130}{40} \times \frac{110}{100}$		$\frac{120}{30} \times \frac{45}{50}$
	$\frac{47}{40} \times \frac{150}{50}$		$\frac{130}{40} \times \frac{55}{50}$		$\frac{140}{35} \times \frac{45}{50}$
	$\frac{47}{40} \times \frac{90}{30}$		$\frac{65}{40} \times \frac{110}{50}$		$\frac{40}{20} \times \frac{90}{50}$
	$\frac{47}{40} \times \frac{60}{20}$		$\frac{65}{40} \times \frac{55}{25}$		$\frac{60}{30} \times \frac{90}{50}$

Pas	Nombre de dents des engrenages	Pas	Nombre de dents des engrenages	Pas	Nombre de dents des engrenages
millimètr.		millimètr.		millimètr.	
36	$\frac{70}{35} \times \frac{90}{50}$	36.562	$\frac{90}{80} \times \frac{130}{40}$	*37	$\frac{37}{20} \times \frac{70}{35}$
	$\frac{80}{40} \times \frac{90}{50}$	*36.600	$\frac{61}{50} \times \frac{75}{25}$		$\frac{37}{20} \times \frac{80}{40}$
	$\frac{100}{50} \times \frac{45}{25}$		$\frac{61}{100} \times \frac{150}{25}$		$\frac{37}{20} \times \frac{90}{45}$
	$\frac{110}{55} \times \frac{45}{25}$		$\frac{61}{50} \times \frac{120}{40}$		$\frac{37}{20} \times \frac{100}{50}$
	$\frac{120}{60} \times \frac{45}{25}$		$\frac{61}{50} \times \frac{90}{30}$		$\frac{37}{20} \times \frac{110}{55}$
	$\frac{130}{65} \times \frac{45}{25}$		$\frac{61}{50} \times \frac{60}{20}$		$\frac{37}{20} \times \frac{120}{60}$
	$\frac{140}{70} \times \frac{45}{25}$	*36.800	$\frac{23}{50} \times \frac{200}{25}$		$\frac{37}{20} \times \frac{130}{65}$
	$\frac{150}{75} \times \frac{45}{25}$		$\frac{23}{25} \times \frac{200}{50}$		$\frac{37}{20} \times \frac{140}{70}$
	$\frac{200}{100} \times \frac{45}{25}$		$\frac{23}{25} \times \frac{140}{35}$		$\frac{37}{20} \times \frac{150}{75}$
*36.250	$\frac{29}{80} \times \frac{200}{20}$		$\frac{23}{25} \times \frac{120}{30}$		$\frac{37}{20} \times \frac{200}{100}$
	$\frac{29}{40} \times \frac{100}{20}$		$\frac{23}{25} \times \frac{80}{20}$	*37.200	$\frac{31}{50} \times \frac{150}{25}$
36.400	$\frac{35}{25} \times \frac{130}{50}$	*36.900	$\frac{41}{50} \times \frac{90}{20}$		$\frac{31}{25} \times \frac{150}{50}$
	$\frac{70}{50} \times \frac{65}{25}$		$\frac{41}{25} \times \frac{45}{20}$		$\frac{31}{25} \times \frac{120}{40}$
	$\frac{140}{100} \times \frac{65}{25}$	*37	$\frac{37}{100} \times \frac{200}{20}$		$\frac{31}{25} \times \frac{90}{30}$
	$\frac{70}{25} \times \frac{130}{100}$		$\frac{37}{50} \times \frac{100}{20}$		$\frac{31}{25} \times \frac{60}{20}$
	$\frac{70}{25} \times \frac{65}{50}$		$\frac{37}{25} \times \frac{50}{20}$		$\frac{31}{20} \times \frac{60}{25}$
36.562	$\frac{45}{80} \times \frac{130}{20}$		$\frac{37}{20} \times \frac{50}{25}$	37.333	$\frac{40}{75} \times \frac{140}{20}$
	$\frac{45}{40} \times \frac{65}{20}$		$\frac{37}{20} \times \frac{60}{30}$		$\frac{80}{75} \times \frac{140}{40}$

Pas	Nombre de dents des engrenages
millimètr.	
37.333	$\frac{80}{75} \times \frac{70}{20}$
	$\frac{80}{150} \times \frac{140}{20}$
*37.375	$\frac{23}{20} \times \frac{130}{40}$
	$\frac{23}{40} \times \frac{130}{20}$
37.400	$\frac{85}{100} \times \frac{110}{25}$
	$\frac{85}{50} \times \frac{55}{25}$
37.500	$\frac{25}{20} \times \frac{150}{50}$
	$\frac{50}{40} \times \frac{75}{25}$
	$\frac{100}{80} \times \frac{120}{40}$
	$\frac{25}{20} \times \frac{90}{30}$
	$\frac{50}{40} \times \frac{60}{20}$
	$\frac{75}{100} \times \frac{100}{20}$
	$\frac{150}{100} \times \frac{100}{40}$
*37.600	$\frac{47}{50} \times \frac{100}{25}$
	$\frac{47}{50} \times \frac{80}{20}$
	$\frac{47}{100} \times \frac{200}{25}$
	$\frac{47}{50} \times \frac{120}{30}$
	$\frac{47}{50} \times \frac{140}{35}$

Pas	Nombre de dents des engrenages
millimètr.	
*37.700	$\frac{29}{20} \times \frac{130}{50}$
	$\frac{29}{20} \times \frac{65}{25}$
	$\frac{29}{40} \times \frac{130}{25}$
37.777	$\frac{85}{90} \times \frac{80}{20}$
	$\frac{85}{45} \times \frac{40}{20}$
	$\frac{85}{90} \times \frac{100}{25}$
	$\frac{85}{90} \times \frac{120}{30}$
	$\frac{85}{90} \times \frac{140}{35}$
	$\frac{85}{90} \times \frac{200}{50}$
	$\frac{85}{45} \times \frac{50}{25}$
	$\frac{85}{45} \times \frac{60}{30}$
	$\frac{85}{45} \times \frac{70}{35}$
	$\frac{85}{45} \times \frac{80}{40}$
	$\frac{85}{45} \times \frac{100}{50}$
	$\frac{85}{45} \times \frac{120}{60}$
	$\frac{85}{45} \times \frac{150}{75}$
*37.840	$\frac{43}{50} \times \frac{110}{25}$
	$\frac{43}{25} \times \frac{110}{50}$

Pas	Nombre de dents des engrenages
millimètr.	
38	$\frac{200}{100} \times \frac{95}{50}$
	$\frac{150}{75} \times \frac{95}{50}$
	$\frac{140}{70} \times \frac{95}{50}$
	$\frac{130}{65} \times \frac{95}{50}$
	$\frac{120}{60} \times \frac{95}{50}$
	$\frac{110}{55} \times \frac{95}{50}$
	$\frac{90}{45} \times \frac{95}{50}$
	$\frac{80}{40} \times \frac{95}{50}$
	$\frac{70}{35} \times \frac{95}{50}$
	$\frac{60}{30} \times \frac{95}{50}$
	$\frac{40}{20} \times \frac{95}{50}$
38.250	$\frac{85}{40} \times \frac{90}{50}$
	$\frac{85}{80} \times \frac{90}{25}$
	$\frac{85}{20} \times \frac{45}{50}$
	$\frac{85}{40} \times \frac{45}{25}$
	$\frac{85}{25} \times \frac{45}{40}$
38.400	$\frac{80}{100} \times \frac{120}{25}$
	$\frac{40}{50} \times \frac{120}{25}$

Pas	Nombre de dents des engrenages	Pas	Nombre de dents des engrenages	Pas	Nombre de dents des engrenages
millimètr.		millimètr.		millimètr.	
38.400	$\frac{80}{50} \times \frac{60}{25}$	39	$\frac{65}{50} \times \frac{90}{30}$	*39.750	$\frac{53}{50} \times \frac{75}{20}$
38.500	$\frac{140}{40} \times \frac{110}{100}$		$\frac{65}{50} \times \frac{60}{20}$		$\frac{53}{100} \times \frac{150}{20}$
	$\frac{70}{20} \times \frac{110}{100}$		$\frac{130}{100} \times \frac{75}{25}$	40	$\frac{50}{40} \times \frac{80}{25}$
	$\frac{70}{20} \times \frac{55}{50}$		$\frac{130}{100} \times \frac{150}{60}$		$\frac{100}{50} \times \frac{200}{100}$
	$\frac{140}{20} \times \frac{55}{100}$	39.200	$\frac{140}{100} \times \frac{70}{25}$		$\frac{150}{75} \times \frac{200}{100}$
	$\frac{70}{40} \times \frac{110}{50}$		$\frac{140}{50} \times \frac{35}{25}$		$\frac{150}{75} \times \frac{100}{50}$
	$\frac{35}{20} \times \frac{55}{25}$	*39.500	$\frac{79}{100} \times \frac{100}{20}$		$\frac{140}{70} \times \frac{130}{65}$
	$\frac{140}{80} \times \frac{110}{50}$		$\frac{79}{40} \times \frac{100}{50}$		$\frac{130}{65} \times \frac{120}{60}$
	$\frac{70}{40} \times \frac{55}{25}$		$\frac{79}{40} \times \frac{200}{100}$		$\frac{120}{60} \times \frac{110}{55}$
	$\frac{35}{50} \times \frac{110}{20}$		$\frac{79}{40} \times \frac{150}{75}$		$\frac{110}{55} \times \frac{100}{50}$
	$\frac{140}{40} \times \frac{55}{50}$		$\frac{79}{40} \times \frac{120}{60}$		$\frac{100}{50} \times \frac{90}{45}$
*38.700	$\frac{43}{25} \times \frac{45}{20}$		$\frac{79}{40} \times \frac{90}{45}$		$\frac{90}{45} \times \frac{80}{40}$
	$\frac{43}{25} \times \frac{90}{40}$		$\frac{79}{40} \times \frac{70}{35}$		$\frac{80}{40} \times \frac{70}{35}$
	$\frac{43}{50} \times \frac{90}{20}$		$\frac{79}{40} \times \frac{60}{30}$		$\frac{70}{35} \times \frac{60}{30}$
39	$\frac{65}{100} \times \frac{150}{25}$		$\frac{79}{40} \times \frac{50}{25}$		$\frac{60}{30} \times \frac{50}{25}$
	$\frac{130}{200} \times \frac{150}{25}$	39.600	$\frac{90}{100} \times \frac{110}{25}$		$\frac{50}{25} \times \frac{40}{20}$
	$\frac{65}{50} \times \frac{75}{25}$		$\frac{45}{50} \times \frac{110}{25}$		$\frac{200}{25} \times \frac{20}{40}$
	$\frac{65}{50} \times \frac{120}{40}$		$\frac{90}{50} \times \frac{55}{25}$		$\frac{200}{25} \times \frac{30}{60}$

Pas	Nombre de dents des engrenages	Pas	Nombre de dents des engrenages	Pas	Nombre de dents des engrenages
millimètr.		millimètr.		millimètr.	
40	$\frac{200}{25} \times \frac{40}{80}$	*40.700	$\frac{37}{50} \times \frac{110}{20}$	*41	$\frac{41}{20} \times \frac{100}{50}$
	$\frac{200}{25} \times \frac{50}{100}$		$\frac{37}{25} \times \frac{55}{20}$		$\frac{41}{20} \times \frac{110}{55}$
	$\frac{200}{25} \times \frac{75}{150}$		$\frac{37}{25} \times \frac{110}{40}$		$\frac{41}{20} \times \frac{120}{60}$
	$\frac{40}{20} \times \frac{100}{50}$	40.800	$\frac{85}{25} \times \frac{120}{100}$		$\frac{41}{20} \times \frac{130}{65}$
	$\frac{40}{20} \times \frac{50}{25}$		$\frac{85}{25} \times \frac{60}{50}$		$\frac{41}{20} \times \frac{140}{70}$
*40.200	$\frac{67}{25} \times \frac{150}{100}$	*40.850	$\frac{43}{50} \times \frac{95}{20}$		$\frac{41}{20} \times \frac{150}{75}$
	$\frac{67}{25} \times \frac{75}{50}$		$\frac{43}{25} \times \frac{95}{40}$		$\frac{41}{20} \times \frac{200}{100}$
	$\frac{67}{25} \times \frac{60}{40}$	*41	$\frac{41}{50} \times \frac{100}{20}$	41.250	$\frac{75}{50} \times \frac{110}{40}$
	$\frac{67}{25} \times \frac{120}{80}$		$\frac{41}{25} \times \frac{100}{40}$		$\frac{75}{25} \times \frac{55}{40}$
	$\frac{67}{25} \times \frac{30}{20}$		$\frac{41}{50} \times \frac{200}{40}$		$\frac{75}{50} \times \frac{55}{20}$
*40.300	$\frac{31}{50} \times \frac{130}{20}$		$\frac{41}{25} \times \frac{75}{30}$		$\frac{150}{100} \times \frac{110}{40}$
	$\frac{31}{25} \times \frac{65}{20}$		$\frac{41}{25} \times \frac{50}{20}$		$\frac{150}{100} \times \frac{55}{20}$
40.375	$\frac{85}{100} \times \frac{95}{20}$		$\frac{41}{100} \times \frac{200}{20}$		$\frac{60}{40} \times \frac{55}{20}$
	$\frac{85}{40} \times \frac{95}{50}$		$\frac{41}{50} \times \frac{150}{30}$		$\frac{120}{80} \times \frac{55}{20}$
40.500	$\frac{45}{50} \times \frac{90}{20}$		$\frac{41}{20} \times \frac{60}{30}$		$\frac{30}{20} \times \frac{110}{40}$
	$\frac{45}{25} \times \frac{90}{40}$		$\frac{41}{20} \times \frac{70}{35}$	*41.440	$\frac{37}{25} \times \frac{140}{50}$
40.533	$\frac{95}{25} \times \frac{80}{75}$		$\frac{41}{20} \times \frac{80}{40}$		$\frac{37}{50} \times \frac{140}{25}$
	$\frac{95}{75} \times \frac{80}{25}$		$\frac{41}{20} \times \frac{90}{45}$	*41.500	$\frac{83}{50} \times \frac{100}{40}$

Pas	Nombre de dents des engrenages	Pas	Nombre de dents des engrenages	Pas	Nombre de dents des engrenages
millimètr.		millimètr.		millimètr.	
*41.500	$\frac{83}{25} \times \frac{50}{40}$	42	$\frac{120}{40} \times \frac{35}{25}$	42.500	$\frac{150}{75} \times \frac{85}{40}$
	$\frac{83}{100} \times \frac{100}{20}$		$\frac{90}{30} \times \frac{35}{25}$		$\frac{140}{70} \times \frac{85}{40}$
41.600	$\frac{80}{25} \times \frac{130}{100}$		$\frac{75}{25} \times \frac{70}{50}$		$\frac{130}{65} \times \frac{85}{40}$
	$\frac{80}{25} \times \frac{65}{50}$		$\frac{60}{20} \times \frac{35}{25}$		$\frac{120}{60} \times \frac{85}{40}$
	$\frac{40}{25} \times \frac{130}{50}$		$\frac{60}{20} \times \frac{140}{100}$		$\frac{110}{55} \times \frac{85}{40}$
	$\frac{120}{75} \times \frac{130}{50}$		$\frac{60}{20} \times \frac{70}{50}$		$\frac{90}{45} \times \frac{85}{40}$
	$\frac{60}{75} \times \frac{130}{25}$		$\frac{90}{30} \times \frac{140}{100}$		$\frac{70}{35} \times \frac{85}{40}$
	$\frac{120}{150} \times \frac{130}{25}$		$\frac{120}{40} \times \frac{140}{100}$		$\frac{60}{30} \times \frac{85}{40}$
41.800	$\frac{95}{25} \times \frac{110}{100}$	42.250	$\frac{65}{20} \times \frac{130}{100}$		$\frac{50}{25} \times \frac{85}{40}$
	$\frac{95}{25} \times \frac{55}{50}$		$\frac{65}{40} \times \frac{130}{50}$	*42.600	$\frac{71}{25} \times \frac{150}{100}$
42	$\frac{35}{50} \times \frac{150}{25}$	*42.400	$\frac{53}{50} \times \frac{100}{25}$		$\frac{71}{25} \times \frac{75}{50}$
	$\frac{70}{25} \times \frac{75}{50}$		$\frac{53}{25} \times \frac{100}{50}$		$\frac{71}{25} \times \frac{120}{80}$
	$\frac{70}{100} \times \frac{150}{25}$		$\frac{53}{25} \times \frac{200}{100}$		$\frac{71}{25} \times \frac{60}{40}$
	$\frac{140}{200} \times \frac{150}{25}$		$\frac{53}{25} \times \frac{120}{60}$		$\frac{71}{25} \times \frac{30}{20}$
	$\frac{30}{25} \times \frac{70}{20}$		$\frac{53}{25} \times \frac{60}{30}$	*42.640	$\frac{41}{25} \times \frac{130}{50}$
	$\frac{140}{50} \times \frac{150}{100}$	42.500	$\frac{100}{20} \times \frac{85}{100}$		$\frac{41}{50} \times \frac{130}{25}$
	$\frac{45}{30} \times \frac{70}{25}$		$\frac{100}{50} \times \frac{85}{40}$	42.750	$\frac{45}{50} \times \frac{95}{20}$
	$\frac{150}{50} \times \frac{35}{25}$		$\frac{200}{100} \times \frac{85}{40}$		$\frac{45}{25} \times \frac{95}{40}$

Pas	Nombre de dents des engrenages	Pas	Nombre de dents des engrenages	Pas	Nombre de dents des engrenages
millimètr. 42.750	$\frac{90}{100} \times \frac{95}{20}$	millimètr. 43.200	$\frac{90}{25} \times \frac{120}{100}$	millimètr. *43.500	$\frac{29}{30} \times \frac{90}{20}$
	$\frac{90}{50} \times \frac{95}{40}$		$\frac{45}{25} \times \frac{120}{50}$	43.555	$\frac{70}{45} \times \frac{140}{50}$
*43	$\frac{43}{25} \times \frac{100}{40}$		$\frac{90}{25} \times \frac{60}{50}$		$\frac{70}{90} \times \frac{140}{25}$
	$\frac{43}{25} \times \frac{50}{20}$	43.333	$\frac{130}{45} \times \frac{75}{50}$		$\frac{35}{45} \times \frac{140}{25}$
	$\frac{43}{50} \times \frac{200}{40}$		$\frac{130}{45} \times \frac{150}{100}$		$\frac{140}{90} \times \frac{70}{25}$
	$\frac{43}{50} \times \frac{100}{20}$		$\frac{130}{90} \times \frac{150}{50}$	43.750	$\frac{50}{20} \times \frac{70}{40}$
	$\frac{43}{25} \times \frac{200}{80}$		$\frac{65}{45} \times \frac{75}{25}$		$\frac{100}{40} \times \frac{35}{20}$
	$\frac{43}{25} \times \frac{150}{60}$		$\frac{130}{45} \times \frac{120}{80}$		$\frac{50}{20} \times \frac{140}{80}$
	$\frac{43}{25} \times \frac{75}{30}$		$\frac{130}{45} \times \frac{60}{40}$		$\frac{200}{80} \times \frac{70}{40}$
	$\frac{43}{50} \times \frac{150}{30}$		$\frac{130}{45} \times \frac{30}{20}$		$\frac{100}{20} \times \frac{70}{80}$
	$\frac{43}{20} \times \frac{60}{30}$		$\frac{65}{45} \times \frac{150}{50}$		$\frac{100}{40} \times \frac{140}{80}$
	$\frac{43}{20} \times \frac{50}{25}$		$\frac{65}{45} \times \frac{120}{40}$	*43.800	$\frac{73}{25} \times \frac{150}{100}$
	$\frac{43}{20} \times \frac{70}{35}$		$\frac{65}{45} \times \frac{90}{30}$		$\frac{73}{25} \times \frac{75}{50}$
	$\frac{43}{20} \times \frac{80}{40}$		$\frac{65}{45} \times \frac{60}{20}$		$\frac{73}{25} \times \frac{120}{80}$
	$\frac{43}{20} \times \frac{100}{50}$	*43.500	$\frac{29}{20} \times \frac{120}{40}$		$\frac{73}{25} \times \frac{60}{40}$
	$\frac{43}{20} \times \frac{120}{60}$		$\frac{29}{20} \times \frac{150}{50}$		$\frac{73}{25} \times \frac{30}{20}$
	$\frac{43}{20} \times \frac{150}{75}$		$\frac{29}{20} \times \frac{75}{25}$	44	$\frac{200}{100} \times \frac{110}{50}$
	$\frac{43}{20} \times \frac{200}{100}$		$\frac{29}{20} \times \frac{90}{30}$		$\frac{100}{50} \times \frac{55}{25}$

Pas	Nombre de dents des engrenages	Pas	Nombre de dents des engrenages	Pas	Nombre de dents des engrenages
millimètr. 44	$\dfrac{100}{25} \times \dfrac{55}{50}$	millimètr. 44.200	$\dfrac{85}{50} \times \dfrac{65}{25}$	millimètr. 44.800	$\dfrac{40}{50} \times \dfrac{140}{25}$
	$\dfrac{140}{35} \times \dfrac{55}{50}$		$\dfrac{85}{25} \times \dfrac{65}{50}$	45	$\dfrac{75}{25} \times \dfrac{150}{100}$
	$\dfrac{120}{30} \times \dfrac{55}{50}$	*44.250	$\dfrac{59}{50} \times \dfrac{75}{20}$		$\dfrac{90}{30} \times \dfrac{75}{50}$
	$\dfrac{80}{20} \times \dfrac{55}{50}$		$\dfrac{59}{100} \times \dfrac{150}{20}$		$\dfrac{120}{40} \times \dfrac{75}{50}$
	$\dfrac{40}{50} \times \dfrac{110}{20}$		$\dfrac{59}{50} \times \dfrac{150}{40}$		$\dfrac{150}{50} \times \dfrac{120}{80}$
	$\dfrac{40}{20} \times \dfrac{55}{25}$		$\dfrac{59}{25} \times \dfrac{75}{40}$		$\dfrac{60}{20} \times \dfrac{75}{50}$
	$\dfrac{80}{40} \times \dfrac{110}{50}$	*44.400	$\dfrac{37}{25} \times \dfrac{150}{50}$		$\dfrac{100}{50} \times \dfrac{45}{20}$
	$\dfrac{60}{30} \times \dfrac{55}{25}$		$\dfrac{37}{25} \times \dfrac{120}{40}$		$\dfrac{200}{100} \times \dfrac{90}{40}$
	$\dfrac{70}{35} \times \dfrac{55}{25}$		$\dfrac{37}{25} \times \dfrac{90}{30}$		$\dfrac{100}{25} \times \dfrac{45}{40}$
	$\dfrac{80}{40} \times \dfrac{55}{25}$		$\dfrac{37}{25} \times \dfrac{60}{20}$		$\dfrac{150}{75} \times \dfrac{90}{40}$
	$\dfrac{90}{45} \times \dfrac{55}{25}$	*44.650	$\dfrac{47}{50} \times \dfrac{95}{20}$		$\dfrac{140}{70} \times \dfrac{90}{40}$
	$\dfrac{120}{60} \times \dfrac{55}{25}$		$\dfrac{47}{25} \times \dfrac{95}{40}$		$\dfrac{130}{65} \times \dfrac{90}{40}$
	$\dfrac{130}{65} \times \dfrac{55}{25}$	*44.720	$\dfrac{43}{25} \times \dfrac{130}{50}$		$\dfrac{120}{60} \times \dfrac{90}{40}$
	$\dfrac{140}{70} \times \dfrac{55}{25}$		$\dfrac{43}{50} \times \dfrac{130}{25}$		$\dfrac{110}{55} \times \dfrac{90}{40}$
	$\dfrac{150}{75} \times \dfrac{55}{25}$	44.800	$\dfrac{80}{25} \times \dfrac{140}{100}$		$\dfrac{80}{40} \times \dfrac{45}{20}$
	$\dfrac{40}{20} \times \dfrac{110}{50}$		$\dfrac{80}{25} \times \dfrac{70}{50}$		$\dfrac{70}{35} \times \dfrac{45}{20}$
	$\dfrac{60}{30} \times \dfrac{110}{50}$		$\dfrac{40}{25} \times \dfrac{140}{50}$		$\dfrac{60}{30} \times \dfrac{45}{20}$
44,200	$\dfrac{85}{100} \times \dfrac{130}{25}$		$\dfrac{80}{100} \times \dfrac{140}{25}$		$\dfrac{50}{25} \times \dfrac{45}{20}$

10

Pas	Nombre de dents des engrenages	Pas	Nombre de dents des engrenages	Pas	Nombre de dents des engrenages
millimètr.		millimètr.		millimètr.	
45	$\frac{70}{35} \times \frac{90}{40}$	*45.920	$\frac{41}{25} \times \frac{140}{50}$	46.666	$\frac{140}{60} \times \frac{200}{100}$
*45.120	$\frac{47}{25} \times \frac{120}{50}$		$\frac{41}{50} \times \frac{140}{25}$		$\frac{70}{30} \times \frac{130}{65}$
	$\frac{47}{50} \times \frac{120}{25}$	*46	$\frac{23}{20} \times \frac{100}{25}$		$\frac{70}{30} \times \frac{120}{60}$
45.500	$\frac{35}{20} \times \frac{65}{25}$		$\frac{23}{20} \times \frac{200}{50}$		$\frac{70}{30} \times \frac{110}{55}$
	$\frac{70}{40} \times \frac{65}{25}$		$\frac{23}{20} \times \frac{120}{30}$		$\frac{70}{30} \times \frac{100}{50}$
	$\frac{140}{80} \times \frac{65}{25}$		$\frac{23}{20} \times \frac{140}{35}$		$\frac{70}{30} \times \frac{90}{45}$
	$\frac{35}{20} \times \frac{130}{50}$		$\frac{23}{40} \times \frac{200}{25}$		$\frac{70}{30} \times \frac{80}{40}$
	$\frac{70}{40} \times \frac{130}{50}$	46.222	$\frac{65}{45} \times \frac{80}{25}$		$\frac{70}{30} \times \frac{50}{25}$
	$\frac{140}{80} \times \frac{130}{50}$		$\frac{130}{90} \times \frac{80}{25}$		$\frac{70}{30} \times \frac{40}{20}$
	$\frac{70}{20} \times \frac{65}{50}$		$\frac{130}{45} \times \frac{40}{25}$		$\frac{140}{60} \times \frac{70}{35}$
	$\frac{140}{40} \times \frac{65}{50}$	*46.250	$\frac{37}{20} \times \frac{100}{40}$	46.750	$\frac{85}{100} \times \frac{110}{20}$
	$\frac{35}{40} \times \frac{130}{25}$		$\frac{37}{20} \times \frac{200}{80}$		$\frac{85}{50} \times \frac{55}{20}$
	$\frac{70}{80} \times \frac{130}{25}$	*46.400	$\frac{29}{25} \times \frac{200}{50}$		$\frac{85}{40} \times \frac{55}{25}$
45.600	$\frac{95}{25} \times \frac{120}{100}$		$\frac{29}{50} \times \frac{200}{25}$		$\frac{85}{80} \times \frac{110}{25}$
	$\frac{95}{25} \times \frac{60}{50}$	*46.500	$\frac{31}{50} \times \frac{150}{20}$		$\frac{85}{40} \times \frac{110}{50}$
	$\frac{95}{25} \times \frac{90}{75}$		$\frac{31}{25} \times \frac{75}{20}$	46.800	$\frac{90}{25} \times \frac{130}{100}$
*45.750	$\frac{61}{50} \times \frac{75}{20}$	46.666	$\frac{140}{75} \times \frac{150}{60}$		$\frac{90}{25} \times \frac{65}{50}$
	$\frac{61}{100} \times \frac{150}{20}$		$\frac{140}{60} \times \frac{150}{75}$		$\frac{45}{25} \times \frac{130}{50}$

Pas	Nombre de dents des engrenages	Pas	Nombre de dents des engrenages	Pas	Nombre de dents des engrenages
millimètr. *47	$\frac{47}{20} \times \frac{200}{100}$	millimètr. *47	$\frac{47}{25} \times \frac{50}{20}$	millimètr. *47.400	$\frac{79}{25} \times \frac{120}{80}$
	$\frac{47}{20} \times \frac{150}{75}$		$\frac{47}{80} \times \frac{200}{25}$		$\frac{79}{50} \times \frac{90}{30}$
	$\frac{47}{20} \times \frac{140}{70}$	*47.200	$\frac{59}{25} \times \frac{100}{50}$	47.500	$\frac{100}{20} \times \frac{95}{100}$
	$\frac{47}{20} \times \frac{130}{65}$		$\frac{59}{25} \times \frac{200}{100}$		$\frac{50}{40} \times \frac{95}{25}$
	$\frac{47}{20} \times \frac{120}{60}$		$\frac{59}{25} \times \frac{60}{30}$		$\frac{100}{80} \times \frac{95}{25}$
	$\frac{47}{20} \times \frac{110}{55}$	47.222	$\frac{100}{90} \times \frac{85}{20}$		$\frac{200}{80} \times \frac{95}{50}$
	$\frac{47}{20} \times \frac{100}{50}$		$\frac{100}{45} \times \frac{85}{40}$		$\frac{200}{40} \times \frac{95}{100}$
	$\frac{47}{20} \times \frac{90}{45}$		$\frac{50}{45} \times \frac{85}{20}$		$\frac{150}{30} \times \frac{95}{100}$
	$\frac{47}{20} \times \frac{80}{40}$		$\frac{100}{20} \times \frac{85}{90}$		$\frac{100}{40} \times \frac{95}{50}$
	$\frac{47}{20} \times \frac{70}{35}$		$\frac{200}{40} \times \frac{85}{90}$		$\frac{75}{30} \times \frac{95}{50}$
	$\frac{47}{20} \times \frac{60}{30}$		$\frac{150}{30} \times \frac{85}{90}$		$\frac{75}{50} \times \frac{95}{30}$
	$\frac{47}{20} \times \frac{50}{25}$		$\frac{75}{30} \times \frac{85}{45}$		$\frac{150}{100} \times \frac{95}{30}$
	$\frac{47}{40} \times \frac{200}{50}$	*47.300	$\frac{43}{50} \times \frac{110}{20}$		$\frac{120}{80} \times \frac{95}{30}$
	$\frac{47}{40} \times \frac{140}{35}$		$\frac{43}{25} \times \frac{55}{20}$		$\frac{60}{40} \times \frac{95}{30}$
	$\frac{47}{40} \times \frac{120}{30}$		$\frac{43}{25} \times \frac{110}{40}$	47.600	$\frac{85}{25} \times \frac{140}{100}$
	$\frac{47}{40} \times \frac{100}{25}$	*47.400	$\frac{79}{25} \times \frac{75}{50}$		$\frac{85}{25} \times \frac{70}{50}$
	$\frac{47}{40} \times \frac{80}{20}$		$\frac{79}{25} \times \frac{150}{100}$	48	$\frac{30}{25} \times \frac{200}{50}$
	$\frac{47}{50} \times \frac{100}{20}$		$\frac{79}{50} \times \frac{75}{25}$		$\frac{60}{50} \times \frac{100}{25}$

Pas	Nombre de dents des engrenages	Pas	Nombre de dents des engrenages	Pas	Nombre de dents des engrenages
millimètr. 48	$\frac{120}{100} \times \frac{100}{25}$	millimètr. *48.100	$\frac{37}{25} \times \frac{65}{20}$	millimètr. *48,800	$\frac{61}{25} \times \frac{200}{100}$
	$\frac{60}{100} \times \frac{200}{25}$	48.400	$\frac{55}{50} \times \frac{110}{25}$		$\frac{61}{25} \times \frac{150}{75}$
	$\frac{60}{25} \times \frac{40}{20}$		$\frac{55}{25} \times \frac{110}{50}$		$\frac{61}{25} \times \frac{140}{70}$
	$\frac{60}{25} \times \frac{70}{35}$	*48.500	$\frac{97}{50} \times \frac{100}{40}$		$\frac{61}{25} \times \frac{120}{60}$
	$\frac{60}{25} \times \frac{80}{40}$		$\frac{97}{25} \times \frac{50}{40}$		$\frac{61}{25} \times \frac{110}{55}$
	$\frac{60}{25} \times \frac{90}{45}$		$\frac{97}{25} \times \frac{100}{80}$		$\frac{61}{25} \times \frac{100}{50}$
	$\frac{60}{25} \times \frac{100}{50}$		$\frac{97}{50} \times \frac{200}{80}$		$\frac{61}{25} \times \frac{90}{45}$
	$\frac{60}{25} \times \frac{110}{55}$		$\frac{97}{100} \times \frac{200}{40}$		$\frac{61}{25} \times \frac{80}{40}$
	$\frac{60}{25} \times \frac{130}{65}$	48.750	$\frac{65}{40} \times \frac{75}{25}$		$\frac{61}{25} \times \frac{70}{35}$
	$\frac{60}{25} \times \frac{140}{70}$		$\frac{130}{80} \times \frac{150}{50}$		$\frac{61}{25} \times \frac{60}{30}$
	$\frac{60}{25} \times \frac{150}{75}$		$\frac{130}{80} \times \frac{75}{25}$		$\frac{61}{25} \times \frac{40}{20}$
	$\frac{120}{50} \times \frac{200}{100}$		$\frac{65}{40} \times \frac{150}{50}$	*48,880	$\frac{47}{50} \times \frac{130}{25}$
	$\frac{120}{50} \times \frac{140}{70}$		$\frac{130}{80} \times \frac{120}{40}$		$\frac{47}{25} \times \frac{130}{50}$
	$\frac{120}{50} \times \frac{110}{55}$		$\frac{65}{40} \times \frac{90}{30}$	49	$\frac{140}{50} \times \frac{70}{40}$
	$\frac{120}{50} \times \frac{80}{40}$		$\frac{65}{40} \times \frac{60}{20}$		$\frac{140}{50} \times \frac{35}{20}$
	$\frac{120}{50} \times \frac{60}{30}$		$\frac{65}{80} \times \frac{150}{25}$		$\frac{70}{25} \times \frac{140}{80}$
	$\frac{120}{50} \times \frac{40}{20}$		$\frac{65}{20} \times \frac{75}{50}$		$\frac{140}{100} \times \frac{70}{20}$
*48.100	$\frac{37}{50} \times \frac{130}{20}$		$\frac{65}{20} \times \frac{150}{100}$		$\frac{35}{25} \times \frac{70}{20}$

Pas	Nombre de dents des engrenages	Pas	Nombre de dents des engrenages	Pas	Nombre de dents des engrenages
millimètr.		millimètr.		millimètr.	
49	$\frac{35}{25} \times \frac{140}{40}$	*49.700	$\frac{71}{25} \times \frac{35}{20}$	50	$\frac{75}{50} \times \frac{100}{30}$
*49.200	$\frac{41}{25} \times \frac{150}{50}$		$\frac{71}{100} \times \frac{140}{20}$		$\frac{120}{80} \times \frac{100}{30}$
	$\frac{41}{25} \times \frac{120}{40}$		$\frac{71}{50} \times \frac{140}{40}$		$\frac{60}{40} \times \frac{100}{30}$
49.200	$\frac{41}{25} \times \frac{90}{30}$	49.777	$\frac{40}{25} \times \frac{140}{45}$		$\frac{150}{100} \times \frac{100}{30}$
	$\frac{41}{25} \times \frac{60}{20}$		$\frac{80}{50} \times \frac{140}{45}$		$\frac{50}{20} \times \frac{60}{30}$
49.400	$\frac{95}{25} \times \frac{130}{100}$		$\frac{80}{25} \times \frac{70}{45}$		$\frac{50}{20} \times \frac{70}{35}$
	$\frac{95}{25} \times \frac{65}{50}$		$\frac{80}{25} \times \frac{140}{90}$		$\frac{50}{20} \times \frac{80}{40}$
	$\frac{95}{100} \times \frac{130}{25}$	*49.800	$\frac{83}{25} \times \frac{150}{100}$		$\frac{50}{20} \times \frac{90}{45}$
49.500	$\frac{55}{50} \times \frac{90}{20}$		$\frac{83}{25} \times \frac{75}{50}$		$\frac{100}{40} \times \frac{100}{50}$
	$\frac{55}{25} \times \frac{45}{20}$		$\frac{83}{25} \times \frac{120}{80}$		$\frac{50}{20} \times \frac{80}{40}$
	$\frac{110}{50} \times \frac{90}{40}$		$\frac{83}{25} \times \frac{60}{40}$		$\frac{50}{20} \times \frac{110}{55}$
	$\frac{110}{100} \times \frac{90}{20}$		$\frac{83}{25} \times \frac{30}{20}$		$\frac{50}{20} \times \frac{120}{60}$
	$\frac{110}{50} \times \frac{45}{20}$	50	$\frac{200}{100} \times \frac{100}{40}$		$\frac{50}{20} \times \frac{130}{65}$
*49.600	$\frac{31}{25} \times \frac{200}{50}$		$\frac{25}{50} \times \frac{200}{20}$		$\frac{50}{20} \times \frac{140}{70}$
	$\frac{31}{25} \times \frac{140}{35}$		$\frac{100}{50} \times \frac{100}{40}$		$\frac{100}{40} \times \frac{150}{75}$
	$\frac{31}{25} \times \frac{120}{30}$		$\frac{50}{100} \times \frac{200}{20}$		$\frac{100}{40} \times \frac{200}{100}$
	$\frac{31}{25} \times \frac{80}{20}$		$\frac{200}{80} \times \frac{100}{50}$		$\frac{100}{40} \times \frac{50}{25}$
*49.700	$\frac{71}{50} \times \frac{70}{20}$		$\frac{150}{100} \times \frac{200}{60}$		$\frac{100}{40} \times \frac{60}{30}$

Pas	Nombre de dents des engrenages	Pas	Nombre de dents des engrenages	Pas	Nombre de dents des engrenages
millimètr.		millimètr.		millimètr.	
50	$\frac{100}{40} \times \frac{120}{60}$	51	$\frac{30}{20} \times \frac{85}{25}$	*51.800	$\frac{37}{25} \times \frac{140}{40}$
50.400	$\frac{70}{50} \times \frac{90}{25}$	*51.250	$\frac{41}{20} \times \frac{100}{40}$	52	$\frac{130}{100} \times \frac{100}{25}$
	$\frac{140}{100} \times \frac{90}{25}$		$\frac{41}{20} \times \frac{200}{80}$		$\frac{65}{50} \times \frac{80}{20}$
	$\frac{140}{50} \times \frac{45}{25}$		$\frac{41}{40} \times \frac{100}{20}$		$\frac{65}{50} \times \frac{120}{30}$
*50.600	$\frac{23}{20} \times \frac{110}{25}$	*51.500	$\frac{103}{50} \times \frac{100}{40}$		$\frac{65}{50} \times \frac{140}{35}$
50.666	$\frac{95}{50} \times \frac{80}{30}$		$\frac{103}{50} \times \frac{200}{80}$		$\frac{130}{50} \times \frac{200}{100}$
	$\frac{95}{25} \times \frac{40}{30}$		$\frac{103}{100} \times \frac{200}{40}$		$\frac{130}{50} \times \frac{150}{75}$
	$\frac{95}{60} \times \frac{80}{25}$		$\frac{103}{100} \times \frac{100}{20}$		$\frac{130}{50} \times \frac{140}{70}$
*50.888	$\frac{53}{50} \times \frac{120}{25}$		$\frac{103}{25} \times \frac{50}{40}$		$\frac{130}{50} \times \frac{120}{60}$
	$\frac{53}{25} \times \frac{120}{50}$		$\frac{103}{25} \times \frac{100}{80}$		$\frac{65}{25} \times \frac{110}{55}$
51	$\frac{120}{20} \times \frac{85}{100}$	*51.600	$\frac{43}{50} \times \frac{120}{20}$		$\frac{65}{25} \times \frac{100}{50}$
	$\frac{120}{40} \times \frac{85}{50}$		$\frac{43}{25} \times \frac{60}{20}$		$\frac{65}{25} \times \frac{90}{45}$
	$\frac{60}{20} \times \frac{85}{50}$		$\frac{43}{40} \times \frac{120}{25}$		$\frac{65}{25} \times \frac{80}{40}$
	$\frac{60}{40} \times \frac{85}{25}$		$\frac{43}{25} \times \frac{90}{30}$		$\frac{65}{25} \times \frac{70}{35}$
	$\frac{150}{100} \times \frac{85}{25}$		$\frac{43}{25} \times \frac{120}{40}$		$\frac{65}{25} \times \frac{60}{30}$
	$\frac{75}{50} \times \frac{85}{25}$		$\frac{43}{25} \times \frac{150}{50}$		$\frac{65}{25} \times \frac{40}{20}$
	$\frac{90}{30} \times \frac{85}{50}$	*51.800	$\frac{37}{50} \times \frac{140}{20}$	*52.200	$\frac{29}{20} \times \frac{90}{25}$
	$\frac{120}{80} \times \frac{85}{25}$		$\frac{37}{25} \times \frac{70}{20}$		$\frac{29}{25} \times \frac{90}{20}$

Pas	Nombre de dents des engrenages	Pas	Nombre de dents des engrenages	Pas	Nombre de dents des engrenages
millimètr.		millimètr.		millimètr.	
52.250	$\frac{55}{50} \times \frac{95}{20}$	52.500	$\frac{60}{20} \times \frac{70}{40}$	53.333	$\frac{200}{120} \times \frac{80}{25}$
	$\frac{110}{100} \times \frac{95}{20}$	*52.640	$\frac{47}{25} \times \frac{140}{50}$		$\frac{100}{30} \times \frac{80}{50}$
	$\frac{55}{25} \times \frac{95}{40}$		$\frac{47}{50} \times \frac{140}{25}$		$\frac{100}{30} \times \frac{40}{25}$
	$\frac{110}{50} \times \frac{95}{40}$	52.800	$\frac{110}{100} \times \frac{120}{25}$		$\frac{200}{60} \times \frac{40}{25}$
	$\frac{110}{25} \times \frac{95}{80}$		$\frac{55}{50} \times \frac{120}{25}$		$\frac{200}{30} \times \frac{40}{50}$
52.500	$\frac{150}{20} \times \frac{35}{50}$		$\frac{110}{50} \times \frac{60}{25}$		$\frac{200}{60} \times \frac{80}{50}$
	$\frac{150}{20} \times \frac{70}{100}$		$\frac{110}{25} \times \frac{120}{100}$		$\frac{200}{50} \times \frac{80}{60}$
	$\frac{150}{50} \times \frac{35}{20}$	*53	$\frac{53}{25} \times \frac{50}{20}$	*53.400	$\frac{89}{25} \times \frac{75}{50}$
	$\frac{150}{40} \times \frac{70}{50}$		$\frac{53}{25} \times \frac{100}{40}$		$\frac{89}{25} \times \frac{150}{100}$
	$\frac{75}{20} \times \frac{35}{25}$		$\frac{53}{50} \times \frac{200}{40}$		$\frac{89}{25} \times \frac{120}{80}$
	$\frac{75}{20} \times \frac{70}{50}$		$\frac{53}{50} \times \frac{100}{20}$		$\frac{89}{25} \times \frac{60}{40}$
	$\frac{75}{40} \times \frac{140}{50}$		$\frac{53}{25} \times \frac{200}{80}$		$\frac{89}{25} \times \frac{30}{20}$
	$\frac{75}{40} \times \frac{70}{25}$	53.200	$\frac{95}{25} \times \frac{70}{50}$	*53.600	$\frac{67}{25} \times \frac{100}{50}$
	$\frac{150}{80} \times \frac{70}{25}$		$\frac{95}{25} \times \frac{140}{100}$		$\frac{67}{25} \times \frac{200}{100}$
	$\frac{75}{80} \times \frac{140}{25}$	*53.300	$\frac{41}{50} \times \frac{130}{20}$		$\frac{67}{25} \times \frac{150}{75}$
	$\frac{120}{40} \times \frac{35}{20}$		$\frac{41}{25} \times \frac{65}{20}$		$\frac{67}{25} \times \frac{140}{70}$
	$\frac{90}{30} \times \frac{35}{20}$	53.333	$\frac{50}{30} \times \frac{80}{25}$		$\frac{67}{25} \times \frac{130}{65}$
	$\frac{75}{25} \times \frac{35}{20}$		$\frac{100}{60} \times \frac{80}{25}$		$\frac{67}{25} \times \frac{120}{60}$

Pas	Nombre de dents des engrenages	Pas	Nombre de dents des engrenages	Pas	Nombre de dents des engrenages
millimètr.		millimètr.		millimètr.	
*53,600	$\frac{67}{25} \times \frac{110}{55}$	*54,300	$\frac{41}{25} \times \frac{65}{20}$	55	$\frac{100}{50} \times \frac{55}{20}$
	$\frac{67}{25} \times \frac{90}{45}$		$\frac{41}{25} \times \frac{130}{40}$		$\frac{100}{25} \times \frac{55}{40}$
	$\frac{67}{25} \times \frac{80}{40}$	54,400	$\frac{80}{50} \times \frac{85}{25}$		$\frac{200}{100} \times \frac{55}{20}$
	$\frac{67}{25} \times \frac{70}{35}$		$\frac{80}{25} \times \frac{85}{50}$		$\frac{150}{75} \times \frac{55}{20}$
	$\frac{67}{25} \times \frac{60}{30}$		$\frac{120}{75} \times \frac{85}{25}$		$\frac{140}{70} \times \frac{55}{20}$
	$\frac{67}{25} \times \frac{40}{20}$	*54,750	$\frac{73}{50} \times \frac{75}{20}$		$\frac{120}{60} \times \frac{55}{20}$
54	$\frac{90}{50} \times \frac{75}{25}$		$\frac{73}{25} \times \frac{75}{40}$		$\frac{90}{45} \times \frac{55}{20}$
	$\frac{90}{100} \times \frac{150}{25}$		$\frac{73}{100} \times \frac{150}{20}$		$\frac{80}{40} \times \frac{55}{20}$
	$\frac{45}{25} \times \frac{150}{50}$		$\frac{73}{40} \times \frac{150}{50}$		$\frac{70}{35} \times \frac{55}{20}$
	$\frac{45}{25} \times \frac{90}{30}$		$\frac{73}{80} \times \frac{150}{25}$		$\frac{50}{25} \times \frac{55}{20}$
	$\frac{45}{25} \times \frac{120}{40}$		$\frac{73}{40} \times \frac{75}{25}$	*55,200	$\frac{23}{20} \times \frac{120}{25}$
	$\frac{45}{25} \times \frac{60}{20}$		$\frac{73}{20} \times \frac{75}{50}$		$\frac{23}{25} \times \frac{120}{20}$
	$\frac{90}{25} \times \frac{75}{50}$		$\frac{73}{20} \times \frac{150}{100}$	55,250	$\frac{130}{100} \times \frac{85}{20}$
	$\frac{90}{25} \times \frac{150}{100}$		$\frac{73}{20} \times \frac{120}{80}$		$\frac{65}{50} \times \frac{85}{20}$
	$\frac{90}{25} \times \frac{120}{80}$		$\frac{73}{20} \times \frac{60}{40}$		$\frac{130}{50} \times \frac{85}{40}$
	$\frac{90}{25} \times \frac{60}{40}$		$\frac{73}{40} \times \frac{90}{30}$		$\frac{130}{25} \times \frac{85}{80}$
	$\frac{90}{25} \times \frac{30}{20}$		$\frac{73}{40} \times \frac{60}{20}$		$\frac{65}{25} \times \frac{85}{40}$
*54,300	$\frac{41}{50} \times \frac{130}{20}$	55	$\frac{100}{20} \times \frac{110}{100}$	*55,500	$\frac{37}{50} \times \frac{150}{20}$

Groupe 1

Pas	Nombre de dents des engrenages
millimètr.	
*55.500	$\frac{37}{20}\times\frac{150}{50}$
	$\frac{37}{20}\times\frac{120}{40}$
	$\frac{37}{20}\times\frac{75}{25}$
	$\frac{37}{20}\times\frac{90}{30}$
*55.800	$\frac{31}{20}\times\frac{90}{25}$
	$\frac{31}{25}\times\frac{90}{20}$
*55.900	$\frac{43}{50}\times\frac{130}{20}$
	$\frac{43}{25}\times\frac{65}{20}$
	$\frac{43}{20}\times\frac{65}{25}$
56	$\frac{80}{100}\times\frac{140}{20}$
	$\frac{40}{50}\times\frac{140}{20}$
	$\frac{80}{50}\times\frac{70}{20}$
	$\frac{40}{25}\times\frac{70}{20}$
	$\frac{70}{50}\times\frac{100}{25}$
	$\frac{140}{100}\times\frac{200}{50}$
	$\frac{35}{50}\times\frac{200}{25}$
	$\frac{70}{25}\times\frac{200}{100}$
	$\frac{70}{25}\times\frac{150}{75}$

Groupe 2

Pas	Nombre de dents des engrenages
millimètr.	
56	$\frac{70}{25}\times\frac{130}{65}$
	$\frac{70}{25}\times\frac{120}{60}$
	$\frac{70}{25}\times\frac{110}{55}$
	$\frac{70}{25}\times\frac{100}{50}$
	$\frac{70}{25}\times\frac{90}{45}$
	$\frac{70}{25}\times\frac{80}{40}$
	$\frac{70}{25}\times\frac{60}{30}$
	$\frac{70}{25}\times\frac{40}{20}$
56.250	$\frac{75}{100}\times\frac{150}{20}$
	$\frac{75}{20}\times\frac{150}{100}$
	$\frac{75}{50}\times\frac{150}{40}$
	$\frac{150}{50}\times\frac{75}{40}$
	$\frac{120}{40}\times\frac{150}{80}$
	$\frac{90}{30}\times\frac{75}{40}$
	$\frac{75}{25}\times\frac{150}{80}$
	$\frac{60}{20}\times\frac{75}{40}$
*56.400	$\frac{47}{20}\times\frac{120}{50}$
	$\frac{47}{40}\times\frac{120}{25}$

Groupe 3

Pas	Nombre de dents des engrenages
millimètr.	
*56.400	$\frac{47}{25}\times\frac{60}{20}$
	$\frac{47}{25}\times\frac{90}{30}$
	$\frac{47}{25}\times\frac{120}{40}$
	$\frac{47}{25}\times\frac{150}{50}$
*56.800	$\frac{71}{25}\times\frac{200}{100}$
	$\frac{71}{25}\times\frac{150}{75}$
	$\frac{71}{25}\times\frac{120}{60}$
	$\frac{71}{25}\times\frac{100}{50}$
	$\frac{71}{25}\times\frac{80}{40}$
	$\frac{71}{25}\times\frac{60}{30}$
	$\frac{71}{25}\times\frac{40}{20}$
57	$\frac{60}{50}\times\frac{95}{20}$
	$\frac{30}{25}\times\frac{95}{20}$
	$\frac{120}{100}\times\frac{95}{20}$
	$\frac{60}{20}\times\frac{95}{50}$
	$\frac{90}{30}\times\frac{95}{50}$
	$\frac{75}{25}\times\frac{95}{50}$
	$\frac{120}{40}\times\frac{95}{50}$

Pas	Nombre de dents des engrenages	Pas	Nombre de dents des engrenages	Pas	Nombre de dents des engrenages
millimètr.		millimètr.		millimètr.	
.57	$\frac{150}{25} \times \frac{95}{100}$	57.777	$\frac{130}{45} \times \frac{80}{40}$	*58.400	$\frac{73}{20} \times \frac{40}{25}$
57.200	$\frac{110}{50} \times \frac{65}{25}$		$\frac{130}{45} \times \frac{70}{35}$		$\frac{73}{20} \times \frac{80}{50}$
	$\frac{110}{100} \times \frac{130}{25}$		$\frac{130}{45} \times \frac{60}{30}$		$\frac{73}{40} \times \frac{80}{25}$
	$\frac{55}{50} \times \frac{130}{25}$		$\frac{130}{45} \times \frac{50}{25}$		$\frac{73}{25} \times \frac{40}{20}$
*57.400	$\frac{41}{50} \times \frac{140}{20}$		$\frac{130}{45} \times \frac{40}{20}$		$\frac{73}{25} \times \frac{60}{30}$
	$\frac{41}{25} \times \frac{70}{20}$		$\frac{65}{45} \times \frac{80}{20}$		$\frac{73}{25} \times \frac{70}{35}$
*57.500	$\frac{23}{20} \times \frac{200}{40}$	*58	$\frac{29}{20} \times \frac{100}{25}$		$\frac{73}{25} \times \frac{80}{40}$
	$\frac{23}{40} \times \frac{200}{20}$		$\frac{29}{20} \times \frac{200}{50}$		$\frac{73}{25} \times \frac{90}{45}$
	$\frac{23}{20} \times \frac{150}{30}$		$\frac{29}{40} \times \frac{200}{25}$		$\frac{73}{25} \times \frac{100}{50}$
57.600	$\frac{60}{25} \times \frac{120}{50}$		$\frac{29}{20} \times \frac{120}{30}$		$\frac{73}{25} \times \frac{120}{60}$
	$\frac{90}{75} \times \frac{120}{25}$		$\frac{29}{20} \times \frac{140}{35}$		$\frac{73}{25} \times \frac{140}{70}$
	$\frac{90}{75} \times \frac{120}{25}$		$\frac{29}{30} \times \frac{120}{20}$		$\frac{73}{25} \times \frac{150}{75}$
57.777	$\frac{130}{45} \times \frac{200}{100}$	*58.200	$\frac{97}{25} \times \frac{150}{100}$		$\frac{73}{25} \times \frac{200}{100}$
	$\frac{130}{45} \times \frac{150}{75}$		$\frac{97}{25} \times \frac{75}{50}$	58.500	$\frac{45}{50} \times \frac{130}{20}$
	$\frac{130}{45} \times \frac{140}{70}$		$\frac{97}{25} \times \frac{120}{80}$		$\frac{90}{100} \times \frac{130}{20}$
	$\frac{130}{45} \times \frac{120}{60}$	*58.300	$\frac{53}{20} \times \frac{110}{50}$		$\frac{45}{25} \times \frac{65}{20}$
	$\frac{130}{45} \times \frac{110}{55}$		$\frac{53}{40} \times \frac{110}{25}$		$\frac{90}{50} \times \frac{65}{20}$
	$\frac{130}{45} \times \frac{100}{50}$		$\frac{53}{20} \times \frac{55}{25}$		$\frac{90}{50} \times \frac{130}{40}$

Pas	Nombre de dents des engrenages	Pas	Nombre de dents des engrenages	Pas	Nombre de dents des engrenages
millimètr. 58.500	$\frac{90}{50} \times \frac{65}{20}$	millimètr. 59.500	$\frac{70}{50} \times \frac{85}{20}$	millimètr. 60	$\frac{150}{75} \times \frac{90}{30}$
	$\frac{90}{25} \times \frac{65}{40}$		$\frac{35}{25} \times \frac{85}{20}$		$\frac{140}{70} \times \frac{75}{25}$
*58.750	$\frac{47}{20} \times \frac{100}{40}$		$\frac{140}{100} \times \frac{85}{20}$		$\frac{130}{65} \times \frac{120}{40}$
	$\frac{47}{20} \times \frac{200}{80}$		$\frac{70}{25} \times \frac{85}{40}$		$\frac{110}{55} \times \frac{150}{50}$
*59	$\frac{59}{25} \times \frac{100}{40}$	*59.800	$\frac{23}{20} \times \frac{130}{25}$		$\frac{100}{50} \times \frac{60}{20}$
	$\frac{59}{25} \times \frac{200}{80}$		$\frac{23}{25} \times \frac{130}{20}$		$\frac{90}{45} \times \frac{60}{20}$
	$\frac{59}{25} \times \frac{50}{20}$	60	$\frac{60}{50} \times \frac{100}{20}$		$\frac{80}{40} \times \frac{60}{20}$
	$\frac{59}{50} \times \frac{100}{20}$		$\frac{60}{25} \times \frac{50}{20}$		$\frac{70}{35} \times \frac{60}{20}$
	$\frac{59}{50} \times \frac{200}{40}$		$\frac{120}{100} \times \frac{100}{20}$		$\frac{60}{30} \times \frac{75}{25}$
	$\frac{59}{40} \times \frac{80}{20}$		$\frac{120}{100} \times \frac{200}{40}$		$\frac{50}{25} \times \frac{60}{20}$
	$\frac{59}{40} \times \frac{120}{30}$		$\frac{120}{50} \times \frac{100}{40}$		$\frac{40}{20} \times \frac{90}{30}$
	$\frac{59}{20} \times \frac{100}{50}$		$\frac{120}{25} \times \frac{100}{80}$	60.500	$\frac{55}{50} \times \frac{110}{20}$
	$\frac{59}{20} \times \frac{70}{35}$		$\frac{30}{25} \times \frac{100}{20}$		$\frac{55}{25} \times \frac{110}{40}$
	$\frac{59}{20} \times \frac{50}{25}$		$\frac{60}{75} \times \frac{150}{20}$	60.800	$\frac{80}{50} \times \frac{95}{25}$
*59.200	$\frac{37}{25} \times \frac{200}{50}$		$\frac{60}{50} \times \frac{150}{30}$		$\frac{120}{75} \times \frac{95}{25}$
	$\frac{37}{25} \times \frac{140}{35}$		$\frac{60}{50} \times \frac{200}{40}$	*61	$\frac{61}{25} \times \frac{100}{40}$
	$\frac{37}{25} \times \frac{120}{30}$		$\frac{120}{50} \times \frac{200}{80}$		$\frac{61}{25} \times \frac{50}{20}$
	$\frac{37}{25} \times \frac{80}{20}$		$\frac{200}{100} \times \frac{60}{20}$		$\frac{61}{25} \times \frac{200}{80}$

Pas	Nombre de dents des engrenages	Pas	Nombre de dents des engrenages	Pas	Nombre de dents des engrenages
millimètr.		millimètr.		millimètr.	
*61	$\frac{61}{50} \times \frac{100}{20}$	61.250	$\frac{140}{40} \times \frac{35}{20}$	*61.800	$\frac{103}{50} \times \frac{90}{30}$
	$\frac{61}{20} \times \frac{100}{50}$		$\frac{70}{20} \times \frac{140}{80}$		$\frac{103}{50} \times \frac{60}{20}$
	$\frac{61}{20} \times \frac{200}{100}$	*61.500	$\frac{44}{25} \times \frac{75}{20}$	*62	$\frac{31}{25} \times \frac{100}{20}$
	$\frac{61}{60} \times \frac{150}{75}$		$\frac{41}{50} \times \frac{150}{20}$		$\frac{31}{20} \times \frac{200}{50}$
	$\frac{61}{20} \times \frac{140}{70}$		$\frac{41}{25} \times \frac{150}{40}$		$\frac{31}{20} \times \frac{140}{35}$
	$\frac{61}{20} \times \frac{120}{60}$		$\frac{41}{20} \times \frac{150}{50}$		$\frac{31}{20} \times \frac{120}{30}$
	$\frac{61}{20} \times \frac{110}{55}$		$\frac{41}{20} \times \frac{75}{25}$		$\frac{31}{20} \times \frac{100}{25}$
	$\frac{61}{20} \times \frac{90}{45}$		$\frac{41}{20} \times \frac{120}{40}$	62.333	$\frac{85}{50} \times \frac{110}{30}$
	$\frac{61}{20} \times \frac{80}{40}$		$\frac{41}{20} \times \frac{90}{30}$		$\frac{85}{25} \times \frac{55}{30}$
	$\frac{61}{20} \times \frac{70}{35}$	61.600	$\frac{110}{50} \times \frac{70}{25}$	62.400	$\frac{120}{50} \times \frac{65}{25}$
	$\frac{61}{20} \times \frac{60}{30}$		$\frac{55}{25} \times \frac{140}{50}$		$\frac{60}{25} \times \frac{130}{50}$
	$\frac{61}{20} \times \frac{50}{25}$		$\frac{110}{100} \times \frac{140}{25}$		$\frac{90}{75} \times \frac{130}{25}$
	$\frac{61}{20} \times \frac{130}{65}$	61.750	$\frac{65}{50} \times \frac{95}{20}$	62.500	$\frac{50}{40} \times \frac{100}{20}$
*61.100	$\frac{47}{50} \times \frac{130}{20}$		$\frac{110}{100} \times \frac{95}{20}$		$\frac{100}{80} \times \frac{100}{20}$
	$\frac{47}{25} \times \frac{65}{20}$		$\frac{130}{50} \times \frac{95}{40}$		$\frac{200}{80} \times \frac{100}{40}$
	$\frac{47}{25} \times \frac{130}{40}$		$\frac{65}{25} \times \frac{95}{40}$		$\frac{50}{80} \times \frac{200}{20}$
61.200	$\frac{85}{50} \times \frac{90}{25}$	*61.800	$\frac{103}{50} \times \frac{75}{25}$		$\frac{25}{40} \times \frac{200}{20}$
	$\frac{85}{25} \times \frac{90}{50}$		$\frac{103}{50} \times \frac{120}{40}$	63	$\frac{70}{50} \times \frac{90}{20}$

Pas	Nombre de dents des engrenages	Pas	Nombre de dents des engrenages	Pas	Nombre de dents des engrenages
millimètr. 63	$\frac{35}{25} \times \frac{90}{20}$	millimètr. *63.600	$\frac{53}{25} \times \frac{120}{40}$	millimètr. 64	$\frac{120}{75} \times \frac{100}{25}$
	$\frac{140}{100} \times \frac{90}{20}$		$\frac{53}{25} \times \frac{90}{30}$		$\frac{120}{75} \times \frac{140}{35}$
	$\frac{70}{25} \times \frac{45}{20}$		$\frac{53}{25} \times \frac{60}{20}$		$\frac{120}{75} \times \frac{80}{20}$
	$\frac{70}{25} \times \frac{90}{40}$	63.750	$\frac{75}{50} \times \frac{85}{20}$		$\frac{100}{50} \times \frac{80}{25}$
	$\frac{140}{50} \times \frac{45}{20}$		$\frac{150}{100} \times \frac{85}{20}$		$\frac{200}{100} \times \frac{80}{25}$
*63.200	$\frac{79}{25} \times \frac{200}{100}$		$\frac{150}{50} \times \frac{85}{40}$		$\frac{150}{75} \times \frac{80}{25}$
	$\frac{79}{25} \times \frac{150}{75}$		$\frac{75}{25} \times \frac{85}{40}$		$\frac{140}{70} \times \frac{80}{25}$
	$\frac{79}{25} \times \frac{140}{70}$		$\frac{90}{30} \times \frac{85}{40}$		$\frac{120}{60} \times \frac{80}{25}$
	$\frac{79}{25} \times \frac{130}{65}$		$\frac{60}{20} \times \frac{85}{40}$		$\frac{110}{55} \times \frac{80}{25}$
	$\frac{79}{25} \times \frac{120}{60}$	64	$\frac{40}{25} \times \frac{80}{20}$		$\frac{90}{45} \times \frac{80}{25}$
	$\frac{79}{25} \times \frac{110}{55}$		$\frac{120}{75} \times \frac{80}{20}$		$\frac{70}{35} \times \frac{80}{25}$
	$\frac{79}{25} \times \frac{100}{50}$		$\frac{200}{50} \times \frac{40}{25}$		$\frac{60}{30} \times \frac{80}{25}$
	$\frac{79}{25} \times \frac{90}{45}$		$\frac{140}{35} \times \frac{40}{25}$		$\frac{40}{20} \times \frac{80}{25}$
	$\frac{79}{25} \times \frac{80}{40}$		$\frac{120}{30} \times \frac{40}{25}$	*64.400	$\frac{23}{20} \times \frac{140}{25}$
	$\frac{79}{25} \times \frac{60}{30}$		$\frac{100}{25} \times \frac{80}{50}$		$\frac{23}{25} \times \frac{140}{20}$
	$\frac{79}{25} \times \frac{40}{20}$		$\frac{80}{20} \times \frac{40}{25}$	*64.500	$\frac{43}{50} \times \frac{150}{20}$
*63.600	$\frac{53}{50} \times \frac{150}{25}$		$\frac{120}{75} \times \frac{200}{50}$		$\frac{43}{25} \times \frac{75}{20}$
	$\frac{53}{25} \times \frac{150}{50}$		$\frac{60}{75} \times \frac{200}{25}$		$\frac{43}{20} \times \frac{90}{30}$

Pas	Nombre de dents des engrenages	Pas	Nombre de dents des engrenages	Pas	Nombre de dents des engrenages
millimètr.		millimètr.		millimètr.	
*64.500	$\frac{43}{20} \times \frac{120}{40}$	65	$\frac{60}{30} \times \frac{65}{20}$	65.625	$\frac{75}{40} \times \frac{70}{20}$
64.600	$\frac{85}{50} \times \frac{95}{25}$		$\frac{50}{25} \times \frac{65}{20}$		$\frac{75}{80} \times \frac{140}{20}$
	$\frac{85}{25} \times \frac{95}{50}$		$\frac{50}{25} \times \frac{130}{40}$		$\frac{150}{80} \times \frac{140}{40}$
65	$\frac{100}{50} \times \frac{65}{20}$	65.333	$\frac{70}{30} \times \frac{140}{50}$	*65.800	$\frac{47}{50} \times \frac{140}{20}$
	$\frac{100}{25} \times \frac{65}{40}$		$\frac{70}{60} \times \frac{140}{25}$		$\frac{47}{25} \times \frac{70}{20}$
	$\frac{100}{50} \times \frac{130}{40}$		$\frac{35}{30} \times \frac{140}{25}$	66	$\frac{110}{50} \times \frac{75}{25}$
	$\frac{80}{20} \times \frac{65}{40}$	*65.400	$\frac{109}{25} \times \frac{75}{50}$		$\frac{55}{25} \times \frac{150}{50}$
	$\frac{200}{50} \times \frac{65}{40}$		$\frac{109}{50} \times \frac{75}{25}$		$\frac{110}{100} \times \frac{150}{25}$
	$\frac{120}{30} \times \frac{65}{40}$		$\frac{109}{50} \times \frac{120}{40}$		$\frac{55}{50} \times \frac{150}{25}$
	$\frac{140}{35} \times \frac{65}{40}$		$\frac{109}{50} \times \frac{90}{30}$		$\frac{55}{25} \times \frac{60}{20}$
	$\frac{200}{100} \times \frac{130}{40}$		$\frac{109}{50} \times \frac{60}{20}$		$\frac{55}{25} \times \frac{90}{30}$
	$\frac{140}{70} \times \frac{130}{40}$	*65.600	$\frac{41}{25} \times \frac{200}{50}$		$\frac{55}{25} \times \frac{120}{40}$
	$\frac{150}{75} \times \frac{130}{40}$		$\frac{41}{25} \times \frac{140}{35}$	*66.400	$\frac{83}{50} \times \frac{100}{25}$
	$\frac{120}{60} \times \frac{65}{20}$		$\frac{41}{25} \times \frac{120}{30}$		$\frac{83}{50} \times \frac{140}{35}$
	$\frac{110}{55} \times \frac{65}{20}$		$\frac{41}{25} \times \frac{80}{20}$		$\frac{83}{50} \times \frac{120}{30}$
	$\frac{90}{45} \times \frac{65}{20}$	65.625	$\frac{150}{40} \times \frac{35}{20}$		$\frac{83}{50} \times \frac{80}{20}$
	$\frac{80}{40} \times \frac{65}{20}$		$\frac{150}{40} \times \frac{140}{80}$		$\frac{83}{25} \times \frac{200}{100}$
	$\frac{70}{35} \times \frac{65}{20}$		$\frac{150}{80} \times \frac{70}{20}$		$\frac{83}{25} \times \frac{150}{75}$

Pas	Nombre de dents des engrenages	Pas	Nombre de dents des engrenages	Pas	Nombre de dents des engrenages
millimètr.		millimètr.		millimètr.	
*66.400	$\dfrac{83}{25} \times \dfrac{120}{60}$	*67	$\dfrac{67}{50} \times \dfrac{200}{40}$	67.600	$\dfrac{65}{25} \times \dfrac{130}{50}$
	$\dfrac{83}{25} \times \dfrac{80}{40}$		$\dfrac{67}{40} \times \dfrac{80}{20}$		$\dfrac{65}{50} \times \dfrac{130}{25}$
	$\dfrac{83}{25} \times \dfrac{60}{30}$		$\dfrac{67}{40} \times \dfrac{120}{30}$	68	$\dfrac{200}{100} \times \dfrac{85}{25}$
	$\dfrac{83}{25} \times \dfrac{40}{20}$		$\dfrac{67}{40} \times \dfrac{140}{35}$		$\dfrac{150}{75} \times \dfrac{85}{25}$
66.500	$\dfrac{95}{50} \times \dfrac{70}{20}$		$\dfrac{67}{40} \times \dfrac{100}{25}$		$\dfrac{140}{70} \times \dfrac{85}{25}$
	$\dfrac{95}{25} \times \dfrac{35}{20}$	*67.200	$\dfrac{140}{100} \times \dfrac{120}{25}$		$\dfrac{130}{65} \times \dfrac{85}{25}$
	$\dfrac{95}{100} \times \dfrac{140}{20}$		$\dfrac{70}{50} \times \dfrac{120}{25}$		$\dfrac{120}{60} \times \dfrac{85}{25}$
	$\dfrac{95}{25} \times \dfrac{70}{40}$		$\dfrac{140}{50} \times \dfrac{60}{25}$		$\dfrac{110}{55} \times \dfrac{85}{25}$
	$\dfrac{95}{25} \times \dfrac{140}{80}$		$\dfrac{140}{25} \times \dfrac{90}{75}$		$\dfrac{100}{50} \times \dfrac{85}{25}$
	$\dfrac{95}{50} \times \dfrac{140}{40}$	67.500	$\dfrac{45}{20} \times \dfrac{150}{50}$		$\dfrac{90}{45} \times \dfrac{85}{25}$
*66.600	$\dfrac{37}{20} \times \dfrac{90}{25}$		$\dfrac{45}{20} \times \dfrac{75}{25}$		$\dfrac{80}{40} \times \dfrac{85}{25}$
	$\dfrac{37}{25} \times \dfrac{90}{20}$		$\dfrac{45}{20} \times \dfrac{120}{40}$		$\dfrac{70}{35} \times \dfrac{85}{25}$
*67	$\dfrac{67}{25} \times \dfrac{100}{40}$		$\dfrac{45}{20} \times \dfrac{90}{30}$		$\dfrac{60}{30} \times \dfrac{85}{25}$
	$\dfrac{67}{25} \times \dfrac{200}{80}$		$\dfrac{90}{40} \times \dfrac{60}{20}$		$\dfrac{40}{20} \times \dfrac{85}{25}$
	$\dfrac{67}{25} \times \dfrac{50}{20}$		$\dfrac{90}{50} \times \dfrac{75}{20}$		$\dfrac{120}{30} \times \dfrac{85}{50}$
	$\dfrac{67}{50} \times \dfrac{100}{20}$		$\dfrac{45}{25} \times \dfrac{150}{40}$		$\dfrac{80}{20} \times \dfrac{85}{50}$
	$\dfrac{67}{100} \times \dfrac{200}{20}$		$\dfrac{90}{25} \times \dfrac{75}{40}$		$\dfrac{100}{25} \times \dfrac{85}{50}$
	$\dfrac{67}{50} \times \dfrac{150}{30}$		$\dfrac{90}{25} \times \dfrac{150}{80}$		$\dfrac{140}{35} \times \dfrac{85}{50}$

Group 1

Pas	Nombre de dents des engrenages
millimètr.	
*68.200	$\dfrac{31}{25} \times \dfrac{110}{20}$
	$\dfrac{31}{20} \times \dfrac{110}{25}$
68.400	$\dfrac{90}{50} \times \dfrac{95}{25}$
	$\dfrac{90}{25} \times \dfrac{95}{50}$
*68.500	$\dfrac{137}{50} \times \dfrac{100}{40}$
	$\dfrac{137}{100} \times \dfrac{100}{20}$
68.750	$\dfrac{100}{40} \times \dfrac{55}{20}$
	$\dfrac{50}{20} \times \dfrac{110}{40}$
	$\dfrac{200}{80} \times \dfrac{110}{40}$
	$\dfrac{200}{80} \times \dfrac{55}{20}$
	$\dfrac{150}{60} \times \dfrac{110}{40}$
	$\dfrac{75}{30} \times \dfrac{110}{40}$
	$\dfrac{75}{60} \times \dfrac{110}{20}$
	$\dfrac{75}{30} \times \dfrac{55}{20}$
	$\dfrac{150}{30} \times \dfrac{55}{40}$
*68.800	$\dfrac{43}{50} \times \dfrac{200}{25}$
	$\dfrac{43}{25} \times \dfrac{200}{50}$
	$\dfrac{43}{25} \times \dfrac{140}{35}$

Group 2

Pas	Nombre de dents des engrenages
millimètr.	
*68.800	$\dfrac{43}{25} \times \dfrac{120}{30}$
	$\dfrac{43}{25} \times \dfrac{80}{20}$
68.823	$\dfrac{130}{20} \times \dfrac{90}{85}$
	$\dfrac{130}{85} \times \dfrac{90}{20}$
*69	$\dfrac{23}{20} \times \dfrac{150}{25}$
	$\dfrac{23}{25} \times \dfrac{150}{20}$
*69.375	$\dfrac{37}{20} \times \dfrac{150}{40}$
	$\dfrac{37}{40} \times \dfrac{150}{20}$
*69.600	$\dfrac{29}{25} \times \dfrac{120}{20}$
	$\dfrac{29}{20} \times \dfrac{120}{25}$
70	$\dfrac{50}{25} \times \dfrac{70}{20}$
	$\dfrac{100}{50} \times \dfrac{140}{40}$
	$\dfrac{200}{100} \times \dfrac{140}{40}$
	$\dfrac{150}{75} \times \dfrac{70}{20}$
	$\dfrac{130}{65} \times \dfrac{70}{20}$
	$\dfrac{120}{60} \times \dfrac{70}{20}$
	$\dfrac{110}{55} \times \dfrac{70}{20}$
	$\dfrac{90}{45} \times \dfrac{70}{20}$

Group 3

Pas	Nombre de dents des engrenages
millimètr.	
70	$\dfrac{80}{40} \times \dfrac{70}{20}$
	$\dfrac{70}{35} \times \dfrac{140}{40}$
	$\dfrac{60}{30} \times \dfrac{70}{20}$
	$\dfrac{100}{40} \times \dfrac{70}{25}$
	$\dfrac{35}{20} \times \dfrac{100}{25}$
	$\dfrac{35}{20} \times \dfrac{200}{50}$
	$\dfrac{35}{20} \times \dfrac{120}{30}$
*70.300	$\dfrac{37}{25} \times \dfrac{95}{20}$
	$\dfrac{37}{20} \times \dfrac{95}{25}$
70.400	$\dfrac{80}{50} \times \dfrac{110}{25}$
	$\dfrac{120}{75} \times \dfrac{110}{25}$
*70.500	$\dfrac{47}{20} \times \dfrac{150}{50}$
	$\dfrac{47}{20} \times \dfrac{120}{40}$
	$\dfrac{47}{20} \times \dfrac{90}{30}$
	$\dfrac{47}{20} \times \dfrac{75}{25}$
	$\dfrac{47}{40} \times \dfrac{150}{25}$
*70.800	$\dfrac{59}{25} \times \dfrac{150}{50}$
	$\dfrac{59}{25} \times \dfrac{120}{40}$

Pas	Nombre de dents des engrenages	Pas	Nombre de dents des engrenages	Pas	Nombre de dents des engrenages
millimètr. *70.800	$\frac{59}{25} \times \frac{90}{30}$	millimètr. *71.200	$\frac{89}{25} \times \frac{150}{75}$	millimètr. *71.750	$\frac{41}{40} \times \frac{140}{20}$
	$\frac{59}{25} \times \frac{60}{20}$		$\frac{89}{25} \times \frac{140}{70}$	72	$\frac{60}{25} \times \frac{150}{50}$
*71	$\frac{71}{25} \times \frac{50}{20}$		$\frac{89}{25} \times \frac{120}{60}$		$\frac{120}{50} \times \frac{75}{25}$
	$\frac{71}{25} \times \frac{100}{40}$		$\frac{89}{25} \times \frac{100}{50}$		$\frac{60}{25} \times \frac{120}{40}$
	$\frac{71}{25} \times \frac{200}{80}$		$\frac{89}{25} \times \frac{80}{40}$		$\frac{60}{25} \times \frac{90}{30}$
	$\frac{71}{50} \times \frac{100}{20}$		$\frac{89}{25} \times \frac{40}{20}$		$\frac{120}{50} \times \frac{60}{20}$
	$\frac{71}{20} \times \frac{200}{100}$	71.250	$\frac{150}{40} \times \frac{95}{50}$		$\frac{100}{25} \times \frac{90}{50}$
	$\frac{71}{20} \times \frac{100}{50}$		$\frac{75}{20} \times \frac{95}{50}$		$\frac{40}{20} \times \frac{90}{25}$
	$\frac{71}{20} \times \frac{150}{75}$		$\frac{150}{20} \times \frac{95}{100}$		$\frac{60}{30} \times \frac{90}{25}$
	$\frac{71}{20} \times \frac{140}{70}$		$\frac{75}{40} \times \frac{95}{25}$		$\frac{70}{35} \times \frac{90}{25}$
	$\frac{71}{20} \times \frac{120}{60}$		$\frac{150}{50} \times \frac{95}{40}$		$\frac{80}{40} \times \frac{90}{25}$
	$\frac{71}{20} \times \frac{110}{55}$		$\frac{75}{25} \times \frac{95}{40}$		$\frac{100}{50} \times \frac{90}{25}$
	$\frac{71}{20} \times \frac{90}{45}$		$\frac{90}{30} \times \frac{95}{40}$		$\frac{110}{55} \times \frac{90}{25}$
	$\frac{71}{20} \times \frac{80}{40}$		$\frac{60}{20} \times \frac{95}{40}$		$\frac{120}{60} \times \frac{90}{25}$
	$\frac{71}{20} \times \frac{70}{35}$	71.500	$\frac{65}{20} \times \frac{110}{50}$		$\frac{130}{65} \times \frac{90}{25}$
	$\frac{71}{20} \times \frac{60}{30}$		$\frac{110}{40} \times \frac{65}{25}$		$\frac{140}{70} \times \frac{90}{25}$
	$\frac{71}{20} \times \frac{50}{25}$		$\frac{65}{20} \times \frac{55}{25}$		$\frac{150}{75} \times \frac{90}{25}$
*71.200	$\frac{89}{25} \times \frac{200}{100}$	*71.750	$\frac{41}{20} \times \frac{140}{40}$		$\frac{200}{100} \times \frac{90}{25}$

12

Pas	Nombre de dents des engrenages	Pas	Nombre de dents des engrenages	Pas	Nombre de dents des engrenages
millimètr.		millimètr.		millimètr.	
*72.500	$\dfrac{29}{40} \times \dfrac{200}{20}$	*73	$\dfrac{73}{40} \times \dfrac{100}{25}$	*73.800	$\dfrac{41}{25} \times \dfrac{90}{20}$
	$\dfrac{29}{20} \times \dfrac{200}{40}$		$\dfrac{73}{40} \times \dfrac{200}{50}$		$\dfrac{41}{20} \times \dfrac{90}{25}$
	$\dfrac{29}{20} \times \dfrac{150}{30}$		$\dfrac{73}{40} \times \dfrac{140}{35}$	*74	$\dfrac{37}{20} \times \dfrac{200}{50}$
72.800	$\dfrac{70}{25} \times \dfrac{130}{50}$		$\dfrac{73}{40} \times \dfrac{120}{30}$		$\dfrac{37}{20} \times \dfrac{140}{35}$
	$\dfrac{140}{50} \times \dfrac{65}{25}$		$\dfrac{73}{40} \times \dfrac{80}{20}$		$\dfrac{37}{20} \times \dfrac{120}{30}$
	$\dfrac{140}{100} \times \dfrac{130}{25}$		$\dfrac{73}{50} \times \dfrac{200}{40}$		$\dfrac{37}{25} \times \dfrac{100}{20}$
	$\dfrac{70}{100} \times \dfrac{130}{25}$		$\dfrac{73}{50} \times \dfrac{100}{20}$		$\dfrac{37}{25} \times \dfrac{150}{30}$
*73	$\dfrac{73}{20} \times \dfrac{200}{100}$	*73.100	$\dfrac{43}{25} \times \dfrac{85}{20}$		$\dfrac{37}{25} \times \dfrac{200}{40}$
	$\dfrac{73}{20} \times \dfrac{150}{75}$		$\dfrac{43}{20} \times \dfrac{85}{25}$	*74.400	$\dfrac{31}{25} \times \dfrac{120}{20}$
	$\dfrac{73}{20} \times \dfrac{140}{70}$	73.125	$\dfrac{130}{20} \times \dfrac{90}{80}$		$\dfrac{31}{20} \times \dfrac{120}{25}$
	$\dfrac{73}{20} \times \dfrac{120}{60}$		$\dfrac{65}{20} \times \dfrac{90}{40}$	74.666	$\dfrac{80}{75} \times \dfrac{140}{20}$
	$\dfrac{73}{20} \times \dfrac{110}{55}$		$\dfrac{130}{20} \times \dfrac{45}{40}$		$\dfrac{80}{20} \times \dfrac{140}{75}$
	$\dfrac{73}{20} \times \dfrac{100}{50}$	*73.200	$\dfrac{61}{25} \times \dfrac{150}{50}$		$\dfrac{100}{25} \times \dfrac{140}{75}$
	$\dfrac{73}{20} \times \dfrac{90}{45}$		$\dfrac{61}{25} \times \dfrac{120}{40}$		$\dfrac{120}{30} \times \dfrac{140}{75}$
	$\dfrac{73}{20} \times \dfrac{80}{40}$		$\dfrac{61}{25} \times \dfrac{90}{30}$		$\dfrac{200}{50} \times \dfrac{140}{75}$
	$\dfrac{73}{20} \times \dfrac{70}{35}$		$\dfrac{61}{25} \times \dfrac{60}{20}$		$\dfrac{200}{25} \times \dfrac{70}{75}$
	$\dfrac{73}{20} \times \dfrac{60}{30}$	*73.750	$\dfrac{59}{20} \times \dfrac{100}{40}$	74.800	$\dfrac{85}{50} \times \dfrac{110}{25}$
	$\dfrac{73}{20} \times \dfrac{50}{25}$		$\dfrac{59}{20} \times \dfrac{200}{80}$		$\dfrac{85}{25} \times \dfrac{110}{50}$

Pas	Nombre de dents des engrenages	Pas	Nombre de dents des engrenages	Pas	Nombre de dents des engrenages
millimètr. 75	$\frac{50}{40} \times \frac{150}{25}$	millimètr. 75.555	$\frac{85}{45} \times \frac{200}{50}$	millimètr. 76.500	$\frac{85}{40} \times \frac{90}{25}$
	$\frac{100}{80} \times \frac{150}{25}$	76	$\frac{100}{25} \times \frac{95}{50}$		$\frac{85}{20} \times \frac{45}{25}$
	$\frac{50}{40} \times \frac{120}{20}$		$\frac{80}{20} \times \frac{95}{50}$	76.800	$\frac{80}{50} \times \frac{120}{25}$
	$\frac{100}{40} \times \frac{150}{50}$		$\frac{120}{30} \times \frac{95}{50}$		$\frac{80}{25} \times \frac{120}{50}$
	$\frac{200}{80} \times \frac{150}{50}$		$\frac{140}{35} \times \frac{95}{50}$	*76.875	$\frac{41}{20} \times \frac{150}{40}$
	$\frac{50}{20} \times \frac{75}{25}$		$\frac{200}{100} \times \frac{95}{25}$		$\frac{41}{40} \times \frac{150}{20}$
	$\frac{50}{20} \times \frac{90}{30}$		$\frac{150}{75} \times \frac{95}{25}$	77	$\frac{140}{40} \times \frac{110}{50}$
	$\frac{50}{20} \times \frac{120}{40}$		$\frac{140}{70} \times \frac{95}{25}$		$\frac{70}{20} \times \frac{110}{50}$
*75.200	$\frac{47}{25} \times \frac{200}{50}$		$\frac{130}{65} \times \frac{95}{25}$		$\frac{70}{20} \times \frac{55}{25}$
	$\frac{47}{25} \times \frac{140}{35}$		$\frac{120}{60} \times \frac{95}{25}$		$\frac{70}{40} \times \frac{110}{25}$
	$\frac{47}{25} \times \frac{120}{30}$		$\frac{110}{55} \times \frac{95}{25}$		$\frac{35}{25} \times \frac{110}{20}$
	$\frac{47}{25} \times \frac{80}{20}$		$\frac{100}{50} \times \frac{95}{25}$		$\frac{140}{20} \times \frac{55}{50}$
*75.400	$\frac{29}{20} \times \frac{130}{25}$		$\frac{90}{45} \times \frac{95}{25}$		$\frac{140}{40} \times \frac{55}{25}$
	$\frac{29}{25} \times \frac{130}{20}$		$\frac{80}{40} \times \frac{95}{25}$	*77.400	$\frac{43}{25} \times \frac{90}{20}$
75.555	$\frac{85}{45} \times \frac{80}{20}$		$\frac{70}{35} \times \frac{95}{25}$		$\frac{43}{20} \times \frac{90}{25}$
	$\frac{85}{45} \times \frac{100}{25}$		$\frac{60}{30} \times \frac{95}{25}$	*77.600	$\frac{97}{25} \times \frac{200}{100}$
	$\frac{85}{45} \times \frac{120}{30}$		$\frac{40}{20} \times \frac{95}{25}$		$\frac{97}{25} \times \frac{150}{75}$
	$\frac{85}{45} \times \frac{140}{35}$	76.500	$\frac{85}{20} \times \frac{90}{50}$		$\frac{97}{25} \times \frac{140}{70}$

Pas	Nombre de dents des engrenages	Pas	Nombre de dents des engrenages	Pas	Nombre de dents des engrenages
millimètr.		millimètr.		millimètr.	
*77.600	$\frac{97}{25} \times \frac{130}{65}$	78.400	$\frac{140}{25} \times \frac{70}{50}$	80	$\frac{140}{70} \times \frac{200}{50}$
	$\frac{97}{25} \times \frac{120}{60}$	*79	$\frac{79}{20} \times \frac{200}{100}$		$\frac{130}{65} \times \frac{80}{20}$
	$\frac{97}{25} \times \frac{100}{50}$		$\frac{79}{20} \times \frac{100}{50}$		$\frac{120}{60} \times \frac{80}{20}$
	$\frac{97}{25} \times \frac{90}{45}$		$\frac{79}{20} \times \frac{50}{25}$		$\frac{110}{55} \times \frac{80}{20}$
	$\frac{97}{25} \times \frac{80}{40}$		$\frac{79}{20} \times \frac{120}{60}$		$\frac{90}{45} \times \frac{80}{20}$
	$\frac{97}{25} \times \frac{70}{35}$		$\frac{79}{20} \times \frac{90}{45}$		$\frac{80}{40} \times \frac{100}{25}$
	$\frac{97}{25} \times \frac{60}{30}$		$\frac{79}{20} \times \frac{80}{40}$		$\frac{70}{35} \times \frac{80}{20}$
	$\frac{97}{25} \times \frac{40}{20}$		$\frac{79}{20} \times \frac{60}{30}$		$\frac{60}{30} \times \frac{80}{20}$
*77.900	$\frac{41}{20} \times \frac{95}{25}$	79.200	$\frac{90}{50} \times \frac{110}{25}$		$\frac{40}{20} \times \frac{100}{25}$
	$\frac{41}{25} \times \frac{95}{20}$		$\frac{90}{25} \times \frac{110}{50}$		$\frac{150}{75} \times \frac{200}{50}$
78	$\frac{65}{50} \times \frac{150}{25}$	*79.500	$\frac{53}{20} \times \frac{150}{50}$		$\frac{100}{25} \times \frac{200}{100}$
	$\frac{130}{100} \times \frac{150}{25}$		$\frac{53}{20} \times \frac{120}{40}$		$\frac{100}{25} \times \frac{90}{45}$
	$\frac{130}{50} \times \frac{75}{25}$		$\frac{53}{20} \times \frac{90}{30}$		$\frac{100}{25} \times \frac{140}{70}$
	$\frac{65}{25} \times \frac{150}{50}$		$\frac{53}{20} \times \frac{75}{25}$		$\frac{100}{25} \times \frac{80}{40}$
	$\frac{65}{25} \times \frac{120}{40}$	80	$\frac{50}{25} \times \frac{80}{20}$		$\frac{100}{25} \times \frac{70}{35}$
	$\frac{65}{25} \times \frac{90}{30}$		$\frac{100}{50} \times \frac{100}{25}$		$\frac{100}{25} \times \frac{60}{30}$
	$\frac{65}{25} \times \frac{60}{20}$		$\frac{200}{100} \times \frac{120}{30}$		$\frac{100}{25} \times \frac{40}{20}$
78.400	$\frac{140}{50} \times \frac{70}{25}$		$\frac{150}{75} \times \frac{140}{35}$	*80.400	$\frac{67}{25} \times \frac{150}{50}$

Pas	Nombre de dents des engrenages	Pas	Nombre de dents des engrenages	Pas	Nombre de dents des engrenages
millimètr.		millimètr.		millimètr.	
*80.400	$\frac{67}{25} \times \frac{120}{40}$	*82	$\frac{41}{20} \times \frac{200}{50}$	*83	$\frac{83}{25} \times \frac{100}{40}$
	$\frac{67}{25} \times \frac{90}{30}$		$\frac{41}{25} \times \frac{150}{30}$		$\frac{83}{25} \times \frac{200}{80}$
	$\frac{67}{25} \times \frac{60}{20}$	*82.400	$\frac{103}{25} \times \frac{70}{35}$		$\frac{83}{25} \times \frac{50}{20}$
*80.600	$\frac{31}{25} \times \frac{130}{20}$		$\frac{103}{25} \times \frac{140}{70}$		$\frac{83}{50} \times \frac{100}{20}$
	$\frac{31}{20} \times \frac{130}{25}$		$\frac{103}{25} \times \frac{200}{100}$		$\frac{83}{50} \times \frac{200}{40}$
80.750	$\frac{85}{50} \times \frac{95}{20}$		$\frac{103}{25} \times \frac{100}{50}$		$\frac{83}{40} \times \frac{100}{25}$
	$\frac{85}{40} \times \frac{95}{25}$		$\frac{103}{25} \times \frac{120}{60}$		$\frac{83}{40} \times \frac{120}{30}$
81	$\frac{45}{25} \times \frac{90}{20}$		$\frac{103}{25} \times \frac{60}{30}$		$\frac{83}{40} \times \frac{140}{35}$
	$\frac{90}{25} \times \frac{45}{20}$	82.500	$\frac{75}{25} \times \frac{110}{40}$		$\frac{83}{40} \times \frac{80}{20}$
*81.400	$\frac{37}{25} \times \frac{110}{20}$		$\frac{75}{25} \times \frac{55}{20}$	83.200	$\frac{80}{25} \times \frac{130}{50}$
	$\frac{37}{20} \times \frac{110}{25}$		$\frac{150}{50} \times \frac{110}{40}$		$\frac{80}{50} \times \frac{130}{25}$
81.600	$\frac{85}{25} \times \frac{120}{50}$		$\frac{150}{50} \times \frac{55}{20}$	83.600	$\frac{95}{25} \times \frac{110}{50}$
	$\frac{85}{50} \times \frac{120}{25}$		$\frac{75}{50} \times \frac{110}{20}$		$\frac{95}{50} \times \frac{110}{25}$
*81.700	$\frac{43}{25} \times \frac{95}{20}$		$\frac{150}{100} \times \frac{110}{20}$	84	$\frac{70}{25} \times \frac{150}{50}$
	$\frac{95}{25} \times \frac{43}{20}$		$\frac{150}{25} \times \frac{110}{80}$		$\frac{140}{50} \times \frac{75}{25}$
*82	$\frac{41}{20} \times \frac{100}{25}$		$\frac{120}{40} \times \frac{55}{20}$		$\frac{70}{25} \times \frac{120}{40}$
	$\frac{41}{20} \times \frac{120}{30}$		$\frac{90}{30} \times \frac{55}{20}$		$\frac{70}{25} \times \frac{90}{30}$
	$\frac{41}{20} \times \frac{140}{35}$		$\frac{60}{20} \times \frac{110}{40}$		$\frac{70}{25} \times \frac{60}{20}$

Pas	Nombre de dents des engrenages	Pas	Nombre de dents des engrenages	Pas	Nombre de dents des engrenages
millimètr.		millimètr.		millimètr.	
84	$\frac{140}{100} \times \frac{150}{25}$	85	$\frac{150}{75} \times \frac{85}{20}$	*85.200	$\frac{71}{25} \times \frac{90}{30}$
	$\frac{60}{25} \times \frac{70}{20}$		$\frac{140}{70} \times \frac{85}{20}$		$\frac{71}{25} \times \frac{60}{20}$
	$\frac{60}{25} \times \frac{140}{40}$		$\frac{130}{65} \times \frac{85}{20}$	85.500	$\frac{45}{25} \times \frac{95}{20}$
	$\frac{120}{20} \times \frac{35}{25}$		$\frac{120}{60} \times \frac{85}{20}$		$\frac{90}{50} \times \frac{95}{20}$
	$\frac{120}{40} \times \frac{140}{50}$		$\frac{110}{55} \times \frac{85}{20}$		$\frac{90}{25} \times \frac{95}{40}$
	$\frac{150}{25} \times \frac{140}{100}$		$\frac{100}{50} \times \frac{85}{20}$	*85.600	$\frac{107}{25} \times \frac{200}{100}$
84.500	$\frac{65}{20} \times \frac{120}{50}$		$\frac{90}{45} \times \frac{85}{20}$		$\frac{107}{25} \times \frac{120}{60}$
	$\frac{65}{20} \times \frac{60}{25}$		$\frac{80}{40} \times \frac{85}{20}$		$\frac{107}{25} \times \frac{100}{50}$
	$\frac{130}{40} \times \frac{120}{50}$		$\frac{70}{35} \times \frac{85}{20}$		$\frac{107}{25} \times \frac{80}{40}$
	$\frac{130}{40} \times \frac{60}{25}$		$\frac{60}{30} \times \frac{85}{20}$		$\frac{107}{25} \times \frac{70}{35}$
	$\frac{130}{80} \times \frac{120}{25}$		$\frac{50}{25} \times \frac{85}{20}$		$\frac{107}{25} \times \frac{60}{30}$
*84.600	$\frac{47}{25} \times \frac{90}{20}$		$\frac{200}{50} \times \frac{85}{40}$		$\frac{107}{25} \times \frac{40}{20}$
	$\frac{47}{20} \times \frac{90}{25}$	*86	$\frac{100}{25} \times \frac{85}{40}$		$\frac{43}{25} \times \frac{150}{30}$
*84.800	$\frac{53}{25} \times \frac{80}{20}$		$\frac{120}{30} \times \frac{85}{40}$		$\frac{43}{25} \times \frac{100}{20}$
	$\frac{53}{25} \times \frac{200}{50}$		$\frac{140}{35} \times \frac{85}{40}$		$\frac{43}{25} \times \frac{200}{40}$
	$\frac{53}{25} \times \frac{120}{30}$		$\frac{80}{20} \times \frac{85}{40}$		$\frac{43}{20} \times \frac{120}{30}$
	$\frac{53}{25} \times \frac{140}{35}$	*85.200	$\frac{71}{25} \times \frac{150}{50}$		$\frac{43}{20} \times \frac{140}{35}$
85	$\frac{200}{100} \times \frac{85}{20}$		$\frac{71}{25} \times \frac{120}{40}$		$\frac{43}{20} \times \frac{200}{50}$

Pas	Nombre de dents des engrenages	Pas	Nombre de dents des engrenages	Pas	Nombre de dents des engrenages
millimètr.		millimètr.		millimètr.	
*86	$\frac{43}{20} \times \frac{100}{25}$	*87.200	$\frac{109}{25} \times \frac{100}{50}$	88	$\frac{110}{25} \times \frac{90}{45}$
86.400	$\frac{90}{25} \times \frac{120}{50}$		$\frac{109}{25} \times \frac{80}{40}$		$\frac{110}{25} \times \frac{80}{40}$
	$\frac{120}{25} \times \frac{90}{50}$		$\frac{109}{25} \times \frac{40}{20}$		$\frac{110}{25} \times \frac{70}{35}$
86.666	$\frac{130}{45} \times \frac{150}{50}$	87.500	$\frac{50}{20} \times \frac{140}{40}$		$\frac{110}{25} \times \frac{60}{30}$
	$\frac{130}{45} \times \frac{120}{40}$		$\frac{100}{40} \times \frac{70}{20}$		$\frac{110}{25} \times \frac{40}{20}$
	$\frac{130}{45} \times \frac{90}{30}$		$\frac{100}{20} \times \frac{140}{80}$		$\frac{200}{50} \times \frac{55}{25}$
	$\frac{130}{45} \times \frac{75}{25}$		$\frac{150}{30} \times \frac{70}{40}$		$\frac{140}{35} \times \frac{55}{25}$
	$\frac{130}{45} \times \frac{60}{20}$		$\frac{150}{30} \times \frac{35}{20}$		$\frac{120}{30} \times \frac{55}{25}$
*86.800	$\frac{31}{20} \times \frac{140}{25}$		$\frac{200}{40} \times \frac{35}{20}$		$\frac{80}{20} \times \frac{55}{25}$
	$\frac{31}{25} \times \frac{140}{20}$	*87.600	$\frac{73}{25} \times \frac{150}{50}$		$\frac{80}{50} \times \frac{110}{20}$
*87	$\frac{29}{20} \times \frac{150}{25}$		$\frac{73}{25} \times \frac{120}{40}$		$\frac{80}{40} \times \frac{110}{25}$
	$\frac{29}{25} \times \frac{150}{20}$		$\frac{73}{25} \times \frac{90}{30}$		$\frac{80}{20} \times \frac{110}{50}$
87.111	$\frac{70}{45} \times \frac{140}{25}$	88	$\frac{110}{25} \times \frac{200}{100}$		$\frac{120}{75} \times \frac{110}{20}$
	$\frac{140}{45} \times \frac{70}{25}$		$\frac{110}{25} \times \frac{150}{75}$		$\frac{120}{20} \times \frac{110}{75}$
*87.200	$\frac{109}{25} \times \frac{200}{100}$		$\frac{110}{25} \times \frac{140}{70}$	*88.125	$\frac{47}{20} \times \frac{150}{40}$
	$\frac{109}{50} \times \frac{100}{25}$		$\frac{110}{25} \times \frac{130}{65}$		$\frac{47}{40} \times \frac{150}{20}$
	$\frac{109}{50} \times \frac{200}{50}$		$\frac{110}{25} \times \frac{120}{60}$	88.400	$\frac{85}{50} \times \frac{130}{25}$
	$\frac{109}{50} \times \frac{80}{20}$		$\frac{110}{25} \times \frac{100}{50}$		$\frac{85}{25} \times \frac{130}{50}$

Pas	Nombre de dents des engrenages	Pas	Nombre de dents des engrenages	Pas	Nombre de dents des engrenages
millimètr.		millimètr.		millimètr.	
*88,500	$\frac{59}{20} \times \frac{150}{50}$	90	$\frac{75}{25} \times \frac{90}{30}$	90	$\frac{70}{35} \times \frac{90}{20}$
	$\frac{59}{20} \times \frac{120}{40}$		$\frac{75}{25} \times \frac{120}{40}$		$\frac{60}{30} \times \frac{90}{20}$
	$\frac{59}{20} \times \frac{90}{30}$		$\frac{75}{25} \times \frac{60}{20}$		$\frac{50}{25} \times \frac{90}{20}$
	$\frac{59}{20} \times \frac{75}{25}$		$\frac{100}{25} \times \frac{45}{20}$	*90,400	$\frac{113}{25} \times \frac{200}{100}$
	$\frac{59}{25} \times \frac{150}{40}$		$\frac{200}{50} \times \frac{45}{20}$		$\frac{113}{25} \times \frac{120}{60}$
*88,800	$\frac{37}{25} \times \frac{120}{20}$		$\frac{140}{35} \times \frac{90}{40}$		$\frac{113}{25} \times \frac{100}{50}$
	$\frac{37}{20} \times \frac{120}{25}$		$\frac{120}{30} \times \frac{45}{20}$		$\frac{113}{25} \times \frac{90}{45}$
*89	$\frac{89}{30} \times \frac{150}{50}$		$\frac{80}{20} \times \frac{90}{40}$		$\frac{113}{25} \times \frac{80}{40}$
	$\frac{89}{30} \times \frac{120}{40}$		$\frac{200}{25} \times \frac{90}{80}$		$\frac{113}{25} \times \frac{60}{30}$
	$\frac{89}{30} \times \frac{75}{25}$		$\frac{200}{50} \times \frac{90}{40}$		$\frac{113}{25} \times \frac{40}{20}$
	$\frac{89}{30} \times \frac{60}{20}$	91	$\frac{200}{100} \times \frac{90}{20}$	91	$\frac{70}{20} \times \frac{65}{25}$
	$\frac{89}{25} \times \frac{150}{60}$		$\frac{150}{75} \times \frac{90}{20}$		$\frac{140}{40} \times \frac{65}{25}$
	$\frac{89}{25} \times \frac{75}{30}$		$\frac{140}{70} \times \frac{90}{20}$		$\frac{70}{20} \times \frac{130}{50}$
*89,300	$\frac{47}{25} \times \frac{95}{20}$		$\frac{130}{65} \times \frac{90}{20}$		$\frac{140}{40} \times \frac{130}{50}$
	$\frac{47}{20} \times \frac{95}{25}$		$\frac{120}{60} \times \frac{90}{20}$		$\frac{70}{40} \times \frac{130}{25}$
89,600	$\frac{80}{25} \times \frac{140}{50}$	91	$\frac{110}{55} \times \frac{90}{20}$	91	$\frac{140}{80} \times \frac{130}{25}$
	$\frac{80}{50} \times \frac{140}{25}$		$\frac{100}{50} \times \frac{90}{20}$		$\frac{140}{20} \times \frac{65}{50}$
90	$\frac{75}{25} \times \frac{150}{50}$		$\frac{80}{40} \times \frac{90}{20}$		$\frac{35}{20} \times \frac{130}{25}$

Pas	Nombre de dents des engrenages	Pas	Nombre de dents des engrenages	Pas	Nombre de dents des engrenages
millimètr.		millimètr.		millimètr.	
91.200	$\frac{95}{25} \times \frac{120}{50}$	93.333	$\frac{80}{40} \times \frac{140}{30}$	*94	$\frac{47}{40} \times \frac{200}{25}$
	$\frac{95}{50} \times \frac{120}{25}$		$\frac{70}{35} \times \frac{140}{30}$	*94.400	$\frac{59}{25} \times \frac{200}{50}$
*91.500	$\frac{61}{20} \times \frac{150}{50}$		$\frac{50}{25} \times \frac{140}{30}$		$\frac{59}{25} \times \frac{140}{35}$
	$\frac{61}{20} \times \frac{75}{25}$		$\frac{40}{20} \times \frac{140}{30}$		$\frac{59}{25} \times \frac{120}{30}$
	$\frac{61}{20} \times \frac{120}{40}$	93.500	$\frac{85}{50} \times \frac{110}{20}$		$\frac{59}{25} \times \frac{80}{20}$
	$\frac{61}{20} \times \frac{90}{30}$		$\frac{85}{25} \times \frac{55}{20}$	94.444	$\frac{100}{45} \times \frac{85}{20}$
*92	$\frac{23}{20} \times \frac{200}{25}$		$\frac{85}{40} \times \frac{110}{25}$		$\frac{200}{90} \times \frac{85}{20}$
	$\frac{23}{25} \times \frac{200}{20}$	93.600	$\frac{90}{25} \times \frac{130}{50}$		$\frac{200}{45} \times \frac{85}{40}$
92.444	$\frac{130}{45} \times \frac{80}{25}$		$\frac{90}{50} \times \frac{130}{25}$	*94.600	$\frac{43}{25} \times \frac{110}{20}$
	$\frac{130}{25} \times \frac{80}{45}$	93.750	$\frac{150}{80} \times \frac{100}{20}$		$\frac{110}{25} \times \frac{43}{20}$
*93	$\frac{31}{20} \times \frac{150}{25}$		$\frac{75}{40} \times \frac{100}{20}$	*94.800	$\frac{79}{25} \times \frac{150}{50}$
	$\frac{31}{25} \times \frac{150}{20}$		$\frac{150}{80} \times \frac{200}{40}$		$\frac{79}{25} \times \frac{120}{40}$
93.333	$\frac{200}{100} \times \frac{140}{30}$		$\frac{75}{40} \times \frac{150}{30}$		$\frac{79}{25} \times \frac{90}{30}$
	$\frac{150}{75} \times \frac{140}{30}$		$\frac{75}{80} \times \frac{200}{20}$		$\frac{79}{25} \times \frac{60}{20}$
	$\frac{120}{60} \times \frac{140}{30}$	*94	$\frac{47}{20} \times \frac{100}{25}$	95	$\frac{100}{20} \times \frac{95}{50}$
	$\frac{110}{55} \times \frac{140}{30}$		$\frac{47}{20} \times \frac{200}{50}$		$\frac{200}{40} \times \frac{95}{50}$
	$\frac{100}{50} \times \frac{140}{30}$		$\frac{47}{20} \times \frac{140}{35}$		$\frac{100}{40} \times \frac{95}{25}$
	$\frac{90}{45} \times \frac{140}{30}$		$\frac{47}{20} \times \frac{120}{30}$		$\frac{50}{20} \times \frac{95}{25}$

Pas	Nombre de dents des engrenages	Pas	Nombre de dents des engrenages	Pas	Nombre de dents des engrenages
millimètr.		millimètr.		millimètr.	
95	$\dfrac{200}{100} \times \dfrac{95}{20}$	96	$\dfrac{120}{25} \times \dfrac{140}{70}$	*97	$\dfrac{97}{20} \times \dfrac{120}{60}$
	$\dfrac{150}{75} \times \dfrac{95}{20}$		$\dfrac{120}{25} \times \dfrac{130}{65}$		$\dfrac{97}{20} \times \dfrac{100}{50}$
	$\dfrac{140}{70} \times \dfrac{95}{20}$		$\dfrac{120}{25} \times \dfrac{110}{55}$		$\dfrac{97}{20} \times \dfrac{90}{45}$
	$\dfrac{120}{60} \times \dfrac{95}{20}$		$\dfrac{120}{25} \times \dfrac{100}{50}$		$\dfrac{97}{20} \times \dfrac{80}{40}$
	$\dfrac{100}{50} \times \dfrac{95}{20}$		$\dfrac{120}{25} \times \dfrac{90}{45}$		$\dfrac{97}{20} \times \dfrac{60}{30}$
	$\dfrac{90}{45} \times \dfrac{95}{20}$		$\dfrac{120}{25} \times \dfrac{80}{40}$		$\dfrac{97}{20} \times \dfrac{50}{25}$
	$\dfrac{80}{40} \times \dfrac{95}{20}$		$\dfrac{120}{25} \times \dfrac{70}{35}$	97.500	$\dfrac{65}{20} \times \dfrac{75}{25}$
	$\dfrac{70}{35} \times \dfrac{95}{20}$		$\dfrac{120}{25} \times \dfrac{60}{30}$		$\dfrac{130}{40} \times \dfrac{75}{25}$
	$\dfrac{50}{25} \times \dfrac{95}{20}$		$\dfrac{120}{25} \times \dfrac{40}{20}$		$\dfrac{65}{20} \times \dfrac{150}{50}$
95.200	$\dfrac{85}{25} \times \dfrac{140}{50}$	*96.200	$\dfrac{37}{25} \times \dfrac{130}{20}$		$\dfrac{130}{40} \times \dfrac{150}{50}$
	$\dfrac{85}{50} \times \dfrac{140}{25}$		$\dfrac{130}{20} \times \dfrac{37}{25}$		$\dfrac{65}{20} \times \dfrac{120}{40}$
96	$\dfrac{120}{50} \times \dfrac{100}{25}$	*97	$\dfrac{97}{50} \times \dfrac{100}{20}$		$\dfrac{65}{20} \times \dfrac{90}{30}$
	$\dfrac{60}{25} \times \dfrac{200}{50}$		$\dfrac{97}{50} \times \dfrac{200}{40}$		$\dfrac{65}{40} \times \dfrac{150}{25}$
	$\dfrac{120}{25} \times \dfrac{200}{100}$		$\dfrac{97}{100} \times \dfrac{200}{20}$		$\dfrac{130}{80} \times \dfrac{150}{25}$
	$\dfrac{60}{25} \times \dfrac{140}{35}$		$\dfrac{97}{25} \times \dfrac{100}{40}$		$\dfrac{130}{20} \times \dfrac{75}{50}$
	$\dfrac{60}{25} \times \dfrac{120}{30}$		$\dfrac{97}{25} \times \dfrac{200}{80}$		$\dfrac{130}{20} \times \dfrac{150}{100}$
	$\dfrac{60}{25} \times \dfrac{80}{20}$		$\dfrac{97}{20} \times \dfrac{200}{100}$	*97.600	$\dfrac{61}{25} \times \dfrac{200}{50}$
	$\dfrac{120}{25} \times \dfrac{150}{75}$		$\dfrac{97}{20} \times \dfrac{150}{75}$		$\dfrac{61}{25} \times \dfrac{140}{35}$

Pas (millimètr.)	Nombre de dents des engrenages	Pas (millimètr.)	Nombre de dents des engrenages	Pas (millimètr.)	Nombre de dents des engrenages
*97.600	$\frac{61}{25} \times \frac{120}{30}$	99	$\frac{110}{25} \times \frac{45}{20}$	100	$\frac{100}{25} \times \frac{200}{80}$
	$\frac{61}{25} \times \frac{80}{20}$		$\frac{110}{25} \times \frac{90}{40}$		$\frac{100}{25} \times \frac{100}{40}$
98	$\frac{140}{25} \times \frac{70}{40}$	*99.400	$\frac{71}{20} \times \frac{70}{25}$		$\frac{100}{20} \times \frac{100}{50}$
	$\frac{140}{25} \times \frac{35}{20}$		$\frac{71}{20} \times \frac{140}{50}$		$\frac{150}{50} \times \frac{200}{60}$
	$\frac{140}{50} \times \frac{70}{20}$		$\frac{71}{40} \times \frac{140}{25}$		$\frac{75}{25} \times \frac{100}{30}$
	$\frac{70}{25} \times \frac{140}{40}$	99.555	$\frac{80}{25} \times \frac{140}{45}$		$\frac{75}{25} \times \frac{200}{60}$
*98.400	$\frac{41}{25} \times \frac{120}{20}$		$\frac{140}{25} \times \frac{80}{45}$		$\frac{200}{50} \times \frac{75}{30}$
	$\frac{120}{25} \times \frac{41}{20}$	*99.600	$\frac{83}{25} \times \frac{150}{50}$		$\frac{100}{50} \times \frac{150}{30}$
98.800	$\frac{95}{25} \times \frac{130}{50}$		$\frac{83}{25} \times \frac{120}{40}$		$\frac{200}{100} \times \frac{150}{30}$
	$\frac{130}{25} \times \frac{95}{50}$		$\frac{83}{25} \times \frac{90}{30}$		$\frac{120}{60} \times \frac{150}{30}$
99	$\frac{55}{25} \times \frac{90}{20}$		$\frac{83}{25} \times \frac{60}{20}$		$\frac{80}{40} \times \frac{150}{30}$
	$\frac{110}{50} \times \frac{90}{20}$	100	$\frac{100}{50} \times \frac{200}{40}$		$\frac{50}{25} \times \frac{150}{30}$

Remarque. — Dans cette table, on verra qu'il y a certains pas nombres premiers ou multiples, qui y sont figurés filetables avec des engrenages nombres premiers au-dessus de 79 dents. Le tourneur verra de suite, puisqu'il ne possède pas ces engrenages, à se reporter au filetage à 6 roues pour avoir ce pas très approximativement. Par exemple, le pas de 61.800, qui ne peut se fileter qu'avec un engrenage de 103 dents, on le trouvera très approximativement dans la table du filetage à 6 roues, qui sera 61.750 ou 61.875; le premier est le plus proche.

TABLE

du nombre de dents des engrenages, filetage à 6 roues, vis-mère
du pas de 10 $^{m}/_{m}$. — Même série d'engrenages qu'à la p. 7.

Le filetage à 6 roues s'emploie pour produire les pas qu'il est impossible de produire à 4 roues, ainsi que les pas plus rapides, et pour tailler à la fraise les engrenages hélicoïdaux et faire les vis à plusieurs filets.

Dans la table ci-contre, les pas y sont inscrits depuis 10 à 500 $^{m}/_{m}$. De 10 à 30 $^{m}/_{m}$ pour les pas que nous n'avons pas dans la table du filetage à 4 roues; de 30 à 100 $^{m}/_{m}$ pour tous les pas filetables aussi bien à 4 qu'à 6 roues, et au-dessus de 100 jusqu'à 500 $^{m}/_{m}$ pour tous les pas.

Le tourneur consultera d'abord la table à 4 roues, et s'il ne trouve pas son pas ou s'il s'aperçoit qu'il a affaire à un pas nombre premier ou son multiple, puisqu'ils sont marqués d'un astérisque, il se reportera alors à la table du filetage à 6 roues pour trouver son pas plus exactement.

Ainsi, par exemple, le pas de 29.500, qui ne peut se fileter exactement à 4 roues qu'avec les engrenages $\frac{59}{50} \times \frac{100}{40}$, l'engrenage 59 dents étant nombre premier, en se reportant à la table du filetage à 6 roues on trouvera 29.5312 qui se filète avec les engrenages $\frac{75}{100} \times \frac{70}{20} \times \frac{90}{80}$, ou 29.555 qui se filète avec les engrenages $\frac{120}{30} \times \frac{35}{60} \times \frac{95}{75}$; on ne trouvera pas plus près.

La preuve pour savoir si les engrenages donnés sont bons est la même que pour le filetage à 4 roues (voir p. 11) ; comme si l'on a affaire à une vis-mère du pas de 5, 6, 8, 12 et 14 $^{m}/_{m}$, le procédé est le même (voir p. 11).

Pas	Nombre de dents des engrenages
millimètr.	
9.375	$\frac{30}{120} \times \frac{50}{40} \times \frac{75}{25}$
	$\frac{30}{120} \times \frac{100}{80} \times \frac{150}{50}$
	$\frac{30}{120} \times \frac{100}{80} \times \frac{60}{20}$
9.720	$\frac{30}{25} \times \frac{90}{100} \times \frac{45}{50}$
	$\frac{120}{100} \times \frac{90}{100} \times \frac{45}{50}$
11.550	$\frac{35}{25} \times \frac{30}{40} \times \frac{55}{50}$
	$\frac{70}{50} \times \frac{30}{40} \times \frac{110}{100}$
	$\frac{70}{50} \times \frac{60}{80} \times \frac{110}{100}$
	$\frac{140}{100} \times \frac{30}{40} \times \frac{55}{50}$
12.150	$\frac{120}{80} \times \frac{90}{100} \times \frac{45}{50}$
	$\frac{60}{40} \times \frac{45}{50} \times \frac{90}{100}$
	$\frac{30}{20} \times \frac{45}{50} \times \frac{90}{100}$
12.320	$\frac{70}{25} \times \frac{120}{200} \times \frac{55}{75}$
	$\frac{140}{50} \times \frac{60}{100} \times \frac{55}{75}$
	$\frac{140}{50} \times \frac{60}{100} \times \frac{110}{150}$
14.083	$\frac{65}{100} \times \frac{130}{100} \times \frac{200}{120}$
	$\frac{65}{100} \times \frac{130}{100} \times \frac{50}{30}$
14.625	$\frac{120}{80} \times \frac{75}{100} \times \frac{65}{50}$

Pas	Nombre de dents des engrenages
millimètr.	
14.625	$\frac{60}{40} \times \frac{75}{100} \times \frac{65}{50}$
	$\frac{30}{20} \times \frac{75}{100} \times \frac{65}{50}$
	$\frac{60}{40} \times \frac{150}{200} \times \frac{65}{50}$
	$\frac{60}{40} \times \frac{75}{100} \times \frac{130}{100}$
	$\frac{120}{80} \times \frac{150}{200} \times \frac{130}{100}$
14.700	$\frac{30}{100} \times \frac{70}{20} \times \frac{35}{25}$
	$\frac{60}{200} \times \frac{70}{20} \times \frac{35}{25}$
	$\frac{30}{100} \times \frac{140}{40} \times \frac{35}{25}$
14.777	$\frac{60}{90} \times \frac{140}{120} \times \frac{95}{50}$
	$\frac{30}{45} \times \frac{70}{60} \times \frac{95}{50}$
14.875	$\frac{90}{120} \times \frac{70}{60} \times \frac{85}{50}$
	$\frac{45}{60} \times \frac{140}{120} \times \frac{85}{50}$
	$\frac{45}{60} \times \frac{35}{30} \times \frac{85}{50}$
	$\frac{30}{40} \times \frac{70}{60} \times \frac{85}{50}$
14.933	$\frac{120}{50} \times \frac{80}{60} \times \frac{140}{100}$
	$\frac{60}{25} \times \frac{40}{30} \times \frac{70}{50}$
	$\frac{120}{50} \times \frac{80}{60} \times \frac{70}{50}$
	$\frac{120}{50} \times \frac{40}{30} \times \frac{35}{25}$

Pas	Nombre de dents des engrenages
millimètr.	
15.166	$\frac{80}{50} \times \frac{35}{60} \times \frac{65}{40}$
	$\frac{40}{25} \times \frac{70}{120} \times \frac{65}{40}$
	$\frac{40}{25} \times \frac{35}{60} \times \frac{130}{80}$
15.937	$\frac{90}{60} \times \frac{100}{80} \times \frac{85}{100}$
	$\frac{45}{30} \times \frac{50}{40} \times \frac{85}{100}$
	$\frac{45}{30} \times \frac{25}{20} \times \frac{85}{100}$
	$\frac{30}{20} \times \frac{50}{40} \times \frac{85}{100}$
16.250	$\frac{120}{80} \times \frac{100}{60} \times \frac{65}{100}$
	$\frac{120}{80} \times \frac{100}{60} \times \frac{130}{200}$
	$\frac{60}{40} \times \frac{200}{120} \times \frac{65}{100}$
	$\frac{60}{40} \times \frac{50}{30} \times \frac{65}{100}$
	$\frac{30}{20} \times \frac{50}{30} \times \frac{65}{100}$
16.420	$\frac{90}{100} \times \frac{140}{100} \times \frac{65}{50}$
	$\frac{45}{50} \times \frac{140}{100} \times \frac{130}{100}$
	$\frac{90}{100} \times \frac{70}{50} \times \frac{130}{100}$
	$\frac{90}{100} \times \frac{35}{25} \times \frac{65}{50}$
16.625	$\frac{60}{30} \times \frac{70}{80} \times \frac{95}{100}$
	$\frac{120}{60} \times \frac{70}{80} \times \frac{95}{100}$

Table I (millimètr.)

Pas	Nombre de dents des engrenages
16.625	$\frac{60}{30} \times \frac{35}{40} \times \frac{95}{100}$
	$\frac{60}{30} \times \frac{70}{40} \times \frac{95}{200}$
	$\frac{120}{60} \times \frac{35}{80} \times \frac{95}{50}$
16.666	$\frac{100}{150} \times \frac{100}{120} \times \frac{75}{25}$
	$\frac{100}{150} \times \frac{50}{60} \times \frac{75}{25}$
	$\frac{50}{75} \times \frac{100}{120} \times \frac{60}{20}$
	$\frac{50}{75} \times \frac{100}{120} \times \frac{90}{30}$
	$\frac{50}{75} \times \frac{25}{30} \times \frac{120}{40}$
16.734	$\frac{45}{40} \times \frac{140}{80} \times \frac{85}{100}$
	$\frac{90}{80} \times \frac{70}{40} \times \frac{85}{100}$
17.367	$\frac{95}{40} \times \frac{90}{100} \times \frac{65}{80}$
	$\frac{95}{40} \times \frac{45}{50} \times \frac{65}{80}$
17.550	$\frac{120}{80} \times \frac{90}{100} \times \frac{65}{50}$
	$\frac{60}{40} \times \frac{90}{100} \times \frac{65}{50}$
	$\frac{30}{20} \times \frac{45}{50} \times \frac{130}{100}$
	$\frac{60}{40} \times \frac{45}{50} \times \frac{130}{100}$
	$\frac{120}{80} \times \frac{45}{50} \times \frac{130}{100}$
	$\frac{120}{80} \times \frac{45}{25} \times \frac{65}{100}$

Table II (millimètr.)

Pas	Nombre de dents des engrenages
17.719	$\frac{140}{80} \times \frac{90}{40} \times \frac{45}{100}$
	$\frac{140}{80} \times \frac{45}{20} \times \frac{90}{200}$
	$\frac{70}{40} \times \frac{45}{20} \times \frac{90}{200}$
17.812	$\frac{90}{120} \times \frac{100}{80} \times \frac{95}{50}$
	$\frac{45}{60} \times \frac{100}{80} \times \frac{95}{50}$
	$\frac{30}{40} \times \frac{100}{80} \times \frac{95}{50}$
17.850	$\frac{60}{200} \times \frac{140}{80} \times \frac{85}{25}$
	$\frac{30}{100} \times \frac{70}{40} \times \frac{85}{25}$
	$\frac{30}{100} \times \frac{35}{20} \times \frac{85}{25}$
17.875	$\frac{110}{100} \times \frac{65}{100} \times \frac{200}{80}$
	$\frac{55}{50} \times \frac{65}{100} \times \frac{100}{40}$
	$\frac{55}{50} \times \frac{130}{200} \times \frac{100}{40}$
17.920	$\frac{120}{100} \times \frac{80}{150} \times \frac{140}{50}$
	$\frac{120}{100} \times \frac{40}{75} \times \frac{140}{50}$
	$\frac{60}{50} \times \frac{40}{75} \times \frac{70}{25}$
	$\frac{30}{25} \times \frac{40}{75} \times \frac{140}{50}$
	$\frac{60}{50} \times \frac{80}{150} \times \frac{70}{25}$
18.133	$\frac{120}{90} \times \frac{80}{100} \times \frac{85}{50}$

Table III (millimètr.)

Pas	Nombre de dents des engrenages
18.133	$\frac{60}{45} \times \frac{80}{100} \times \frac{85}{50}$
	$\frac{60}{45} \times \frac{20}{25} \times \frac{85}{50}$
18.375	$\frac{120}{80} \times \frac{70}{40} \times \frac{140}{200}$
	$\frac{60}{40} \times \frac{35}{20} \times \frac{70}{100}$
	$\frac{30}{20} \times \frac{70}{40} \times \frac{35}{50}$
18.416	$\frac{120}{90} \times \frac{130}{80} \times \frac{85}{100}$
	$\frac{60}{45} \times \frac{65}{40} \times \frac{85}{100}$
	$\frac{40}{30} \times \frac{130}{80} \times \frac{85}{100}$
18.562	$\frac{120}{80} \times \frac{90}{40} \times \frac{55}{100}$
	$\frac{60}{40} \times \frac{45}{20} \times \frac{55}{100}$
	$\frac{30}{20} \times \frac{90}{40} \times \frac{55}{100}$
18.666	$\frac{70}{35} \times \frac{40}{60} \times \frac{140}{100}$
	$\frac{70}{35} \times \frac{20}{30} \times \frac{140}{100}$
	$\frac{140}{70} \times \frac{20}{30} \times \frac{35}{25}$
	$\frac{140}{35} \times \frac{40}{120} \times \frac{70}{50}$
	$\frac{140}{35} \times \frac{20}{60} \times \frac{70}{50}$
18.777	$\frac{65}{100} \times \frac{130}{100} \times \frac{200}{90}$
	$\frac{65}{100} \times \frac{130}{50} \times \frac{100}{90}$

Pas	Nombre de dents des engrenages	Pas	Nombre de dents des engrenages	Pas	Nombre de dents des engrenages
millimètr.		millimètr.		millimètr.	
18.777	$\frac{65}{50} \times \frac{130}{100} \times \frac{100}{90}$	20.533	$\frac{140}{75} \times \frac{60}{40} \times \frac{110}{150}$	22.344	$\frac{55}{20} \times \frac{65}{100} \times \frac{50}{40}$
18.900	$\frac{120}{80} \times \frac{70}{100} \times \frac{90}{50}$	21.666	$\frac{120}{40} \times \frac{50}{60} \times \frac{65}{75}$		$\frac{110}{40} \times \frac{65}{100} \times \frac{25}{20}$
	$\frac{60}{40} \times \frac{35}{50} \times \frac{45}{25}$		$\frac{60}{20} \times \frac{25}{30} \times \frac{65}{75}$		$\frac{55}{20} \times \frac{130}{200} \times \frac{100}{80}$
	$\frac{30}{20} \times \frac{35}{50} \times \frac{45}{25}$		$\frac{120}{40} \times \frac{50}{60} \times \frac{130}{150}$	22.666	$\frac{90}{30} \times \frac{80}{60} \times \frac{85}{150}$
19.250	$\frac{35}{100} \times \frac{55}{100} \times \frac{200}{20}$	21.777	$\frac{70}{90} \times \frac{140}{100} \times \frac{60}{30}$		$\frac{120}{40} \times \frac{80}{60} \times \frac{85}{150}$
19.440	$\frac{60}{25} \times \frac{90}{100} \times \frac{45}{50}$		$\frac{35}{45} \times \frac{70}{50} \times \frac{40}{20}$		$\frac{60}{20} \times \frac{40}{30} \times \frac{85}{150}$
	$\frac{60}{25} \times \frac{90}{50} \times \frac{45}{100}$		$\frac{70}{90} \times \frac{35}{25} \times \frac{80}{40}$		$\frac{75}{25} \times \frac{40}{30} \times \frac{85}{150}$
19.687	$\frac{75}{100} \times \frac{70}{60} \times \frac{90}{40}$		$\frac{35}{45} \times \frac{70}{50} \times \frac{110}{55}$	22.950	$\frac{90}{200} \times \frac{75}{50} \times \frac{85}{25}$
	$\frac{150}{200} \times \frac{140}{120} \times \frac{90}{40}$		$\frac{35}{45} \times \frac{70}{50} \times \frac{120}{60}$		$\frac{45}{100} \times \frac{75}{50} \times \frac{85}{25}$
	$\frac{75}{100} \times \frac{35}{30} \times \frac{45}{20}$	21.946	$\frac{80}{75} \times \frac{120}{50} \times \frac{30}{35}$		$\frac{45}{100} \times \frac{150}{100} \times \frac{85}{25}$
19.833	$\frac{90}{60} \times \frac{140}{120} \times \frac{85}{75}$		$\frac{80}{75} \times \frac{60}{25} \times \frac{30}{35}$		$\frac{45}{50} \times \frac{75}{100} \times \frac{85}{25}$
	$\frac{45}{30} \times \frac{70}{60} \times \frac{85}{75}$		$\frac{80}{75} \times \frac{120}{50} \times \frac{60}{70}$	23.100	$\frac{70}{25} \times \frac{30}{40} \times \frac{55}{50}$
	$\frac{90}{60} \times \frac{35}{30} \times \frac{85}{75}$		$\frac{80}{75} \times \frac{60}{25} \times \frac{120}{140}$		$\frac{140}{50} \times \frac{60}{80} \times \frac{110}{100}$
20.250	$\frac{120}{80} \times \frac{90}{60} \times \frac{45}{50}$	22.166	$\frac{60}{30} \times \frac{70}{120} \times \frac{95}{50}$	23.203	$\frac{75}{40} \times \frac{90}{80} \times \frac{55}{50}$
	$\frac{30}{20} \times \frac{90}{60} \times \frac{45}{50}$		$\frac{40}{20} \times \frac{35}{60} \times \frac{95}{50}$		$\frac{150}{80} \times \frac{45}{40} \times \frac{110}{100}$
	$\frac{60}{40} \times \frac{45}{30} \times \frac{90}{50}$		$\frac{80}{40} \times \frac{35}{60} \times \frac{95}{50}$	23.472	$\frac{65}{50} \times \frac{130}{80} \times \frac{100}{90}$
20.533	$\frac{140}{150} \times \frac{120}{40} \times \frac{55}{75}$		$\frac{110}{55} \times \frac{70}{60} \times \frac{95}{100}$		$\frac{65}{80} \times \frac{130}{50} \times \frac{100}{90}$
	$\frac{70}{75} \times \frac{60}{20} \times \frac{110}{150}$	22.265	$\frac{25}{20} \times \frac{75}{80} \times \frac{95}{50}$	23.625	$\frac{75}{50} \times \frac{70}{100} \times \frac{90}{40}$

Pas	Nombre de dents des engrenages	Pas	Nombre de dents des engrenages	Pas	Nombre de dents des engrenages
millimètr.		millimètr.		millimètr.	
23.625	$\frac{150}{100}\times\frac{35}{50}\times\frac{45}{20}$	24.640	$\frac{140}{50}\times\frac{120}{100}\times\frac{110}{150}$	26.325	$\frac{90}{20}\times\frac{45}{100}\times\frac{65}{50}$
	$\frac{75}{25}\times\frac{35}{100}\times\frac{45}{20}$	25.080	$\frac{60}{100}\times\frac{95}{50}\times\frac{55}{25}$	26.444	$\frac{120}{80}\times\frac{140}{90}\times\frac{85}{75}$
	$\frac{90}{30}\times\frac{35}{100}\times\frac{45}{20}$		$\frac{60}{50}\times\frac{95}{100}\times\frac{55}{25}$		$\frac{60}{40}\times\frac{70}{45}\times\frac{85}{75}$
	$\frac{120}{40}\times\frac{35}{100}\times\frac{45}{20}$	25.277	$\frac{70}{50}\times\frac{65}{40}\times\frac{100}{90}$		$\frac{30}{20}\times\frac{70}{45}\times\frac{85}{75}$
23.698	$\frac{150}{80}\times\frac{140}{120}\times\frac{65}{20}$		$\frac{35}{25}\times\frac{65}{40}\times\frac{50}{45}$		$\frac{100}{60}\times\frac{140}{100}\times\frac{85}{75}$
	$\frac{75}{40}\times\frac{70}{60}\times\frac{65}{20}$		$\frac{140}{100}\times\frac{130}{80}\times\frac{100}{90}$		$\frac{50}{30}\times\frac{140}{100}\times\frac{85}{75}$
	$\frac{75}{40}\times\frac{35}{30}\times\frac{65}{20}$	25.312	$\frac{60}{80}\times\frac{90}{40}\times\frac{150}{100}$		$\frac{100}{60}\times\frac{70}{50}\times\frac{85}{75}$
23.906	$\frac{90}{20}\times\frac{50}{80}\times\frac{85}{100}$		$\frac{60}{80}\times\frac{45}{20}\times\frac{75}{50}$	26.719	$\frac{90}{40}\times\frac{100}{80}\times\frac{95}{100}$
	$\frac{90}{20}\times\frac{25}{40}\times\frac{85}{100}$		$\frac{30}{40}\times\frac{45}{20}\times\frac{75}{50}$		$\frac{45}{20}\times\frac{50}{40}\times\frac{95}{100}$
24.0625	$\frac{90}{60}\times\frac{140}{80}\times\frac{110}{120}$	25.650	$\frac{90}{100}\times\frac{120}{80}\times\frac{95}{50}$	26.775	$\frac{90}{200}\times\frac{140}{80}\times\frac{85}{25}$
	$\frac{45}{30}\times\frac{70}{40}\times\frac{55}{60}$		$\frac{45}{50}\times\frac{120}{40}\times\frac{95}{100}$		$\frac{45}{100}\times\frac{70}{40}\times\frac{85}{25}$
	$\frac{45}{30}\times\frac{35}{20}\times\frac{55}{60}$		$\frac{45}{50}\times\frac{60}{20}\times\frac{95}{100}$		$\frac{45}{50}\times\frac{70}{80}\times\frac{85}{25}$
24.300	$\frac{120}{80}\times\frac{90}{100}\times\frac{45}{25}$	25.666	$\frac{70}{60}\times\frac{75}{25}\times\frac{110}{150}$		$\frac{45}{50}\times\frac{35}{40}\times\frac{85}{25}$
	$\frac{120}{40}\times\frac{90}{100}\times\frac{45}{50}$		$\frac{35}{30}\times\frac{60}{20}\times\frac{55}{75}$	27.300	$\frac{30}{20}\times\frac{70}{100}\times\frac{130}{50}$
	$\frac{60}{40}\times\frac{90}{100}\times\frac{45}{25}$	25.920	$\frac{120}{75}\times\frac{90}{100}\times\frac{45}{25}$		$\frac{30}{20}\times\frac{35}{50}\times\frac{65}{25}$
	$\frac{30}{20}\times\frac{90}{100}\times\frac{45}{25}$	26.297	$\frac{90}{40}\times\frac{110}{80}\times\frac{85}{100}$		$\frac{30}{20}\times\frac{140}{200}\times\frac{130}{50}$
24.640	$\frac{70}{25}\times\frac{120}{100}\times\frac{55}{75}$		$\frac{45}{20}\times\frac{55}{40}\times\frac{85}{100}$		$\frac{60}{40}\times\frac{35}{50}\times\frac{65}{25}$
	$\frac{70}{25}\times\frac{60}{50}\times\frac{55}{75}$	26.325	$\frac{90}{40}\times\frac{45}{50}\times\frac{130}{100}$		$\frac{120}{80}\times\frac{35}{50}\times\frac{65}{25}$

Pas	Nombre de dents des engrenages	Pas	Nombre de dents des engrenages	Pas	Nombre de dents des engrenages
millimètr.		millimètr.		millimètr.	
27.377	$\frac{140}{75} \times \frac{120}{60} \times \frac{110}{150}$	27.625	$\frac{150}{75} \times \frac{65}{40} \times \frac{85}{100}$	28.350	$\frac{70}{20} \times \frac{90}{100} \times \frac{45}{50}$
	$\frac{140}{75} \times \frac{60}{30} \times \frac{110}{150}$		$\frac{200}{100} \times \frac{65}{40} \times \frac{85}{100}$	28.687	$\frac{90}{80} \times \frac{75}{100} \times \frac{85}{25}$
	$\frac{140}{75} \times \frac{50}{25} \times \frac{110}{150}$	27.743	$\frac{90}{30} \times \frac{70}{80} \times \frac{65}{60}$		$\frac{45}{40} \times \frac{75}{100} \times \frac{85}{25}$
	$\frac{140}{75} \times \frac{40}{20} \times \frac{110}{150}$		$\frac{120}{40} \times \frac{70}{80} \times \frac{65}{60}$		$\frac{45}{50} \times \frac{150}{200} \times \frac{85}{25}$
	$\frac{140}{75} \times \frac{80}{40} \times \frac{110}{150}$		$\frac{150}{50} \times \frac{70}{80} \times \frac{130}{120}$	28.875	$\frac{35}{80} \times \frac{75}{25} \times \frac{110}{50}$
	$\frac{140}{75} \times \frac{100}{50} \times \frac{110}{150}$		$\frac{75}{25} \times \frac{70}{80} \times \frac{65}{60}$		$\frac{35}{80} \times \frac{90}{30} \times \frac{55}{25}$
27.422	$\frac{90}{100} \times \frac{75}{40} \times \frac{130}{80}$		$\frac{60}{20} \times \frac{35}{40} \times \frac{130}{120}$		$\frac{35}{80} \times \frac{60}{20} \times \frac{55}{25}$
	$\frac{45}{50} \times \frac{150}{80} \times \frac{65}{40}$	27.844	$\frac{90}{80} \times \frac{45}{20} \times \frac{55}{50}$		$\frac{35}{80} \times \frac{120}{40} \times \frac{55}{25}$
27.562	$\frac{90}{20} \times \frac{70}{80} \times \frac{35}{50}$		$\frac{90}{20} \times \frac{45}{80} \times \frac{110}{100}$		$\frac{35}{80} \times \frac{150}{50} \times \frac{55}{25}$
	$\frac{90}{20} \times \frac{140}{80} \times \frac{35}{100}$	27.887	$\frac{75}{80} \times \frac{70}{40} \times \frac{85}{50}$	28.944	$\frac{65}{40} \times \frac{75}{80} \times \frac{95}{50}$
27.625	$\frac{120}{60} \times \frac{130}{80} \times \frac{85}{100}$		$\frac{75}{80} \times \frac{35}{20} \times \frac{85}{50}$		$\frac{65}{80} \times \frac{75}{40} \times \frac{95}{50}$
	$\frac{60}{30} \times \frac{65}{40} \times \frac{85}{100}$	28.080	$\frac{120}{100} \times \frac{90}{100} \times \frac{130}{50}$	29.166	$\frac{45}{30} \times \frac{140}{20} \times \frac{100}{60}$
	$\frac{50}{25} \times \frac{65}{40} \times \frac{85}{100}$		$\frac{60}{50} \times \frac{90}{100} \times \frac{65}{25}$		$\frac{90}{60} \times \frac{140}{20} \times \frac{50}{30}$
	$\frac{70}{35} \times \frac{65}{40} \times \frac{85}{100}$		$\frac{30}{25} \times \frac{90}{100} \times \frac{130}{50}$	29.400	$\frac{30}{50} \times \frac{70}{20} \times \frac{35}{25}$
	$\frac{90}{45} \times \frac{65}{40} \times \frac{85}{100}$		$\frac{120}{100} \times \frac{45}{50} \times \frac{65}{25}$		$\frac{60}{100} \times \frac{140}{40} \times \frac{70}{50}$
	$\frac{100}{50} \times \frac{65}{40} \times \frac{85}{100}$	28.166	$\frac{65}{50} \times \frac{130}{100} \times \frac{200}{120}$		$\frac{120}{200} \times \frac{70}{20} \times \frac{140}{100}$
	$\frac{110}{55} \times \frac{65}{40} \times \frac{85}{100}$		$\frac{65}{50} \times \frac{130}{100} \times \frac{100}{60}$	29.531	$\frac{75}{100} \times \frac{70}{20} \times \frac{90}{80}$
	$\frac{140}{70} \times \frac{65}{40} \times \frac{85}{100}$	28.350	$\frac{140}{40} \times \frac{90}{100} \times \frac{45}{50}$		$\frac{75}{100} \times \frac{70}{20} \times \frac{45}{40}$

Pas	Nombre de dents des engrenages	Pas	Nombre de dents des engrenages	Pas	Nombre de dents des engrenages
millimètr.		millimètr.		millimètr.	
29.531	$\frac{75}{100}\times\frac{140}{40}\times\frac{90}{80}$	29.925	$\frac{90}{100}\times\frac{140}{40}\times\frac{95}{100}$	31.500	$\frac{35}{50}\times\frac{45}{100}\times\frac{200}{20}$
29.555	$\frac{120}{30}\times\frac{35}{60}\times\frac{95}{75}$		$\frac{45}{50}\times\frac{70}{20}\times\frac{95}{100}$		$\frac{70}{100}\times\frac{45}{100}\times\frac{200}{20}$
	$\frac{120}{30}\times\frac{35}{75}\times\frac{95}{60}$	30.333	$\frac{80}{50}\times\frac{70}{60}\times\frac{65}{40}$	31.666	$\frac{120}{90}\times\frac{75}{50}\times\frac{95}{60}$
	$\frac{80}{20}\times\frac{35}{60}\times\frac{95}{75}$		$\frac{80}{50}\times\frac{35}{30}\times\frac{65}{40}$		$\frac{120}{90}\times\frac{150}{100}\times\frac{95}{60}$
	$\frac{100}{25}\times\frac{35}{60}\times\frac{95}{75}$		$\frac{80}{50}\times\frac{140}{120}\times\frac{65}{40}$		$\frac{120}{90}\times\frac{75}{100}\times\frac{95}{30}$
	$\frac{200}{50}\times\frac{35}{60}\times\frac{95}{75}$		$\frac{40}{25}\times\frac{35}{30}\times\frac{130}{80}$		$\frac{60}{45}\times\frac{75}{100}\times\frac{95}{30}$
	$\frac{140}{35}\times\frac{70}{120}\times\frac{95}{75}$		$\frac{40}{25}\times\frac{70}{60}\times\frac{130}{80}$	31.733	$\frac{100}{50}\times\frac{140}{100}\times\frac{85}{75}$
	$\frac{140}{35}\times\frac{70}{60}\times\frac{95}{150}$	30.375	$\frac{120}{80}\times\frac{90}{40}\times\frac{45}{50}$		$\frac{50}{25}\times\frac{140}{100}\times\frac{85}{75}$
29.687	$\frac{95}{120}\times\frac{100}{80}\times\frac{75}{25}$		$\frac{60}{40}\times\frac{45}{20}\times\frac{90}{100}$		$\frac{100}{50}\times\frac{35}{25}\times\frac{85}{75}$
	$\frac{95}{120}\times\frac{50}{40}\times\frac{90}{30}$		$\frac{30}{20}\times\frac{90}{40}\times\frac{45}{50}$		$\frac{40}{20}\times\frac{70}{50}\times\frac{85}{75}$
	$\frac{95}{60}\times\frac{50}{80}\times\frac{120}{40}$	30.469	$\frac{75}{40}\times\frac{100}{80}\times\frac{65}{50}$		$\frac{60}{30}\times\frac{70}{50}\times\frac{85}{75}$
	$\frac{95}{120}\times\frac{50}{40}\times\frac{60}{20}$		$\frac{150}{80}\times\frac{50}{40}\times\frac{65}{50}$		$\frac{80}{40}\times\frac{70}{50}\times\frac{85}{75}$
	$\frac{95}{120}\times\frac{100}{80}\times\frac{150}{50}$		$\frac{75}{40}\times\frac{25}{20}\times\frac{130}{100}$		$\frac{90}{45}\times\frac{35}{25}\times\frac{85}{75}$
29.700	$\frac{120}{80}\times\frac{90}{100}\times\frac{110}{50}$	30.937	$\frac{150}{80}\times\frac{75}{50}\times\frac{110}{100}$		$\frac{110}{55}\times\frac{35}{25}\times\frac{85}{75}$
	$\frac{60}{40}\times\frac{90}{100}\times\frac{65}{25}$		$\frac{75}{40}\times\frac{150}{100}\times\frac{55}{50}$		$\frac{120}{60}\times\frac{35}{25}\times\frac{85}{75}$
	$\frac{30}{20}\times\frac{45}{50}\times\frac{65}{25}$	31.200	$\frac{45}{30}\times\frac{60}{100}\times\frac{85}{50}$		$\frac{130}{65}\times\frac{35}{25}\times\frac{85}{75}$
29.866	$\frac{120}{150}\times\frac{80}{60}\times\frac{140}{50}$		$\frac{45}{30}\times\frac{120}{200}\times\frac{85}{50}$		$\frac{140}{70}\times\frac{35}{25}\times\frac{85}{75}$
	$\frac{60}{75}\times\frac{40}{30}\times\frac{70}{25}$		$\frac{90}{60}\times\frac{120}{200}\times\frac{85}{50}$	31.875	$\frac{90}{60}\times\frac{100}{80}\times\frac{85}{50}$

Pas	Nombre de dents des engrenages	Pas	Nombre de dents des engrenages	Pas	Nombre de dents des engrenages
millimètr.		millimètr.		millimètr.	
31.875	$\frac{45}{30} \times \frac{100}{80} \times \frac{85}{50}$	32.760	$\frac{45}{50} \times \frac{140}{100} \times \frac{65}{25}$	33	$\frac{50}{25} \times \frac{60}{20} \times \frac{110}{200}$
	$\frac{45}{30} \times \frac{25}{20} \times \frac{85}{50}$		$\frac{90}{100} \times \frac{70}{50} \times \frac{65}{25}$		$\frac{40}{20} \times \frac{90}{30} \times \frac{110}{200}$
32	$\frac{30}{75} \times \frac{40}{50} \times \frac{200}{20}$		$\frac{90}{100} \times \frac{35}{25} \times \frac{130}{50}$	33.250	$\frac{60}{30} \times \frac{70}{40} \times \frac{95}{100}$
	$\frac{30}{75} \times \frac{20}{25} \times \frac{200}{20}$	32.812	$\frac{90}{120} \times \frac{140}{80} \times \frac{100}{40}$		$\frac{70}{35} \times \frac{140}{80} \times \frac{95}{100}$
	$\frac{60}{150} \times \frac{40}{50} \times \frac{200}{20}$		$\frac{45}{60} \times \frac{70}{40} \times \frac{50}{20}$		$\frac{100}{50} \times \frac{35}{20} \times \frac{95}{100}$
	$\frac{30}{75} \times \frac{80}{100} \times \frac{200}{20}$	32.914	$\frac{80}{25} \times \frac{120}{100} \times \frac{60}{70}$		$\frac{120}{60} \times \frac{35}{20} \times \frac{95}{100}$
	$\frac{60}{150} \times \frac{80}{100} \times \frac{200}{20}$		$\frac{80}{25} \times \frac{60}{50} \times \frac{30}{35}$	33.333	$\frac{200}{150} \times \frac{100}{120} \times \frac{75}{25}$
32.0625	$\frac{90}{40} \times \frac{120}{80} \times \frac{95}{100}$	33	$\frac{30}{50} \times \frac{55}{100} \times \frac{200}{20}$		$\frac{100}{75} \times \frac{50}{60} \times \frac{90}{30}$
	$\frac{45}{20} \times \frac{60}{40} \times \frac{95}{100}$		$\frac{60}{100} \times \frac{55}{100} \times \frac{200}{20}$		$\frac{100}{75} \times \frac{25}{30} \times \frac{60}{20}$
	$\frac{45}{20} \times \frac{60}{80} \times \frac{95}{50}$		$\frac{100}{50} \times \frac{75}{25} \times \frac{55}{100}$	33.469	$\frac{90}{40} \times \frac{140}{80} \times \frac{85}{100}$
32.400	$\frac{120}{200} \times \frac{90}{100} \times \frac{150}{25}$		$\frac{200}{100} \times \frac{90}{30} \times \frac{55}{100}$		$\frac{45}{20} \times \frac{70}{40} \times \frac{85}{100}$
	$\frac{60}{100} \times \frac{45}{50} \times \frac{150}{25}$		$\frac{150}{75} \times \frac{60}{20} \times \frac{55}{100}$		$\frac{90}{40} \times \frac{35}{20} \times \frac{85}{100}$
	$\frac{30}{50} \times \frac{90}{100} \times \frac{150}{25}$		$\frac{140}{70} \times \frac{75}{25} \times \frac{55}{100}$		$\frac{45}{20} \times \frac{70}{80} \times \frac{85}{50}$
	$\frac{120}{40} \times \frac{90}{100} \times \frac{60}{50}$		$\frac{120}{60} \times \frac{90}{30} \times \frac{55}{100}$	33.600	$\frac{120}{200} \times \frac{140}{40} \times \frac{80}{50}$
	$\frac{120}{40} \times \frac{45}{50} \times \frac{30}{25}$		$\frac{90}{45} \times \frac{60}{20} \times \frac{55}{100}$		$\frac{60}{100} \times \frac{70}{20} \times \frac{40}{25}$
	$\frac{60}{20} \times \frac{45}{50} \times \frac{30}{25}$		$\frac{80}{40} \times \frac{150}{50} \times \frac{55}{100}$		$\frac{30}{50} \times \frac{70}{20} \times \frac{40}{25}$
	$\frac{90}{30} \times \frac{45}{50} \times \frac{120}{100}$		$\frac{70}{35} \times \frac{120}{40} \times \frac{55}{100}$	33.750	$\frac{75}{50} \times \frac{100}{40} \times \frac{90}{100}$
32.760	$\frac{90}{100} \times \frac{140}{100} \times \frac{130}{50}$		$\frac{60}{30} \times \frac{75}{25} \times \frac{55}{100}$		$\frac{150}{100} \times \frac{50}{20} \times \frac{90}{100}$

Pas	Nombre de dents des engrenages	Pas	Nombre de dents des engrenages	Pas	Nombre de dents des engrenages
millimètr.		millimètr.		millimètr.	
33.800	$\frac{65}{50}\times\frac{130}{100}\times\frac{200}{100}$	34.200	$\frac{90}{30}\times\frac{60}{100}\times\frac{95}{50}$	34.734	$\frac{95}{40}\times\frac{90}{100}\times\frac{130}{80}$
	$\frac{130}{100}\times\frac{65}{50}\times\frac{150}{75}$		$\frac{60}{20}\times\frac{120}{200}\times\frac{95}{50}$		$\frac{95}{40}\times\frac{45}{50}\times\frac{130}{80}$
	$\frac{130}{100}\times\frac{65}{50}\times\frac{120}{60}$		$\frac{75}{25}\times\frac{60}{100}\times\frac{95}{50}$	35	$\frac{120}{80}\times\frac{70}{90}\times\frac{150}{50}$
	$\frac{130}{100}\times\frac{65}{50}\times\frac{90}{45}$		$\frac{120}{40}\times\frac{60}{100}\times\frac{95}{50}$		$\frac{60}{40}\times\frac{35}{45}\times\frac{90}{30}$
	$\frac{130}{100}\times\frac{65}{50}\times\frac{80}{40}$		$\frac{90}{30}\times\frac{30}{100}\times\frac{95}{25}$		$\frac{30}{20}\times\frac{35}{45}\times\frac{75}{25}$
	$\frac{130}{100}\times\frac{65}{50}\times\frac{70}{35}$	34.531	$\frac{100}{40}\times\frac{65}{80}\times\frac{85}{50}$		$\frac{30}{20}\times\frac{35}{45}\times\frac{120}{40}$
	$\frac{130}{100}\times\frac{65}{50}\times\frac{40}{20}$		$\frac{100}{80}\times\frac{65}{40}\times\frac{85}{50}$		$\frac{120}{80}\times\frac{35}{45}\times\frac{60}{20}$
34	$\frac{90}{30}\times\frac{80}{60}\times\frac{85}{100}$		$\frac{50}{40}\times\frac{130}{80}\times\frac{85}{50}$	35.0625	$\frac{90}{60}\times\frac{110}{80}\times\frac{85}{50}$
	$\frac{120}{40}\times\frac{80}{60}\times\frac{85}{100}$	34.066	$\frac{100}{50}\times\frac{80}{60}\times\frac{130}{100}$		$\frac{45}{30}\times\frac{55}{40}\times\frac{85}{50}$
	$\frac{75}{25}\times\frac{40}{30}\times\frac{85}{100}$		$\frac{200}{100}\times\frac{40}{30}\times\frac{65}{50}$		$\frac{90}{60}\times\frac{55}{80}\times\frac{85}{25}$
	$\frac{150}{50}\times\frac{40}{30}\times\frac{85}{100}$		$\frac{150}{75}\times\frac{40}{30}\times\frac{65}{50}$	35.100	$\frac{120}{80}\times\frac{90}{100}\times\frac{130}{50}$
	$\frac{60}{20}\times\frac{40}{30}\times\frac{85}{100}$		$\frac{140}{70}\times\frac{40}{30}\times\frac{65}{50}$		$\frac{60}{40}\times\frac{45}{50}\times\frac{65}{25}$
	$\frac{150}{25}\times\frac{40}{60}\times\frac{85}{100}$		$\frac{120}{60}\times\frac{40}{30}\times\frac{65}{50}$		$\frac{30}{20}\times\frac{45}{50}\times\frac{65}{25}$
34.125	$\frac{90}{30}\times\frac{140}{80}\times\frac{130}{200}$		$\frac{110}{55}\times\frac{40}{30}\times\frac{65}{50}$	35.200	$\frac{120}{50}\times\frac{100}{25}\times\frac{55}{150}$
	$\frac{75}{25}\times\frac{70}{40}\times\frac{65}{100}$		$\frac{90}{45}\times\frac{40}{30}\times\frac{65}{50}$		$\frac{60}{25}\times\frac{200}{50}\times\frac{55}{150}$
	$\frac{150}{50}\times\frac{35}{20}\times\frac{65}{100}$		$\frac{70}{35}\times\frac{40}{30}\times\frac{65}{50}$	35.260	$\frac{100}{50}\times\frac{140}{90}\times\frac{85}{75}$
	$\frac{120}{40}\times\frac{35}{20}\times\frac{65}{100}$		$\frac{50}{25}\times\frac{40}{30}\times\frac{130}{100}$		$\frac{200}{100}\times\frac{70}{45}\times\frac{85}{75}$
	$\frac{60}{20}\times\frac{70}{40}\times\frac{65}{100}$		$\frac{40}{20}\times\frac{80}{60}\times\frac{130}{100}$		$\frac{50}{25}\times\frac{70}{45}\times\frac{85}{75}$

Pas	Nombre de dents des engrenages	Pas	Nombre de dents des engrenages	Pas	Nombre de dents des engrenages
millimètr.		millimètr		millimètr.	
35.260	$\frac{80}{40} \times \frac{70}{45} \times \frac{85}{75}$	35.840	$\frac{30}{25} \times \frac{80}{75} \times \frac{140}{50}$	36,750	$\frac{30}{20} \times \frac{70}{40} \times \frac{35}{25}$
	$\frac{40}{20} \times \frac{70}{45} \times \frac{85}{75}$	35.856	$\frac{90}{20} \times \frac{75}{80} \times \frac{85}{100}$	36,833	$\frac{120}{90} \times \frac{130}{80} \times \frac{85}{50}$
35.360	$\frac{120}{150} \times \frac{130}{100} \times \frac{85}{25}$	36	$\frac{60}{20} \times \frac{75}{50} \times \frac{120}{150}$		$\frac{60}{45} \times \frac{65}{40} \times \frac{85}{50}$
	$\frac{60}{75} \times \frac{65}{50} \times \frac{85}{25}$		$\frac{90}{30} \times \frac{150}{100} \times \frac{60}{75}$	36,960	$\frac{70}{25} \times \frac{90}{50} \times \frac{110}{150}$
35.437	$\frac{140}{80} \times \frac{90}{40} \times \frac{45}{50}$		$\frac{120}{40} \times \frac{150}{100} \times \frac{60}{75}$		$\frac{70}{25} \times \frac{90}{50} \times \frac{55}{75}$
	$\frac{70}{40} \times \frac{45}{20} \times \frac{90}{100}$	36.094	$\frac{90}{120} \times \frac{140}{80} \times \frac{110}{40}$	37.125	$\frac{120}{80} \times \frac{90}{40} \times \frac{55}{50}$
	$\frac{35}{20} \times \frac{90}{40} \times \frac{45}{50}$		$\frac{45}{60} \times \frac{70}{40} \times \frac{55}{20}$		$\frac{120}{80} \times \frac{90}{40} \times \frac{110}{100}$
35.547	$\frac{150}{80} \times \frac{35}{60} \times \frac{130}{40}$	36.266	$\frac{120}{90} \times \frac{80}{100} \times \frac{85}{25}$		$\frac{60}{40} \times \frac{45}{-20} \times \frac{55}{50}$
	$\frac{75}{40} \times \frac{70}{120} \times \frac{65}{20}$		$\frac{60}{45} \times \frac{60}{50} \times \frac{85}{25}$	37.187	$\frac{150}{80} \times \frac{140}{120} \times \frac{85}{50}$
35.625	$\frac{90}{60} \times \frac{100}{80} \times \frac{95}{50}$	36.562	$\frac{65}{40} \times \frac{90}{80} \times \frac{100}{50}$		$\frac{75}{40} \times \frac{70}{60} \times \frac{85}{50}$
	$\frac{45}{30} \times \frac{25}{20} \times \frac{95}{50}$		$\frac{130}{80} \times \frac{45}{40} \times \frac{200}{100}$		$\frac{75}{40} \times \frac{35}{30} \times \frac{85}{50}$
35.700	$\frac{60}{100} \times \frac{140}{80} \times \frac{85}{25}$		$\frac{65}{40} \times \frac{90}{80} \times \frac{120}{60}$	37.333	$\frac{80}{100} \times \frac{70}{90} \times \frac{150}{25}$
	$\frac{30}{50} \times \frac{70}{40} \times \frac{85}{25}$		$\frac{65}{40} \times \frac{90}{80} \times \frac{110}{55}$		$\frac{40}{50} \times \frac{70}{90} \times \frac{150}{25}$
	$\frac{30}{50} \times \frac{35}{20} \times \frac{85}{25}$		$\frac{65}{40} \times \frac{90}{80} \times \frac{70}{35}$		$\frac{30}{25} \times \frac{35}{45} \times \frac{120}{20}$
35.750	$\frac{110}{50} \times \frac{65}{100} \times \frac{200}{40}$		$\frac{65}{40} \times \frac{90}{80} \times \frac{60}{30}$		$\frac{30}{50} \times \frac{70}{45} \times \frac{120}{20}$
	$\frac{55}{25} \times \frac{65}{100} \times \frac{100}{20}$		$\frac{65}{40} \times \frac{90}{80} \times \frac{50}{25}$	37.406	$\frac{90}{80} \times \frac{140}{40} \times \frac{95}{100}$
35.840	$\frac{120}{100} \times \frac{80}{150} \times \frac{140}{25}$	36.750	$\frac{120}{80} \times \frac{70}{40} \times \frac{140}{100}$		$\frac{45}{40} \times \frac{70}{20} \times \frac{95}{100}$
	$\frac{60}{50} \times \frac{40}{75} \times \frac{140}{25}$		$\frac{60}{40} \times \frac{35}{20} \times \frac{70}{50}$		$\frac{90}{80} \times \frac{70}{40} \times \frac{95}{50}$

Pas	Nombre de dents des engrenages		
millimètr.			
37.500	$\frac{100}{40}$	$\times \frac{50}{100}$	$\times \frac{75}{25}$
	$\frac{200}{80}$	$\times \frac{75}{150}$	$\times \frac{90}{30}$
	$\frac{50}{20}$	$\times \frac{70}{140}$	$\times \frac{120}{40}$
	$\frac{50}{20}$	$\times \frac{60}{120}$	$\times \frac{75}{25}$
	$\frac{50}{20}$	$\times \frac{55}{110}$	$\times \frac{90}{30}$
	$\frac{100}{40}$	$\times \frac{45}{90}$	$\times \frac{60}{20}$
	$\frac{50}{20}$	$\times \frac{40}{80}$	$\times \frac{75}{25}$
	$\frac{50}{20}$	$\times \frac{35}{70}$	$\times \frac{120}{40}$
	$\frac{50}{20}$	$\times \frac{30}{60}$	$\times \frac{75}{25}$
	$\frac{100}{40}$	$\times \frac{25}{50}$	$\times \frac{60}{20}$
37.555	$\frac{65}{50}$	$\times \frac{130}{100}$	$\times \frac{200}{90}$
	$\frac{65}{50}$	$\times \frac{130}{100}$	$\times \frac{100}{45}$
37.683	$\frac{95}{40}$	$\times \frac{140}{100}$	$\times \frac{85}{75}$
	$\frac{95}{40}$	$\times \frac{70}{50}$	$\times \frac{85}{75}$
	$\frac{95}{40}$	$\times \frac{35}{25}$	$\times \frac{85}{75}$
	$\frac{95}{20}$	$\times \frac{70}{100}$	$\times \frac{85}{75}$
37.800	$\frac{120}{80}$	$\times \frac{70}{100}$	$\times \frac{90}{25}$
	$\frac{60}{40}$	$\times \frac{35}{50}$	$\times \frac{90}{25}$

Pas	Nombre de dents des engrenages		
millimètr.			
37.800	$\frac{30}{20}$	$\times \frac{35}{50}$	$\times \frac{90}{25}$
37.969	$\frac{90}{20}$	$\times \frac{45}{80}$	$\times \frac{75}{50}$
	$\frac{90}{20}$	$\times \frac{45}{80}$	$\times \frac{150}{100}$
38	$\frac{40}{100}$	$\times \frac{95}{100}$	$\times \frac{200}{20}$
	$\frac{40}{100}$	$\times \frac{95}{50}$	$\times \frac{100}{20}$
	$\frac{40}{50}$	$\times \frac{95}{100}$	$\times \frac{100}{20}$
	$\frac{20}{25}$	$\times \frac{95}{100}$	$\times \frac{200}{40}$
	$\frac{120}{30}$	$\times \frac{60}{80}$	$\times \frac{85}{50}$
	$\frac{140}{35}$	$\times \frac{30}{40}$	$\times \frac{85}{50}$
	$\frac{100}{25}$	$\times \frac{30}{40}$	$\times \frac{85}{50}$
	$\frac{80}{20}$	$\times \frac{30}{40}$	$\times \frac{85}{50}$
38.250	$\frac{120}{40}$	$\times \frac{60}{80}$	$\times \frac{85}{50}$
	$\frac{60}{20}$	$\times \frac{30}{40}$	$\times \frac{85}{50}$
38.500	$\frac{55}{100}$	$\times \frac{70}{100}$	$\times \frac{200}{20}$
	$\frac{55}{100}$	$\times \frac{35}{50}$	$\times \frac{200}{20}$
	$\frac{110}{100}$	$\times \frac{35}{100}$	$\times \frac{200}{20}$
38.594	$\frac{65}{80}$	$\times \frac{95}{100}$	$\times \frac{100}{20}$
	$\frac{65}{80}$	$\times \frac{95}{100}$	$\times \frac{200}{40}$

Pas	Nombre de dents des engrenages		
millimètr.			
38.672	$\frac{150}{80}$	$\times \frac{75}{100}$	$\times \frac{110}{40}$
	$\frac{75}{40}$	$\times \frac{150}{200}$	$\times \frac{55}{20}$
38.880	$\frac{120}{25}$	$\times \frac{90}{100}$	$\times \frac{45}{50}$
	$\frac{120}{25}$	$\times \frac{90}{50}$	$\times \frac{45}{100}$
39	$\frac{120}{40}$	$\times \frac{100}{100}$	$\times \frac{65}{50}$
	$\frac{60}{100}$	$\times \frac{65}{100}$	$\times \frac{200}{20}$
	$\frac{30}{50}$	$\times \frac{65}{100}$	$\times \frac{200}{20}$
	$\frac{30}{50}$	$\times \frac{130}{100}$	$\times \frac{200}{40}$
	$\frac{90}{150}$	$\times \frac{65}{100}$	$\times \frac{200}{20}$
	$\frac{45}{75}$	$\times \frac{65}{100}$	$\times \frac{200}{20}$
39.200	$\frac{35}{50}$	$\times \frac{70}{25}$	$\times \frac{20}{40}$
	$\frac{70}{100}$	$\times \frac{140}{50}$	$\times \frac{80}{40}$
	$\frac{35}{50}$	$\times \frac{70}{25}$	$\times \frac{40}{20}$
	$\frac{35}{50}$	$\times \frac{70}{25}$	$\times \frac{60}{30}$
	$\frac{35}{50}$	$\times \frac{70}{25}$	$\times \frac{90}{45}$
	$\frac{35}{50}$	$\times \frac{70}{25}$	$\times \frac{110}{55}$
	$\frac{35}{50}$	$\times \frac{70}{25}$	$\times \frac{120}{60}$
39.375	$\frac{75}{50}$	$\times \frac{70}{60}$	$\times \frac{90}{40}$

Pas	Nombre de dents des engrenages	Pas	Nombre de dents des engrenages	Pas	Nombre de dents des engrenages
millimètr.		millimètr.		millimètr.	
39.375	$\frac{150}{100} \times \frac{140}{120} \times \frac{90}{40}$	40	$\frac{140}{70} \times \frac{120}{100} \times \frac{50}{30}$	40.500	$\frac{60}{40} \times \frac{45}{30} \times \frac{90}{50}$
	$\frac{75}{50} \times \frac{35}{30} \times \frac{45}{20}$		$\frac{130}{65} \times \frac{30}{25} \times \frac{100}{60}$		$\frac{120}{40} \times \frac{90}{60} \times \frac{45}{50}$
39.600	$\frac{120}{200} \times \frac{75}{25} \times \frac{110}{50}$		$\frac{90}{45} \times \frac{30}{25} \times \frac{100}{60}$		$\frac{30}{20} \times \frac{90}{60} \times \frac{45}{50}$
	$\frac{60}{100} \times \frac{90}{30} \times \frac{55}{25}$		$\frac{80}{40} \times \frac{30}{25} \times \frac{100}{60}$	40.533	$\frac{120}{45} \times \frac{60}{50} \times \frac{95}{75}$
	$\frac{30}{50} \times \frac{120}{40} \times \frac{55}{25}$		$\frac{70}{35} \times \frac{30}{25} \times \frac{100}{60}$		$\frac{120}{45} \times \frac{30}{25} \times \frac{95}{75}$
	$\frac{30}{50} \times \frac{60}{20} \times \frac{55}{25}$		$\frac{40}{20} \times \frac{30}{25} \times \frac{100}{60}$	40.800	$\frac{90}{60} \times \frac{80}{100} \times \frac{85}{25}$
	$\frac{60}{100} \times \frac{150}{50} \times \frac{55}{25}$		$\frac{25}{50} \times \frac{80}{100} \times \frac{200}{20}$		$\frac{45}{30} \times \frac{40}{50} \times \frac{85}{25}$
39.666	$\frac{60}{80} \times \frac{140}{90} \times \frac{85}{25}$		$\frac{30}{60} \times \frac{40}{50} \times \frac{200}{20}$		$\frac{45}{60} \times \frac{80}{50} \times \frac{85}{25}$
	$\frac{30}{40} \times \frac{70}{45} \times \frac{85}{25}$		$\frac{35}{70} \times \frac{40}{25} \times \frac{100}{20}$		$\frac{90}{120} \times \frac{80}{50} \times \frac{85}{25}$
	$\frac{100}{40} \times \frac{140}{100} \times \frac{85}{75}$		$\frac{50}{100} \times \frac{40}{25} \times \frac{100}{20}$	40.950	$\frac{90}{20} \times \frac{35}{100} \times \frac{130}{50}$
	$\frac{100}{40} \times \frac{70}{50} \times \frac{85}{75}$		$\frac{45}{90} \times \frac{40}{25} \times \frac{100}{20}$		$\frac{90}{20} \times \frac{30}{100} \times \frac{65}{25}$
39.900	$\frac{60}{100} \times \frac{140}{80} \times \frac{95}{25}$		$\frac{60}{120} \times \frac{40}{25} \times \frac{100}{20}$		$\frac{90}{20} \times \frac{70}{200} \times \frac{65}{25}$
	$\frac{30}{50} \times \frac{70}{40} \times \frac{95}{25}$		$\frac{70}{140} \times \frac{40}{25} \times \frac{100}{20}$	41.066	$\frac{140}{150} \times \frac{120}{20} \times \frac{55}{75}$
	$\frac{30}{50} \times \frac{35}{20} \times \frac{95}{25}$		$\frac{75}{150} \times \frac{40}{25} \times \frac{100}{20}$		$\frac{140}{150} \times \frac{120}{40} \times \frac{110}{75}$
	$\frac{90}{150} \times \frac{70}{40} \times \frac{95}{25}$		$\frac{100}{200} \times \frac{40}{25} \times \frac{100}{20}$	41.250	$\frac{100}{40} \times \frac{75}{50} \times \frac{110}{100}$
	$\frac{45}{75} \times \frac{35}{20} \times \frac{95}{25}$	40.078	$\frac{45}{40} \times \frac{150}{80} \times \frac{95}{50}$		$\frac{50}{20} \times \frac{75}{25} \times \frac{55}{100}$
40	$\frac{100}{50} \times \frac{120}{100} \times \frac{100}{60}$		$\frac{90}{80} \times \frac{75}{40} \times \frac{95}{50}$		$\frac{50}{20} \times \frac{90}{30} \times \frac{55}{100}$
	$\frac{150}{75} \times \frac{120}{100} \times \frac{50}{30}$	40.500	$\frac{120}{80} \times \frac{90}{60} \times \frac{45}{25}$		$\frac{100}{40} \times \frac{60}{20} \times \frac{55}{100}$

Pas	Nombre de dents des engrenages	Pas	Nombre de dents des engrenages	Pas	Nombre de dents des engrenages
millimètr.		millimètr.		millimètr.	
41.250	$\frac{50}{20} \times \frac{120}{40} \times \frac{55}{100}$	42	$\frac{45}{30} \times \frac{70}{20} \times \frac{40}{50}$	42.750	$\frac{90}{60} \times \frac{120}{80} \times \frac{95}{50}$
	$\frac{200}{80} \times \frac{150}{100} \times \frac{110}{100}$		$\frac{45}{30} \times \frac{140}{40} \times \frac{20}{25}$		$\frac{45}{30} \times \frac{60}{40} \times \frac{95}{50}$
41.437	$\frac{120}{40} \times \frac{130}{80} \times \frac{85}{100}$	42.075	$\frac{90}{100} \times \frac{110}{40} \times \frac{85}{50}$	43.200	$\frac{60}{100} \times \frac{75}{25} \times \frac{120}{50}$
	$\frac{60}{20} \times \frac{65}{40} \times \frac{85}{100}$		$\frac{90}{100} \times \frac{55}{20} \times \frac{85}{50}$		$\frac{60}{100} \times \frac{90}{30} \times \frac{120}{50}$
	$\frac{75}{25} \times \frac{65}{40} \times \frac{85}{100}$	42.120	$\frac{90}{25} \times \frac{45}{100} \times \frac{130}{50}$		$\frac{30}{50} \times \frac{120}{40} \times \frac{60}{25}$
	$\frac{90}{30} \times \frac{65}{40} \times \frac{85}{100}$	42.187	$\frac{90}{100} \times \frac{100}{80} \times \frac{75}{20}$	43.225	$\frac{65}{50} \times \frac{70}{80} \times \frac{95}{25}$
41.562	$\frac{95}{80} \times \frac{50}{40} \times \frac{70}{25}$		$\frac{90}{100} \times \frac{50}{40} \times \frac{75}{20}$		$\frac{65}{50} \times \frac{35}{40} \times \frac{95}{25}$
	$\frac{95}{80} \times \frac{25}{20} \times \frac{140}{50}$		$\frac{45}{50} \times \frac{25}{20} \times \frac{150}{40}$		$\frac{130}{100} \times \frac{35}{40} \times \frac{95}{25}$
41.600	$\frac{100}{25} \times \frac{80}{100} \times \frac{65}{50}$	42.250	$\frac{65}{50} \times \frac{130}{100} \times \frac{200}{80}$	43.333	$\frac{120}{40} \times \frac{100}{60} \times \frac{65}{75}$
	$\frac{80}{20} \times \frac{40}{50} \times \frac{130}{100}$		$\frac{65}{50} \times \frac{130}{100} \times \frac{100}{40}$		$\frac{60}{20} \times \frac{50}{30} \times \frac{65}{75}$
	$\frac{120}{30} \times \frac{80}{100} \times \frac{65}{50}$	42.311	$\frac{100}{25} \times \frac{140}{150} \times \frac{85}{75}$		$\frac{90}{30} \times \frac{100}{60} \times \frac{65}{75}$
	$\frac{140}{35} \times \frac{80}{100} \times \frac{65}{50}$		$\frac{80}{20} \times \frac{140}{150} \times \frac{85}{75}$		$\frac{150}{50} \times \frac{100}{60} \times \frac{65}{75}$
	$\frac{200}{50} \times \frac{80}{100} \times \frac{130}{100}$		$\frac{120}{30} \times \frac{140}{150} \times \frac{85}{75}$	43.555	$\frac{70}{45} \times \frac{140}{100} \times \frac{100}{50}$
41.666	$\frac{100}{60} \times \frac{100}{120} \times \frac{150}{50}$	42.500	$\frac{90}{30} \times \frac{100}{120} \times \frac{85}{50}$		$\frac{70}{45} \times \frac{140}{100} \times \frac{80}{40}$
	$\frac{50}{30} \times \frac{100}{120} \times \frac{75}{25}$		$\frac{75}{25} \times \frac{100}{60} \times \frac{85}{100}$		$\frac{140}{90} \times \frac{70}{50} \times \frac{60}{30}$
	$\frac{50}{30} \times \frac{100}{120} \times \frac{60}{20}$		$\frac{120}{40} \times \frac{50}{30} \times \frac{85}{100}$		$\frac{70}{45} \times \frac{140}{100} \times \frac{40}{20}$
	$\frac{100}{60} \times \frac{100}{120} \times \frac{90}{30}$	42.656	$\frac{90}{120} \times \frac{140}{80} \times \frac{130}{40}$		$\frac{70}{45} \times \frac{140}{100} \times \frac{150}{75}$
42	$\frac{90}{60} \times \frac{70}{20} \times \frac{80}{100}$		$\frac{45}{60} \times \frac{70}{40} \times \frac{65}{20}$	43.750	$\frac{90}{60} \times \frac{140}{120} \times \frac{200}{80}$

Pas	Nombre de dents des engrenages	Pas	Nombre de dents des engrenages	Pas	Nombre de dents des engrenages
millimètr.		millimètr.		millimètr.	
43.750	$\frac{45}{30} \times \frac{70}{60} \times \frac{100}{40}$	44.333	$\frac{30}{45} \times \frac{70}{20} \times \frac{95}{50}$	44.800	$\frac{60}{50} \times \frac{40}{30} \times \frac{70}{25}$
	$\frac{90}{60} \times \frac{35}{30} \times \frac{50}{20}$		$\frac{30}{45} \times \frac{35}{20} \times \frac{95}{25}$		$\frac{30}{25} \times \frac{80}{60} \times \frac{140}{50}$
	$\frac{45}{30} \times \frac{70}{60} \times \frac{50}{20}$		$\frac{150}{75} \times \frac{70}{120} \times \frac{95}{25}$	45	$\frac{90}{100} \times \frac{100}{60} \times \frac{75}{25}$
43.875	$\frac{90}{40} \times \frac{120}{100} \times \frac{130}{80}$	44.531	$\frac{95}{80} \times \frac{100}{40} \times \frac{75}{50}$		$\frac{45}{50} \times \frac{100}{60} \times \frac{120}{40}$
	$\frac{45}{20} \times \frac{60}{50} \times \frac{65}{40}$		$\frac{95}{80} \times \frac{200}{40} \times \frac{75}{100}$		$\frac{90}{100} \times \frac{50}{30} \times \frac{60}{20}$
	$\frac{45}{20} \times \frac{30}{25} \times \frac{65}{40}$		$\frac{50}{40} \times \frac{75}{80} \times \frac{95}{25}$		$\frac{45}{50} \times \frac{100}{60} \times \frac{90}{30}$
44	$\frac{80}{60} \times \frac{75}{25} \times \frac{110}{100}$	44.625	$\frac{60}{40} \times \frac{140}{80} \times \frac{85}{50}$		$\frac{90}{100} \times \frac{100}{60} \times \frac{150}{50}$
	$\frac{40}{30} \times \frac{60}{20} \times \frac{55}{50}$		$\frac{30}{20} \times \frac{70}{40} \times \frac{85}{50}$	45.333	$\frac{120}{40} \times \frac{80}{60} \times \frac{85}{75}$
	$\frac{80}{60} \times \frac{90}{30} \times \frac{55}{50}$		$\frac{120}{80} \times \frac{70}{40} \times \frac{85}{50}$		$\frac{150}{50} \times \frac{40}{30} \times \frac{85}{75}$
	$\frac{40}{30} \times \frac{120}{40} \times \frac{55}{50}$		$\frac{60}{40} \times \frac{35}{20} \times \frac{85}{50}$		$\frac{60}{20} \times \frac{40}{30} \times \frac{85}{75}$
	$\frac{80}{60} \times \frac{150}{50} \times \frac{110}{100}$		$\frac{60}{20} \times \frac{35}{80} \times \frac{85}{25}$		$\frac{75}{25} \times \frac{80}{30} \times \frac{85}{150}$
44.100	$\frac{90}{50} \times \frac{70}{40} \times \frac{35}{25}$		$\frac{90}{30} \times \frac{35}{80} \times \frac{85}{25}$		$\frac{90}{30} \times \frac{80}{60} \times \frac{85}{75}$
	$\frac{90}{100} \times \frac{70}{20} \times \frac{35}{25}$		$\frac{120}{40} \times \frac{35}{80} \times \frac{85}{25}$	45.500	$\frac{90}{30} \times \frac{140}{120} \times \frac{130}{100}$
	$\frac{45}{25} \times \frac{35}{20} \times \frac{70}{50}$		$\frac{150}{50} \times \frac{35}{80} \times \frac{85}{25}$		$\frac{75}{25} \times \frac{70}{60} \times \frac{65}{50}$
	$\frac{90}{50} \times \frac{140}{80} \times \frac{35}{25}$	44.687	$\frac{55}{20} \times \frac{65}{100} \times \frac{100}{40}$		$\frac{60}{20} \times \frac{35}{30} \times \frac{65}{50}$
44.200	$\frac{120}{60} \times \frac{130}{100} \times \frac{85}{50}$		$\frac{110}{40} \times \frac{130}{200} \times \frac{50}{20}$		$\frac{120}{40} \times \frac{35}{30} \times \frac{65}{50}$
	$\frac{60}{30} \times \frac{130}{50} \times \frac{85}{100}$		$\frac{110}{40} \times \frac{65}{100} \times \frac{50}{20}$		$\frac{150}{50} \times \frac{35}{30} \times \frac{130}{100}$
44.333	$\frac{60}{90} \times \frac{70}{20} \times \frac{95}{50}$	44.800	$\frac{120}{100} \times \frac{80}{60} \times \frac{140}{50}$	45.600	$\frac{20}{50} \times \frac{120}{40} \times \frac{95}{25}$

Pas	Nombre de dents des engrenages	Pas	Nombre de dents des engrenages	Pas	Nombre de dents des engrenages
millimètr. 45.600	$\frac{40}{100} \times \frac{90}{30} \times \frac{95}{25}$	millimètr. 46.666	$\frac{40}{20} \times \frac{35}{45} \times \frac{120}{40}$	millimètr. 47.250	$\frac{150}{50} \times \frac{70}{100} \times \frac{45}{20}$
	$\frac{80}{200} \times \frac{150}{50} \times \frac{95}{25}$		$\frac{50}{25} \times \frac{35}{45} \times \frac{90}{30}$		$\frac{120}{40} \times \frac{35}{50} \times \frac{45}{20}$
	$\frac{40}{100} \times \frac{60}{20} \times \frac{95}{25}$		$\frac{80}{40} \times \frac{35}{45} \times \frac{60}{20}$		$\frac{90}{30} \times \frac{35}{50} \times \frac{45}{20}$
45.900	$\frac{90}{100} \times \frac{75}{50} \times \frac{85}{25}$		$\frac{100}{50} \times \frac{35}{45} \times \frac{75}{25}$		$\frac{60}{20} \times \frac{35}{50} \times \frac{90}{40}$
	$\frac{45}{50} \times \frac{150}{100} \times \frac{85}{25}$		$\frac{110}{55} \times \frac{35}{45} \times \frac{60}{20}$	47.396	$\frac{150}{40} \times \frac{140}{120} \times \frac{65}{60}$
46.200	$\frac{70}{100} \times \frac{75}{25} \times \frac{110}{50}$		$\frac{140}{70} \times \frac{35}{45} \times \frac{60}{20}$		$\frac{75}{20} \times \frac{70}{60} \times \frac{130}{120}$
	$\frac{35}{50} \times \frac{90}{30} \times \frac{55}{25}$		$\frac{150}{75} \times \frac{35}{45} \times \frac{60}{20}$	47.500	$\frac{90}{30} \times \frac{100}{120} \times \frac{95}{50}$
	$\frac{70}{100} \times \frac{150}{50} \times \frac{55}{25}$		$\frac{200}{100} \times \frac{70}{90} \times \frac{75}{25}$		$\frac{75}{25} \times \frac{100}{50} \times \frac{95}{120}$
	$\frac{35}{50} \times \frac{60}{20} \times \frac{55}{25}$	46.800	$\frac{120}{60} \times \frac{90}{100} \times \frac{130}{50}$		$\frac{75}{25} \times \frac{80}{40} \times \frac{95}{120}$
	$\frac{35}{50} \times \frac{120}{40} \times \frac{55}{25}$		$\frac{60}{30} \times \frac{45}{50} \times \frac{65}{25}$		$\frac{120}{40} \times \frac{25}{30} \times \frac{95}{50}$
46.312	$\frac{95}{20} \times \frac{30}{50} \times \frac{65}{40}$		$\frac{40}{20} \times \frac{45}{50} \times \frac{65}{25}$		$\frac{60}{20} \times \frac{25}{30} \times \frac{95}{50}$
	$\frac{95}{20} \times \frac{60}{100} \times \frac{130}{80}$		$\frac{70}{35} \times \frac{45}{50} \times \frac{65}{25}$		$\frac{75}{25} \times \frac{40}{20} \times \frac{95}{50}$
	$\frac{95}{20} \times \frac{120}{200} \times \frac{130}{80}$		$\frac{80}{40} \times \frac{45}{50} \times \frac{65}{25}$	47.600	$\frac{90}{30} \times \frac{70}{25} \times \frac{85}{50}$
46.406	$\frac{150}{40} \times \frac{90}{80} \times \frac{55}{50}$		$\frac{100}{50} \times \frac{90}{100} \times \frac{65}{25}$		$\frac{60}{20} \times \frac{70}{25} \times \frac{85}{50}$
	$\frac{75}{20} \times \frac{45}{40} \times \frac{55}{50}$		$\frac{200}{100} \times \frac{45}{50} \times \frac{65}{25}$		$\frac{120}{40} \times \frac{70}{25} \times \frac{85}{50}$
	$\frac{75}{20} \times \frac{45}{40} \times \frac{110}{100}$	46.944	$\frac{65}{50} \times \frac{130}{80} \times \frac{100}{45}$	47.812	$\frac{90}{20} \times \frac{50}{40} \times \frac{85}{100}$
46.666	$\frac{120}{60} \times \frac{70}{90} \times \frac{150}{50}$		$\frac{130}{100} \times \frac{65}{40} \times \frac{200}{90}$		$\frac{90}{20} \times \frac{100}{80} \times \frac{85}{100}$
	$\frac{60}{30} \times \frac{35}{45} \times \frac{75}{25}$	47.250	$\frac{75}{25} \times \frac{70}{100} \times \frac{90}{40}$		$\frac{120}{80} \times \frac{150}{40} \times \frac{85}{100}$

Column group 1

Pas (millimètr.)	Nombre de dents des engrenages
47.812	$\frac{60}{40} \times \frac{75}{20} \times \frac{85}{100}$
48	$\frac{60}{30} \times \frac{40}{20} \times \frac{120}{100}$
	$\frac{50}{25} \times \frac{60}{30} \times \frac{120}{100}$
	$\frac{70}{35} \times \frac{80}{40} \times \frac{60}{50}$
	$\frac{90}{45} \times \frac{70}{35} \times \frac{60}{50}$
	$\frac{100}{50} \times \frac{70}{35} \times \frac{30}{25}$
	$\frac{200}{100} \times \frac{100}{50} \times \frac{30}{25}$
48.125	$\frac{90}{30} \times \frac{140}{80} \times \frac{110}{120}$
	$\frac{75}{25} \times \frac{70}{40} \times \frac{55}{60}$
	$\frac{60}{20} \times \frac{70}{40} \times \frac{110}{120}$
	$\frac{120}{40} \times \frac{35}{20} \times \frac{55}{60}$
	$\frac{150}{50} \times \frac{35}{20} \times \frac{55}{60}$
48.600	$\frac{120}{40} \times \frac{90}{100} \times \frac{45}{25}$
	$\frac{60}{20} \times \frac{45}{100} \times \frac{90}{25}$
	$\frac{150}{50} \times \frac{45}{100} \times \frac{90}{25}$
48.750	$\frac{45}{90} \times \frac{120}{20} \times \frac{130}{80}$
	$\frac{45}{90} \times \frac{120}{20} \times \frac{65}{40}$
	$\frac{120}{80} \times \frac{100}{40} \times \frac{65}{50}$

Column group 2

Pas (millimètr.)	Nombre de dents des engrenages
48.750	$\frac{60}{40} \times \frac{50}{20} \times \frac{130}{100}$
	$\frac{30}{20} \times \frac{100}{40} \times \frac{65}{50}$
	$\frac{45}{30} \times \frac{120}{60} \times \frac{130}{80}$
	$\frac{45}{30} \times \frac{100}{50} \times \frac{65}{40}$
	$\frac{45}{30} \times \frac{50}{25} \times \frac{65}{40}$
	$\frac{45}{30} \times \frac{70}{35} \times \frac{65}{40}$
	$\frac{45}{30} \times \frac{40}{20} \times \frac{130}{80}$
49	$\frac{35}{50} \times \frac{70}{100} \times \frac{200}{20}$
	$\frac{70}{100} \times \frac{35}{50} \times \frac{200}{20}$
	$\frac{35}{100} \times \frac{70}{50} \times \frac{200}{20}$
	$\frac{35}{100} \times \frac{140}{50} \times \frac{200}{40}$
49.218	$\frac{150}{40} \times \frac{140}{120} \times \frac{90}{80}$
	$\frac{75}{20} \times \frac{70}{60} \times \frac{45}{40}$
	$\frac{75}{20} \times \frac{35}{30} \times \frac{45}{40}$
49.280	$\frac{140}{50} \times \frac{120}{100} \times \frac{110}{75}$
	$\frac{70}{25} \times \frac{60}{50} \times \frac{110}{75}$
49.372	$\frac{80}{25} \times \frac{120}{100} \times \frac{90}{70}$
	$\frac{80}{25} \times \frac{60}{50} \times \frac{45}{35}$

Column group 3

Pas (millimètr.)	Nombre de dents des engrenages
49,500	$\frac{60}{40} \times \frac{75}{25} \times \frac{110}{100}$
	$\frac{30}{20} \times \frac{120}{40} \times \frac{55}{50}$
	$\frac{60}{40} \times \frac{90}{30} \times \frac{55}{50}$
	$\frac{120}{80} \times \frac{60}{20} \times \frac{55}{50}$
	$\frac{30}{20} \times \frac{150}{50} \times \frac{110}{100}$
49.583	$\frac{150}{120} \times \frac{70}{60} \times \frac{85}{25}$
	$\frac{75}{60} \times \frac{35}{30} \times \frac{85}{25}$
49.875	$\frac{60}{40} \times \frac{140}{80} \times \frac{95}{50}$
	$\frac{30}{20} \times \frac{70}{40} \times \frac{95}{50}$
	$\frac{120}{80} \times \frac{70}{40} \times \frac{95}{50}$
50	$\frac{100}{150} \times \frac{100}{40} \times \frac{75}{25}$
	$\frac{50}{75} \times \frac{100}{40} \times \frac{90}{30}$
	$\frac{50}{75} \times \frac{100}{40} \times \frac{60}{20}$
	$\frac{50}{75} \times \frac{200}{80} \times \frac{120}{40}$
	$\frac{100}{150} \times \frac{50}{20} \times \frac{75}{25}$
50.160	$\frac{120}{100} \times \frac{95}{50} \times \frac{55}{25}$
	$\frac{120}{50} \times \frac{95}{100} \times \frac{55}{25}$
50.400	$\frac{90}{50} \times \frac{35}{20} \times \frac{40}{25}$

Pas	Nombre de dents des engrenages	Pas	Nombre de dents des engrenages	Pas	Nombre de dents des engrenages
millimètr.		millimètr.		millimètr.	
50.400	$\frac{45}{25} \times \frac{35}{20} \times \frac{80}{50}$	51	$\frac{45}{30} \times \frac{120}{60} \times \frac{85}{50}$	51.333	$\frac{70}{30} \times \frac{150}{50} \times \frac{55}{75}$
	$\frac{45}{25} \times \frac{70}{40} \times \frac{80}{50}$		$\frac{45}{30} \times \frac{130}{65} \times \frac{85}{50}$	51.840	$\frac{120}{75} \times \frac{90}{50} \times \frac{45}{25}$
50.555	$\frac{70}{50} \times \frac{65}{40} \times \frac{200}{90}$		$\frac{45}{30} \times \frac{140}{70} \times \frac{85}{50}$		$\frac{120}{50} \times \frac{90}{75} \times \frac{45}{25}$
	$\frac{140}{100} \times \frac{130}{80} \times \frac{100}{45}$		$\frac{45}{30} \times \frac{150}{75} \times \frac{85}{50}$	52	$\frac{120}{100} \times \frac{100}{60} \times \frac{65}{25}$
	$\frac{35}{25} \times \frac{65}{40} \times \frac{100}{45}$		$\frac{45}{30} \times \frac{200}{100} \times \frac{85}{50}$		$\frac{60}{50} \times \frac{200}{120} \times \frac{65}{25}$
50.625	$\frac{120}{80} \times \frac{90}{40} \times \frac{150}{100}$	51.187	$\frac{90}{40} \times \frac{70}{20} \times \frac{65}{100}$		$\frac{30}{25} \times \frac{100}{60} \times \frac{65}{25}$
	$\frac{60}{40} \times \frac{45}{20} \times \frac{75}{50}$		$\frac{45}{20} \times \frac{140}{40} \times \frac{65}{100}$	52.250	$\frac{55}{100} \times \frac{95}{100} \times \frac{200}{20}$
	$\frac{30}{20} \times \frac{90}{40} \times \frac{75}{50}$		$\frac{90}{40} \times \frac{70}{20} \times \frac{130}{200}$		$\frac{55}{100} \times \frac{95}{50} \times \frac{200}{40}$
50.666	$\frac{100}{25} \times \frac{40}{60} \times \frac{95}{50}$	51.200	$\frac{80}{100} \times \frac{40}{50} \times \frac{200}{25}$	52.500	$\frac{120}{80} \times \frac{70}{60} \times \frac{150}{50}$
	$\frac{100}{25} \times \frac{20}{30} \times \frac{95}{50}$		$\frac{80}{50} \times \frac{40}{100} \times \frac{200}{25}$		$\frac{60}{40} \times \frac{35}{30} \times \frac{75}{25}$
	$\frac{120}{30} \times \frac{40}{60} \times \frac{95}{50}$	51.300	$\frac{90}{100} \times \frac{120}{80} \times \frac{95}{25}$		$\frac{30}{20} \times \frac{70}{60} \times \frac{75}{25}$
	$\frac{140}{35} \times \frac{40}{60} \times \frac{95}{50}$		$\frac{45}{50} \times \frac{60}{40} \times \frac{95}{25}$		$\frac{20}{20} \times \frac{70}{60} \times \frac{120}{40}$
50.700	$\frac{130}{100} \times \frac{65}{50} \times \frac{120}{40}$		$\frac{45}{50} \times \frac{30}{20} \times \frac{95}{25}$	52.594	$\frac{90}{40} \times \frac{110}{80} \times \frac{85}{50}$
	$\frac{130}{100} \times \frac{65}{50} \times \frac{60}{20}$		$\frac{90}{100} \times \frac{120}{40} \times \frac{95}{50}$		$\frac{45}{20} \times \frac{55}{40} \times \frac{85}{50}$
51	$\frac{90}{60} \times \frac{80}{40} \times \frac{85}{50}$	51.333	$\frac{70}{30} \times \frac{75}{25} \times \frac{110}{150}$	52.650	$\frac{90}{20} \times \frac{45}{50} \times \frac{65}{25}$
	$\frac{45}{30} \times \frac{40}{20} \times \frac{85}{50}$		$\frac{70}{30} \times \frac{60}{20} \times \frac{55}{75}$		$\frac{90}{20} \times \frac{45}{100} \times \frac{130}{25}$
	$\frac{45}{30} \times \frac{70}{35} \times \frac{85}{50}$		$\frac{140}{60} \times \frac{90}{30} \times \frac{55}{75}$	52.734	$\frac{45}{40} \times \frac{100}{80} \times \frac{75}{20}$
	$\frac{45}{30} \times \frac{110}{55} \times \frac{85}{50}$		$\frac{70}{30} \times \frac{120}{40} \times \frac{55}{75}$		$\frac{90}{80} \times \frac{50}{40} \times \frac{75}{20}$

Pas	Nombre de dents des engrenages	Pas	Nombre de dents des engrenages	Pas	Nombre de dents des engrenages
millimètr.		millimètr.		millimètr.	
52.734	$\frac{90}{80} \times \frac{25}{20} \times \frac{150}{40}$	54	$\frac{45}{50} \times \frac{60}{100} \times \frac{200}{20}$	55	$\frac{50}{60} \times \frac{120}{40} \times \frac{55}{25}$
52.888	$\frac{120}{40} \times \frac{140}{90} \times \frac{85}{75}$		$\frac{90}{100} \times \frac{30}{50} \times \frac{200}{20}$		$\frac{100}{120} \times \frac{60}{20} \times \frac{55}{25}$
	$\frac{60}{20} \times \frac{70}{45} \times \frac{85}{75}$	54.0312	$\frac{130}{40} \times \frac{70}{80} \times \frac{95}{50}$	55.125	$\frac{90}{20} \times \frac{70}{40} \times \frac{140}{200}$
	$\frac{90}{30} \times \frac{70}{45} \times \frac{85}{75}$		$\frac{65}{20} \times \frac{35}{40} \times \frac{95}{50}$		$\frac{90}{20} \times \frac{140}{80} \times \frac{70}{100}$
	$\frac{150}{50} \times \frac{70}{45} \times \frac{85}{75}$	54.400	$\frac{120}{100} \times \frac{80}{60} \times \frac{85}{25}$		$\frac{90}{20} \times \frac{70}{40} \times \frac{35}{50}$
	$\frac{100}{30} \times \frac{140}{100} \times \frac{85}{75}$		$\frac{60}{50} \times \frac{40}{30} \times \frac{85}{25}$	55.250	$\frac{120}{60} \times \frac{130}{80} \times \frac{85}{50}$
	$\frac{100}{30} \times \frac{70}{50} \times \frac{85}{75}$		$\frac{30}{25} \times \frac{80}{60} \times \frac{85}{25}$		$\frac{60}{30} \times \frac{65}{40} \times \frac{85}{50}$
53.040	$\frac{120}{100} \times \frac{130}{100} \times \frac{85}{25}$	54.600	$\frac{60}{20} \times \frac{70}{100} \times \frac{130}{50}$		$\frac{40}{20} \times \frac{130}{80} \times \frac{85}{50}$
	$\frac{60}{50} \times \frac{130}{100} \times \frac{85}{25}$		$\frac{75}{25} \times \frac{70}{100} \times \frac{130}{50}$		$\frac{70}{35} \times \frac{65}{40} \times \frac{85}{50}$
	$\frac{120}{100} \times \frac{65}{50} \times \frac{85}{25}$		$\frac{90}{30} \times \frac{35}{50} \times \frac{65}{25}$		$\frac{90}{45} \times \frac{65}{40} \times \frac{85}{50}$
53.200	$\frac{60}{50} \times \frac{70}{20} \times \frac{95}{75}$		$\frac{120}{40} \times \frac{35}{50} \times \frac{65}{25}$		$\frac{110}{55} \times \frac{65}{40} \times \frac{85}{50}$
	$\frac{30}{25} \times \frac{70}{20} \times \frac{95}{75}$	54.755	$\frac{140}{75} \times \frac{120}{30} \times \frac{110}{150}$		$\frac{150}{75} \times \frac{65}{40} \times \frac{85}{50}$
	$\frac{120}{100} \times \frac{140}{40} \times \frac{95}{75}$		$\frac{140}{150} \times \frac{120}{30} \times \frac{110}{75}$		$\frac{200}{100} \times \frac{65}{40} \times \frac{85}{50}$
53.437	$\frac{90}{40} \times \frac{100}{80} \times \frac{95}{50}$		$\frac{140}{75} \times \frac{100}{25} \times \frac{110}{150}$	55.416	$\frac{95}{40} \times \frac{100}{60} \times \frac{70}{50}$
	$\frac{45}{20} \times \frac{50}{80} \times \frac{95}{25}$		$\frac{140}{75} \times \frac{80}{20} \times \frac{110}{150}$		$\frac{95}{40} \times \frac{50}{30} \times \frac{35}{25}$
	$\frac{45}{60} \times \frac{75}{20} \times \frac{95}{50}$		$\frac{140}{75} \times \frac{200}{50} \times \frac{110}{150}$		$\frac{95}{40} \times \frac{200}{120} \times \frac{110}{100}$
53.550	$\frac{90}{200} \times \frac{140}{40} \times \frac{85}{25}$	55	$\frac{100}{120} \times \frac{75}{25} \times \frac{110}{50}$	55.687	$\frac{90}{40} \times \frac{45}{20} \times \frac{55}{50}$
	$\frac{45}{100} \times \frac{70}{20} \times \frac{85}{25}$		$\frac{50}{60} \times \frac{90}{30} \times \frac{55}{25}$		$\frac{45}{20} \times \frac{90}{40} \times \frac{110}{100}$

Pas (millimètr.)	Nombre de dents des engrenages	Pas (millimètr.)	Nombre de dents des engrenages	Pas (millimètr.)	Nombre de dents des engrenages
55.781	$\frac{75}{80} \times \frac{70}{40} \times \frac{85}{25}$	56.333	$\frac{65}{50} \times \frac{130}{100} \times \frac{200}{60}$	57.750	$\frac{35}{40} \times \frac{60}{20} \times \frac{55}{25}$
	$\frac{75}{40} \times \frac{70}{80} \times \frac{85}{25}$		$\frac{65}{50} \times \frac{130}{100} \times \frac{100}{30}$		$\frac{35}{40} \times \frac{90}{30} \times \frac{55}{25}$
	$\frac{75}{80} \times \frac{35}{20} \times \frac{85}{25}$	56.700	$\frac{140}{40} \times \frac{90}{100} \times \frac{45}{25}$		$\frac{70}{80} \times \frac{120}{40} \times \frac{55}{25}$
	$\frac{75}{20} \times \frac{35}{80} \times \frac{85}{25}$		$\frac{70}{20} \times \frac{90}{100} \times \frac{45}{25}$		$\frac{35}{40} \times \frac{150}{50} \times \frac{55}{25}$
56	$\frac{80}{100} \times \frac{70}{30} \times \frac{150}{50}$	56.875	$\frac{90}{30} \times \frac{70}{80} \times \frac{130}{60}$	57.890	$\frac{130}{40} \times \frac{75}{80} \times \frac{95}{50}$
	$\frac{40}{50} \times \frac{70}{30} \times \frac{75}{25}$		$\frac{75}{25} \times \frac{35}{40} \times \frac{65}{30}$		$\frac{65}{20} \times \frac{75}{80} \times \frac{95}{50}$
	$\frac{40}{50} \times \frac{140}{60} \times \frac{90}{30}$		$\frac{60}{20} \times \frac{35}{40} \times \frac{65}{30}$	58.333	$\frac{90}{30} \times \frac{140}{120} \times \frac{100}{60}$
	$\frac{80}{100} \times \frac{70}{30} \times \frac{120}{40}$		$\frac{120}{40} \times \frac{70}{80} \times \frac{65}{30}$		$\frac{75}{25} \times \frac{70}{60} \times \frac{50}{30}$
	$\frac{40}{50} \times \frac{70}{30} \times \frac{60}{20}$		$\frac{150}{50} \times \frac{70}{80} \times \frac{130}{60}$		$\frac{120}{40} \times \frac{35}{30} \times \frac{100}{60}$
	$\frac{80}{100} \times \frac{140}{60} \times \frac{150}{50}$	57	$\frac{120}{30} \times \frac{60}{80} \times \frac{95}{50}$		$\frac{150}{50} \times \frac{140}{120} \times \frac{50}{30}$
56.160	$\frac{120}{100} \times \frac{90}{100} \times \frac{130}{25}$		$\frac{80}{20} \times \frac{30}{40} \times \frac{95}{50}$		$\frac{60}{20} \times \frac{140}{120} \times \frac{50}{30}$
	$\frac{120}{100} \times \frac{45}{50} \times \frac{130}{25}$		$\frac{100}{25} \times \frac{30}{40} \times \frac{95}{50}$	58.500	$\frac{120}{80} \times \frac{150}{100} \times \frac{65}{25}$
	$\frac{60}{50} \times \frac{90}{100} \times \frac{130}{25}$		$\frac{140}{35} \times \frac{30}{40} \times \frac{95}{50}$		$\frac{60}{40} \times \frac{75}{50} \times \frac{65}{25}$
56.250	$\frac{90}{120} \times \frac{100}{40} \times \frac{75}{25}$		$\frac{200}{50} \times \frac{30}{80} \times \frac{95}{25}$		$\frac{30}{20} \times \frac{75}{50} \times \frac{65}{25}$
	$\frac{45}{60} \times \frac{50}{20} \times \frac{90}{30}$	57.375	$\frac{90}{80} \times \frac{75}{50} \times \frac{85}{25}$		$\frac{90}{30} \times \frac{60}{80} \times \frac{130}{50}$
	$\frac{90}{120} \times \frac{200}{80} \times \frac{150}{50}$		$\frac{45}{40} \times \frac{75}{50} \times \frac{85}{25}$		$\frac{75}{25} \times \frac{30}{40} \times \frac{130}{50}$
	$\frac{45}{60} \times \frac{50}{20} \times \frac{120}{40}$		$\frac{90}{80} \times \frac{150}{100} \times \frac{85}{25}$		$\frac{60}{20} \times \frac{30}{40} \times \frac{65}{25}$
	$\frac{90}{120} \times \frac{100}{40} \times \frac{60}{20}$	57.750	$\frac{70}{80} \times \frac{75}{25} \times \frac{110}{50}$		$\frac{120}{40} \times \frac{60}{80} \times \frac{65}{25}$

Column group 1

Pas (millimètr.)	Nombre de dents des engrenages
58.666	$\frac{200}{75} \times \frac{60}{20} \times \frac{110}{150}$
	$\frac{200}{20} \times \frac{60}{75} \times \frac{110}{150}$
	$\frac{200}{20} \times \frac{120}{150} \times \frac{55}{75}$
58.800	$\frac{120}{100} \times \frac{70}{20} \times \frac{35}{25}$
	$\frac{60}{50} \times \frac{70}{20} \times \frac{35}{25}$
	$\frac{30}{25} \times \frac{140}{40} \times \frac{70}{50}$
59.0625	$\frac{75}{100} \times \frac{70}{20} \times \frac{90}{40}$
	$\frac{75}{50} \times \frac{70}{40} \times \frac{45}{20}$
59.111	$\frac{120}{30} \times \frac{70}{60} \times \frac{95}{75}$
	$\frac{100}{25} \times \frac{35}{30} \times \frac{95}{75}$
	$\frac{80}{20} \times \frac{35}{30} \times \frac{95}{75}$
59.375	$\frac{95}{120} \times \frac{100}{40} \times \frac{75}{25}$
	$\frac{95}{120} \times \frac{50}{20} \times \frac{90}{30}$
	$\frac{95}{120} \times \frac{100}{40} \times \frac{60}{20}$
	$\frac{95}{120} \times \frac{100}{40} \times \frac{150}{50}$
59.400	$\frac{120}{20} \times \frac{90}{100} \times \frac{55}{50}$
	$\frac{120}{20} \times \frac{45}{50} \times \frac{110}{100}$
59.500	$\frac{150}{200} \times \frac{140}{60} \times \frac{85}{25}$

Column group 2

Pas (millimètr.)	Nombre de dents des engrenages
59.500	$\frac{75}{100} \times \frac{70}{30} \times \frac{85}{25}$
59.733	$\frac{120}{150} \times \frac{80}{60} \times \frac{140}{25}$
	$\frac{60}{75} \times \frac{40}{30} \times \frac{140}{25}$
59.850	$\frac{90}{200} \times \frac{140}{40} \times \frac{95}{25}$
	$\frac{45}{100} \times \frac{70}{20} \times \frac{95}{25}$
60	$\frac{70}{100} \times \frac{100}{35} \times \frac{75}{25}$
	$\frac{40}{100} \times \frac{150}{100} \times \frac{200}{20}$
	$\frac{35}{50} \times \frac{200}{70} \times \frac{90}{30}$
	$\frac{70}{100} \times \frac{200}{70} \times \frac{60}{20}$
60.480	$\frac{120}{100} \times \frac{70}{50} \times \frac{90}{25}$
	$\frac{60}{50} \times \frac{140}{100} \times \frac{90}{25}$
60.500	$\frac{55}{100} \times \frac{110}{100} \times \frac{200}{20}$
	$\frac{110}{200} \times \frac{55}{100} \times \frac{200}{20}$
60.562	$\frac{95}{80} \times \frac{75}{50} \times \frac{85}{25}$
	$\frac{95}{80} \times \frac{150}{100} \times \frac{85}{25}$
60.666	$\frac{80}{50} \times \frac{70}{30} \times \frac{65}{40}$
	$\frac{40}{25} \times \frac{70}{30} \times \frac{130}{80}$
	$\frac{80}{50} \times \frac{140}{60} \times \frac{65}{40}$

Column group 3

Pas (millimètr.)	Nombre de dents des engrenages
60.750	$\frac{120}{80} \times \frac{90}{40} \times \frac{45}{25}$
	$\frac{60}{40} \times \frac{90}{20} \times \frac{45}{50}$
	$\frac{30}{20} \times \frac{90}{40} \times \frac{45}{25}$
60.800	$\frac{120}{45} \times \frac{60}{100} \times \frac{95}{25}$
	$\frac{120}{45} \times \frac{30}{50} \times \frac{95}{25}$
60.937	$\frac{75}{20} \times \frac{100}{80} \times \frac{65}{50}$
	$\frac{75}{20} \times \frac{50}{40} \times \frac{130}{100}$
61.200	$\frac{90}{30} \times \frac{60}{100} \times \frac{85}{25}$
	$\frac{60}{20} \times \frac{30}{50} \times \frac{85}{25}$
	$\frac{120}{40} \times \frac{30}{50} \times \frac{85}{25}$
	$\frac{150}{50} \times \frac{60}{100} \times \frac{85}{25}$
61.600	$\frac{140}{50} \times \frac{120}{40} \times \frac{55}{75}$
	$\frac{70}{25} \times \frac{60}{20} \times \frac{55}{75}$
	$\frac{70}{25} \times \frac{90}{30} \times \frac{110}{150}$
	$\frac{140}{50} \times \frac{75}{25} \times \frac{110}{150}$
	$\frac{70}{25} \times \frac{150}{50} \times \frac{55}{75}$
61.750	$\frac{65}{100} \times \frac{95}{100} \times \frac{200}{20}$
	$\frac{65}{100} \times \frac{95}{50} \times \frac{200}{40}$

Pas	Nombre de dents des engrenages
millimètr.	
61.875	$\dfrac{150}{40} \times \dfrac{75}{50} \times \dfrac{110}{100}$
	$\dfrac{75}{20} \times \dfrac{150}{100} \times \dfrac{55}{50}$
	$\dfrac{60}{40} \times \dfrac{75}{100} \times \dfrac{110}{20}$
	$\dfrac{120}{80} \times \dfrac{150}{200} \times \dfrac{110}{20}$
62.344	$\dfrac{95}{80} \times \dfrac{150}{40} \times \dfrac{70}{50}$
	$\dfrac{95}{80} \times \dfrac{75}{20} \times \dfrac{35}{25}$
62.400	$\dfrac{90}{30} \times \dfrac{80}{100} \times \dfrac{130}{50}$
	$\dfrac{75}{25} \times \dfrac{80}{100} \times \dfrac{130}{50}$
	$\dfrac{60}{20} \times \dfrac{40}{50} \times \dfrac{65}{25}$
	$\dfrac{120}{40} \times \dfrac{80}{100} \times \dfrac{65}{25}$
	$\dfrac{150}{50} \times \dfrac{80}{100} \times \dfrac{65}{25}$
63	$\dfrac{120}{40} \times \dfrac{70}{100} \times \dfrac{150}{50}$
	$\dfrac{60}{20} \times \dfrac{35}{50} \times \dfrac{75}{25}$
	$\dfrac{90}{30} \times \dfrac{35}{50} \times \dfrac{60}{20}$
	$\dfrac{150}{50} \times \dfrac{140}{200} \times \dfrac{120}{40}$
63.333	$\dfrac{120}{90} \times \dfrac{75}{25} \times \dfrac{95}{60}$
	$\dfrac{60}{45} \times \dfrac{120}{80} \times \dfrac{95}{30}$
	$\dfrac{60}{45} \times \dfrac{150}{100} \times \dfrac{95}{30}$

Pas	Nombre de dents des engrenages
millimètr.	
63.333	$\dfrac{60}{45} \times \dfrac{75}{50} \times \dfrac{95}{30}$
63.375	$\dfrac{130}{20} \times \dfrac{65}{100} \times \dfrac{60}{40}$
	$\dfrac{130}{20} \times \dfrac{65}{100} \times \dfrac{120}{80}$
	$\dfrac{130}{40} \times \dfrac{65}{50} \times \dfrac{30}{20}$
63.466	$\dfrac{100}{25} \times \dfrac{140}{100} \times \dfrac{85}{75}$
	$\dfrac{80}{20} \times \dfrac{70}{50} \times \dfrac{85}{75}$
	$\dfrac{120}{30} \times \dfrac{35}{25} \times \dfrac{85}{75}$
	$\dfrac{140}{35} \times \dfrac{70}{50} \times \dfrac{85}{75}$
	$\dfrac{200}{50} \times \dfrac{30}{25} \times \dfrac{85}{75}$
63.750	$\dfrac{90}{60} \times \dfrac{100}{40} \times \dfrac{85}{50}$
	$\dfrac{45}{30} \times \dfrac{50}{40} \times \dfrac{85}{25}$
	$\dfrac{45}{30} \times \dfrac{200}{80} \times \dfrac{85}{50}$
64	$\dfrac{100}{25} \times \dfrac{80}{100} \times \dfrac{90}{45}$
	$\dfrac{80}{20} \times \dfrac{40}{50} \times \dfrac{110}{55}$
	$\dfrac{120}{30} \times \dfrac{20}{25} \times \dfrac{100}{50}$
	$\dfrac{140}{35} \times \dfrac{20}{25} \times \dfrac{80}{40}$
	$\dfrac{200}{50} \times \dfrac{20}{25} \times \dfrac{70}{35}$
	$\dfrac{80}{20} \times \dfrac{40}{50} \times \dfrac{60}{30}$

Pas	Nombre de dents des engrenages
millimètr.	
64	$\dfrac{120}{30} \times \dfrac{80}{100} \times \dfrac{50}{25}$
	$\dfrac{100}{25} \times \dfrac{80}{100} \times \dfrac{40}{20}$
	$\dfrac{80}{20} \times \dfrac{40}{50} \times \dfrac{120}{60}$
	$\dfrac{80}{20} \times \dfrac{40}{50} \times \dfrac{150}{75}$
64.125	$\dfrac{90}{40} \times \dfrac{120}{80} \times \dfrac{95}{50}$
	$\dfrac{45}{20} \times \dfrac{60}{40} \times \dfrac{95}{50}$
	$\dfrac{90}{40} \times \dfrac{30}{20} \times \dfrac{95}{50}$
64.166	$\dfrac{90}{30} \times \dfrac{140}{120} \times \dfrac{110}{60}$
	$\dfrac{75}{25} \times \dfrac{70}{60} \times \dfrac{55}{30}$
	$\dfrac{120}{40} \times \dfrac{35}{30} \times \dfrac{110}{60}$
	$\dfrac{150}{50} \times \dfrac{70}{60} \times \dfrac{55}{30}$
64.800	$\dfrac{120}{200} \times \dfrac{90}{25} \times \dfrac{150}{50}$
	$\dfrac{60}{100} \times \dfrac{90}{25} \times \dfrac{120}{40}$
	$\dfrac{30}{50} \times \dfrac{90}{25} \times \dfrac{120}{40}$
65	$\dfrac{120}{80} \times \dfrac{100}{60} \times \dfrac{65}{25}$
	$\dfrac{60}{40} \times \dfrac{50}{30} \times \dfrac{65}{25}$
	$\dfrac{120}{80} \times \dfrac{100}{25} \times \dfrac{65}{60}$
	$\dfrac{60}{40} \times \dfrac{200}{50} \times \dfrac{130}{120}$

Pas	Nombre de dents des engrenages	Pas	Nombre de dents des engrenages	Pas	Nombre de dents des engrenages
millimètr.		millimètr.		millimètr.	
65	$\frac{60}{40}\times\frac{140}{35}\times\frac{130}{120}$	66	$\frac{90}{45}\times\frac{120}{40}\times\frac{55}{50}$	66.666	$\frac{80}{60}\times\frac{50}{30}\times\frac{75}{25}$
65.520	$\frac{90}{100}\times\frac{140}{100}\times\frac{130}{25}$		$\frac{80}{40}\times\frac{90}{30}\times\frac{55}{50}$		$\frac{40}{30}\times\frac{100}{60}\times\frac{120}{40}$
	$\frac{45}{50}\times\frac{140}{100}\times\frac{130}{25}$		$\frac{70}{35}\times\frac{60}{20}\times\frac{55}{50}$	66.797	$\frac{95}{80}\times\frac{150}{40}\times\frac{75}{50}$
	$\frac{90}{100}\times\frac{70}{50}\times\frac{130}{25}$		$\frac{60}{30}\times\frac{120}{40}\times\frac{55}{50}$		$\frac{95}{80}\times\frac{75}{20}\times\frac{150}{100}$
65.625	$\frac{90}{120}\times\frac{140}{80}\times\frac{200}{40}$		$\frac{50}{25}\times\frac{60}{20}\times\frac{110}{100}$	66.937	$\frac{90}{40}\times\frac{70}{80}\times\frac{85}{25}$
	$\frac{45}{60}\times\frac{70}{40}\times\frac{100}{20}$		$\frac{40}{20}\times\frac{90}{30}\times\frac{55}{50}$		$\frac{45}{20}\times\frac{35}{40}\times\frac{85}{25}$
	$\frac{45}{60}\times\frac{35}{20}\times\frac{150}{30}$	66.111	$\frac{150}{60}\times\frac{70}{90}\times\frac{85}{25}$		$\frac{90}{40}\times\frac{140}{80}\times\frac{85}{50}$
65.830	$\frac{80}{25}\times\frac{120}{50}\times\frac{30}{35}$		$\frac{75}{30}\times\frac{35}{45}\times\frac{85}{25}$		$\frac{90}{20}\times\frac{35}{80}\times\frac{85}{25}$
	$\frac{80}{25}\times\frac{120}{50}\times\frac{60}{70}$	66.500	$\frac{120}{60}\times\frac{70}{40}\times\frac{95}{50}$	67.200	$\frac{120}{200}\times\frac{140}{40}\times\frac{80}{25}$
	$\frac{80}{25}\times\frac{120}{50}\times\frac{30}{35}$		$\frac{60}{30}\times\frac{35}{20}\times\frac{95}{50}$		$\frac{60}{100}\times\frac{70}{20}\times\frac{80}{25}$
66	$\frac{60}{20}\times\frac{75}{25}\times\frac{110}{150}$		$\frac{80}{40}\times\frac{35}{20}\times\frac{95}{50}$		$\frac{30}{50}\times\frac{70}{20}\times\frac{80}{25}$
	$\frac{120}{40}\times\frac{150}{50}\times\frac{55}{75}$		$\frac{40}{20}\times\frac{70}{40}\times\frac{95}{50}$	67.500	$\frac{90}{200}\times\frac{100}{20}\times\frac{75}{25}$
	$\frac{90}{30}\times\frac{60}{20}\times\frac{55}{75}$		$\frac{100}{50}\times\frac{35}{20}\times\frac{95}{50}$		$\frac{45}{100}\times\frac{200}{40}\times\frac{150}{50}$
	$\frac{200}{100}\times\frac{75}{25}\times\frac{110}{100}$		$\frac{200}{100}\times\frac{35}{20}\times\frac{95}{50}$		$\frac{45}{50}\times\frac{100}{40}\times\frac{60}{20}$
	$\frac{150}{75}\times\frac{60}{20}\times\frac{55}{50}$	66.666	$\frac{200}{150}\times\frac{100}{60}\times\frac{75}{25}$		$\frac{45}{50}\times\frac{100}{40}\times\frac{90}{30}$
	$\frac{140}{70}\times\frac{90}{30}\times\frac{55}{50}$		$\frac{100}{75}\times\frac{50}{30}\times\frac{60}{20}$		$\frac{45}{100}\times\frac{100}{20}\times\frac{120}{40}$
	$\frac{120}{60}\times\frac{75}{25}\times\frac{55}{50}$		$\frac{100}{75}\times\frac{100}{60}\times\frac{90}{30}$	67.600	$\frac{65}{25}\times\frac{130}{100}\times\frac{200}{100}$
	$\frac{100}{50}\times\frac{60}{20}\times\frac{110}{100}$		$\frac{100}{75}\times\frac{50}{30}\times\frac{120}{40}$		$\frac{65}{25}\times\frac{130}{100}\times\frac{100}{50}$

Pas	Nombre de dents des engrenages	Pas	Nombre de dents des engrenages	Pas	Nombre de dents des engrenages
millimètr.		millimètr.		millimètr.	
67.600	$\frac{65}{25}\times\frac{130}{100}\times\frac{90}{45}$	63.400	$\frac{150}{50}\times\frac{120}{200}\times\frac{95}{25}$	69.333	$\frac{80}{20}\times\frac{40}{30}\times\frac{65}{50}$
	$\frac{65}{25}\times\frac{130}{100}\times\frac{80}{40}$	68.750	$\frac{150}{120}\times\frac{55}{20}\times\frac{100}{50}$		$\frac{120}{30}\times\frac{80}{60}\times\frac{65}{50}$
	$\frac{65}{25}\times\frac{130}{100}\times\frac{40}{20}$		$\frac{75}{60}\times\frac{110}{40}\times\frac{200}{100}$		$\frac{140}{35}\times\frac{40}{30}\times\frac{65}{50}$
68	$\frac{90}{30}\times\frac{80}{60}\times\frac{85}{50}$		$\frac{75}{60}\times\frac{55}{20}\times\frac{140}{70}$		$\frac{200}{50}\times\frac{40}{30}\times\frac{130}{100}$
	$\frac{75}{25}\times\frac{40}{30}\times\frac{85}{50}$		$\frac{75}{60}\times\frac{55}{20}\times\frac{90}{45}$	69.469	$\frac{95}{40}\times\frac{90}{50}\times\frac{130}{80}$
	$\frac{60}{20}\times\frac{40}{30}\times\frac{85}{50}$		$\frac{75}{60}\times\frac{55}{20}\times\frac{80}{40}$		$\frac{95}{20}\times\frac{45}{50}\times\frac{65}{40}$
	$\frac{120}{40}\times\frac{80}{60}\times\frac{85}{50}$		$\frac{75}{60}\times\frac{55}{20}\times\frac{70}{35}$		$\frac{95}{40}\times\frac{45}{25}\times\frac{130}{80}$
	$\frac{150}{50}\times\frac{80}{30}\times\frac{85}{100}$		$\frac{150}{120}\times\frac{55}{20}\times\frac{60}{30}$	70	$\frac{30}{60}\times\frac{70}{50}\times\frac{200}{20}$
68.250	$\frac{90}{30}\times\frac{140}{40}\times\frac{130}{200}$		$\frac{75}{60}\times\frac{110}{40}\times\frac{50}{25}$		$\frac{40}{80}\times\frac{35}{25}\times\frac{200}{20}$
	$\frac{75}{25}\times\frac{70}{20}\times\frac{65}{100}$	69.062	$\frac{100}{40}\times\frac{130}{80}\times\frac{85}{50}$		$\frac{60}{120}\times\frac{140}{100}\times\frac{200}{20}$
	$\frac{60}{20}\times\frac{140}{40}\times\frac{65}{100}$		$\frac{50}{20}\times\frac{65}{40}\times\frac{85}{50}$		$\frac{45}{90}\times\frac{35}{25}\times\frac{200}{20}$
	$\frac{120}{40}\times\frac{70}{20}\times\frac{65}{100}$		$\frac{200}{80}\times\frac{65}{40}\times\frac{85}{50}$		$\frac{50}{100}\times\frac{35}{25}\times\frac{200}{20}$
	$\frac{150}{50}\times\frac{70}{20}\times\frac{65}{100}$	69.300	$\frac{35}{25}\times\frac{90}{20}\times\frac{55}{50}$		$\frac{65}{130}\times\frac{35}{25}\times\frac{200}{20}$
	$\frac{150}{50}\times\frac{140}{40}\times\frac{130}{200}$		$\frac{70}{25}\times\frac{90}{40}\times\frac{55}{50}$		$\frac{75}{150}\times\frac{35}{25}\times\frac{200}{20}$
68.400	$\frac{90}{30}\times\frac{60}{100}\times\frac{95}{25}$		$\frac{70}{50}\times\frac{90}{20}\times\frac{110}{100}$		$\frac{30}{60}\times\frac{140}{50}\times\frac{100}{20}$
	$\frac{60}{20}\times\frac{30}{50}\times\frac{95}{25}$		$\frac{70}{25}\times\frac{45}{20}\times\frac{55}{50}$		$\frac{40}{80}\times\frac{70}{25}\times\frac{150}{30}$
	$\frac{75}{25}\times\frac{120}{100}\times\frac{95}{50}$		$\frac{70}{50}\times\frac{90}{20}\times\frac{110}{100}$		$\frac{35}{70}\times\frac{140}{50}\times\frac{200}{40}$
	$\frac{120}{40}\times\frac{30}{50}\times\frac{95}{25}$	69.333	$\frac{100}{25}\times\frac{80}{60}\times\frac{130}{100}$	70.125	$\frac{90}{60}\times\frac{110}{40}\times\frac{85}{50}$

Pas	Nombre de dents des engrenages
millimètr.	
70.125	$\frac{45}{30} \times \frac{55}{20} \times \frac{85}{50}$
	$\frac{120}{80} \times \frac{55}{20} \times \frac{85}{50}$
	$\frac{60}{40} \times \frac{55}{20} \times \frac{85}{50}$
	$\frac{30}{20} \times \frac{110}{40} \times \frac{85}{50}$
70.200	$\frac{120}{40} \times \frac{90}{100} \times \frac{130}{50}$
	$\frac{90}{30} \times \frac{45}{50} \times \frac{65}{25}$
	$\frac{60}{20} \times \frac{45}{50} \times \frac{65}{25}$
	$\frac{75}{25} \times \frac{90}{100} \times \frac{130}{50}$
	$\frac{150}{50} \times \frac{90}{100} \times \frac{65}{25}$
70.400	$\frac{120}{50} \times \frac{100}{25} \times \frac{110}{150}$
	$\frac{60}{25} \times \frac{80}{20} \times \frac{55}{75}$
	$\frac{60}{25} \times \frac{120}{30} \times \frac{55}{75}$
	$\frac{60}{25} \times \frac{140}{35} \times \frac{55}{75}$
	$\frac{60}{25} \times \frac{200}{50} \times \frac{55}{75}$
	$\frac{120}{25} \times \frac{100}{50} \times \frac{55}{75}$
	$\frac{120}{25} \times \frac{200}{100} \times \frac{55}{75}$
	$\frac{120}{25} \times \frac{80}{40} \times \frac{55}{75}$
	$\frac{120}{25} \times \frac{40}{20} \times \frac{55}{75}$

Pas	Nombre de dents des engrenages
millimètr.	
70.517	$\frac{100}{25} \times \frac{140}{90} \times \frac{85}{75}$
	$\frac{80}{20} \times \frac{70}{45} \times \frac{85}{75}$
	$\frac{120}{30} \times \frac{70}{45} \times \frac{85}{75}$
70.720	$\frac{120}{75} \times \frac{65}{50} \times \frac{85}{25}$
	$\frac{120}{75} \times \frac{130}{100} \times \frac{85}{25}$
	$\frac{120}{150} \times \frac{130}{50} \times \frac{85}{25}$
70.875	$\frac{140}{80} \times \frac{90}{40} \times \frac{45}{25}$
	$\frac{70}{80} \times \frac{90}{20} \times \frac{45}{25}$
	$\frac{35}{20} \times \frac{90}{40} \times \frac{45}{25}$
	$\frac{70}{40} \times \frac{45}{20} \times \frac{90}{50}$
71.094	$\frac{150}{80} \times \frac{35}{60} \times \frac{130}{20}$
	$\frac{75}{40} \times \frac{35}{30} \times \frac{65}{20}$
71.250	$\frac{90}{60} \times \frac{100}{40} \times \frac{95}{50}$
	$\frac{45}{30} \times \frac{50}{40} \times \frac{95}{25}$
	$\frac{120}{80} \times \frac{50}{40} \times \frac{95}{25}$
	$\frac{60}{40} \times \frac{100}{80} \times \frac{95}{25}$
	$\frac{30}{20} \times \frac{50}{40} \times \frac{95}{25}$
71.400	$\frac{60}{50} \times \frac{140}{80} \times \frac{85}{25}$

Pas	Nombre de dents des engrenages
millimètr.	
71.400	$\frac{60}{50} \times \frac{70}{40} \times \frac{85}{25}$
	$\frac{60}{50} \times \frac{35}{20} \times \frac{85}{25}$
	$\frac{120}{100} \times \frac{35}{20} \times \frac{85}{25}$
71.500	$\frac{110}{100} \times \frac{65}{100} \times \frac{200}{20}$
-	$\frac{55}{50} \times \frac{65}{100} \times \frac{200}{20}$
	$\frac{110}{100} \times \frac{65}{50} \times \frac{100}{20}$
71.680	$\frac{120}{50} \times \frac{80}{150} \times \frac{140}{25}$
	$\frac{120}{50} \times \frac{40}{75} \times \frac{140}{25}$
71.719	$\frac{90}{20} \times \frac{75}{40} \times \frac{85}{100}$
72	$\frac{90}{25} \times \frac{100}{30} \times \frac{120}{200}$
	$\frac{90}{25} \times \frac{100}{30} \times \frac{60}{100}$
	$\frac{90}{25} \times \frac{200}{60} \times \frac{30}{50}$
	$\frac{90}{30} \times \frac{100}{25} \times \frac{60}{100}$
	$\frac{75}{25} \times \frac{80}{20} \times \frac{30}{50}$
	$\frac{120}{40} \times \frac{80}{20} \times \frac{30}{50}$
72.187	$\frac{90}{120} \times \frac{140}{80} \times \frac{110}{20}$
	$\frac{45}{60} \times \frac{70}{40} \times \frac{110}{20}$
72.533	$\frac{120}{45} \times \frac{80}{100} \times \frac{85}{25}$

Pas	Nombre de dents des engrenages	Pas	Nombre de dents des engrenages	Pas	Nombre de dents des engrenages
millimètr.		millimètr.		millimètr.	
72.533	$\frac{120}{45} \times \frac{40}{50} \times \frac{85}{25}$	74.250	$\frac{120}{80} \times \frac{90}{40} \times \frac{110}{50}$	75	$\frac{40}{20} \times \frac{100}{80} \times \frac{75}{25}$
73.125	$\frac{130}{40} \times \frac{90}{80} \times \frac{100}{50}$		$\frac{60}{40} \times \frac{45}{20} \times \frac{55}{25}$		$\frac{60}{30} \times \frac{50}{40} \times \frac{75}{25}$
	$\frac{65}{20} \times \frac{45}{40} \times \frac{50}{25}$		$\frac{30}{20} \times \frac{90}{40} \times \frac{55}{25}$		$\frac{80}{40} \times \frac{25}{20} \times \frac{90}{30}$
	$\frac{65}{20} \times \frac{45}{40} \times \frac{70}{35}$	74.375	$\frac{150}{80} \times \frac{140}{120} \times \frac{85}{25}$		$\frac{90}{45} \times \frac{25}{20} \times \frac{75}{25}$
	$\frac{65}{20} \times \frac{45}{40} \times \frac{60}{30}$		$\frac{75}{40} \times \frac{70}{60} \times \frac{85}{25}$		$\frac{110}{55} \times \frac{25}{20} \times \frac{120}{40}$
73.500	$\frac{150}{100} \times \frac{70}{20} \times \frac{35}{25}$		$\frac{75}{40} \times \frac{35}{30} \times \frac{85}{25}$		$\frac{120}{60} \times \frac{25}{20} \times \frac{150}{50}$
	$\frac{75}{50} \times \frac{70}{20} \times \frac{35}{25}$	74.666	$\frac{120}{60} \times \frac{80}{30} \times \frac{140}{100}$		$\frac{130}{65} \times \frac{50}{40} \times \frac{75}{25}$
	$\frac{150}{100} \times \frac{140}{40} \times \frac{70}{50}$		$\frac{120}{30} \times \frac{80}{60} \times \frac{70}{50}$		$\frac{140}{70} \times \frac{50}{40} \times \frac{75}{25}$
	$\frac{120}{80} \times \frac{70}{40} \times \frac{140}{50}$		$\frac{100}{25} \times \frac{40}{30} \times \frac{70}{50}$		$\frac{150}{75} \times \frac{50}{40} \times \frac{60}{20}$
	$\frac{60}{40} \times \frac{35}{20} \times \frac{70}{25}$		$\frac{80}{20} \times \frac{40}{30} \times \frac{35}{25}$	75.111	$\frac{65}{25} \times \frac{130}{100} \times \frac{200}{90}$
	$\frac{30}{20} \times \frac{70}{40} \times \frac{140}{50}$		$\frac{140}{35} \times \frac{40}{30} \times \frac{70}{50}$		$\frac{65}{25} \times \frac{130}{100} \times \frac{100}{45}$
73.666	$\frac{120}{90} \times \frac{130}{40} \times \frac{85}{50}$		$\frac{200}{50} \times \frac{40}{30} \times \frac{35}{25}$	75.366	$\frac{95}{20} \times \frac{140}{100} \times \frac{85}{75}$
	$\frac{60}{45} \times \frac{65}{20} \times \frac{85}{50}$	74.812	$\frac{90}{80} \times \frac{140}{40} \times \frac{95}{50}$		$\frac{95}{20} \times \frac{70}{50} \times \frac{85}{75}$
73.920	$\frac{140}{50} \times \frac{120}{100} \times \frac{55}{25}$		$\frac{45}{40} \times \frac{70}{20} \times \frac{95}{50}$		$\frac{95}{20} \times \frac{35}{25} \times \frac{85}{75}$
	$\frac{70}{25} \times \frac{120}{100} \times \frac{110}{50}$		$\frac{45}{40} \times \frac{35}{20} \times \frac{95}{25}$	75.600	$\frac{120}{40} \times \frac{70}{100} \times \frac{90}{25}$
74.250	$\frac{120}{80} \times \frac{90}{20} \times \frac{55}{50}$	75	$\frac{200}{100} \times \frac{100}{80} \times \frac{150}{50}$		$\frac{60}{20} \times \frac{35}{50} \times \frac{90}{25}$
	$\frac{120}{80} \times \frac{90}{20} \times \frac{110}{100}$		$\frac{100}{50} \times \frac{100}{80} \times \frac{75}{25}$		$\frac{60}{20} \times \frac{140}{200} \times \frac{90}{25}$
	$\frac{60}{40} \times \frac{45}{20} \times \frac{110}{50}$		$\frac{50}{25} \times \frac{100}{80} \times \frac{60}{20}$		$\frac{150}{50} \times \frac{70}{100} \times \frac{90}{25}$

Pas	Nombre de dents des engrenages
millimètr.	
75.833	$\frac{75}{50} \times \frac{70}{30} \times \frac{130}{60}$
	$\frac{150}{100} \times \frac{140}{60} \times \frac{65}{30}$
	$\frac{75}{50} \times \frac{140}{30} \times \frac{65}{60}$
75.937	$\frac{150}{80} \times \frac{90}{40} \times \frac{45}{25}$
	$\frac{75}{40} \times \frac{45}{20} \times \frac{90}{50}$
76	$\frac{40}{50} \times \frac{95}{100} \times \frac{200}{20}$
	$\frac{80}{100} \times \frac{95}{50} \times \frac{100}{20}$
	$\frac{80}{100} \times \frac{95}{25} \times \frac{50}{20}$
	$\frac{40}{50} \times \frac{95}{25} \times \frac{200}{80}$
	$\frac{20}{25} \times \frac{95}{50} \times \frac{200}{40}$
76.500	$\frac{120}{40} \times \frac{60}{80} \times \frac{85}{25}$
	$\frac{60}{20} \times \frac{30}{40} \times \frac{85}{25}$
	$\frac{90}{30} \times \frac{60}{80} \times \frac{85}{25}$
	$\frac{75}{25} \times \frac{60}{40} \times \frac{85}{50}$
	$\frac{150}{50} \times \frac{30}{40} \times \frac{85}{25}$
76.800	$\frac{40}{100} \times \frac{80}{20} \times \frac{120}{25}$
77	$\frac{70}{60} \times \frac{75}{25} \times \frac{110}{50}$
	$\frac{35}{30} \times \frac{60}{20} \times \frac{55}{25}$

Pas	Nombre de dents des engrenages
millimètr.	
77	$\frac{70}{60} \times \frac{90}{30} \times \frac{55}{25}$
	$\frac{35}{30} \times \frac{120}{40} \times \frac{55}{25}$
	$\frac{35}{30} \times \frac{150}{50} \times \frac{55}{25}$
77.187	$\frac{130}{80} \times \frac{95}{100} \times \frac{200}{40}$
	$\frac{65}{40} \times \frac{95}{100} \times \frac{100}{20}$
77.344	$\frac{150}{80} \times \frac{75}{50} \times \frac{110}{40}$
	$\frac{75}{40} \times \frac{150}{100} \times \frac{55}{20}$
78	$\frac{120}{40} \times \frac{65}{100} \times \frac{100}{25}$
	$\frac{150}{50} \times \frac{130}{200} \times \frac{100}{25}$
	$\frac{90}{30} \times \frac{65}{100} \times \frac{80}{20}$
	$\frac{75}{25} \times \frac{65}{100} \times \frac{120}{30}$
	$\frac{60}{20} \times \frac{65}{100} \times \frac{200}{50}$
78.400	$\frac{85}{50} \times \frac{140}{25} \times \frac{80}{40}$
	$\frac{85}{50} \times \frac{140}{25} \times \frac{90}{45}$
	$\frac{85}{25} \times \frac{140}{50} \times \frac{70}{35}$
	$\frac{85}{25} \times \frac{140}{50} \times \frac{60}{30}$
	$\frac{85}{25} \times \frac{140}{50} \times \frac{40}{20}$
	$\frac{85}{25} \times \frac{140}{50} \times \frac{120}{60}$

Pas	Nombre de dents des engrenages
millimètr.	
78.750	$\frac{75}{25} \times \frac{70}{60} \times \frac{90}{40}$
	$\frac{120}{40} \times \frac{35}{30} \times \frac{45}{20}$
	$\frac{60}{20} \times \frac{35}{30} \times \frac{90}{40}$
79.200	$\frac{120}{100} \times \frac{75}{25} \times \frac{110}{50}$
	$\frac{60}{50} \times \frac{90}{30} \times \frac{55}{25}$
	$\frac{30}{25} \times \frac{60}{20} \times \frac{110}{50}$
	$\frac{30}{25} \times \frac{120}{40} \times \frac{110}{50}$
79.833	$\frac{100}{20} \times \frac{140}{100} \times \frac{85}{75}$
	$\frac{100}{20} \times \frac{70}{50} \times \frac{85}{75}$
	$\frac{150}{30} \times \frac{70}{50} \times \frac{85}{75}$
	$\frac{200}{40} \times \frac{35}{25} \times \frac{85}{75}$
	$\frac{120}{80} \times \frac{140}{90} \times \frac{85}{25}$
	$\frac{60}{40} \times \frac{70}{45} \times \frac{85}{25}$
	$\frac{30}{20} \times \frac{70}{45} \times \frac{85}{25}$
79.800	$\frac{60}{50} \times \frac{140}{80} \times \frac{95}{25}$
	$\frac{60}{50} \times \frac{70}{40} \times \frac{95}{25}$
	$\frac{120}{100} \times \frac{140}{40} \times \frac{95}{50}$
80	$\frac{80}{150} \times \frac{100}{20} \times \frac{75}{25}$

Pas	Nombre de dents des engrenages		
millimètr.			
80	$\frac{40}{75}$	$\times \frac{100}{20}$	$\times \frac{90}{30}$
	$\frac{80}{150}$	$\times \frac{100}{20}$	$\times \frac{120}{40}$
	$\frac{100}{50}$	$\times \frac{120}{60}$	$\times \frac{200}{100}$
	$\frac{50}{25}$	$\times \frac{60}{30}$	$\times \frac{80}{40}$
	$\frac{40}{20}$	$\times \frac{70}{35}$	$\times \frac{90}{45}$
80.156	$\frac{45}{20}$	$\times \frac{150}{80}$	$\times \frac{95}{50}$
	$\frac{90}{40}$	$\times \frac{75}{80}$	$\times \frac{95}{25}$
	$\frac{45}{20}$	$\times \frac{75}{80}$	$\times \frac{95}{25}$
80.750	$\frac{85}{25}$	$\times \frac{95}{80}$	$\times \frac{100}{50}$
	$\frac{85}{25}$	$\times \frac{95}{80}$	$\times \frac{200}{100}$
	$\frac{85}{25}$	$\times \frac{95}{80}$	$\times \frac{150}{75}$
	$\frac{85}{25}$	$\times \frac{95}{80}$	$\times \frac{120}{60}$
	$\frac{85}{25}$	$\times \frac{95}{80}$	$\times \frac{110}{55}$
	$\frac{85}{25}$	$\times \frac{95}{80}$	$\times \frac{90}{45}$
	$\frac{85}{25}$	$\times \frac{95}{80}$	$\times \frac{70}{35}$
	$\frac{85}{25}$	$\times \frac{95}{80}$	$\times \frac{60}{30}$
	$\frac{85}{25}$	$\times \frac{95}{80}$	$\times \frac{40}{20}$
80.838	$\frac{70}{25}$	$\times \frac{130}{100}$	$\times \frac{200}{90}$

Pas	Nombre de dents des engrenages		
millimètr.			
80.888	$\frac{70}{25}$	$\times \frac{65}{50}$	$\times \frac{100}{45}$
	$\frac{140}{50}$	$\times \frac{130}{100}$	$\times \frac{200}{90}$
81	$\frac{120}{40}$	$\times \frac{90}{100}$	$\times \frac{150}{50}$
	$\frac{60}{20}$	$\times \frac{45}{50}$	$\times \frac{75}{25}$
	$\frac{90}{30}$	$\times \frac{45}{50}$	$\times \frac{75}{25}$
	$\frac{150}{50}$	$\times \frac{90}{100}$	$\times \frac{60}{20}$
	$\frac{75}{25}$	$\times \frac{45}{50}$	$\times \frac{90}{30}$
81.066	$\frac{120}{45}$	$\times \frac{60}{25}$	$\times \frac{95}{75}$
	$\frac{120}{25}$	$\times \frac{60}{45}$	$\times \frac{95}{75}$
81.600	$\frac{90}{30}$	$\times \frac{80}{100}$	$\times \frac{85}{25}$
	$\frac{60}{20}$	$\times \frac{40}{50}$	$\times \frac{85}{25}$
	$\frac{120}{40}$	$\times \frac{80}{100}$	$\times \frac{85}{25}$
81.900	$\frac{90}{80}$	$\times \frac{140}{100}$	$\times \frac{130}{25}$
	$\frac{45}{40}$	$\times \frac{70}{50}$	$\times \frac{130}{25}$
82.080	$\frac{90}{25}$	$\times \frac{120}{200}$	$\times \frac{95}{25}$
82.133	$\frac{140}{75}$	$\times \frac{120}{20}$	$\times \frac{110}{150}$
	$\frac{140}{75}$	$\times \frac{120}{150}$	$\times \frac{110}{20}$
82.500	$\frac{100}{80}$	$\times \frac{75}{25}$	$\times \frac{110}{50}$

Pas	Nombre de dents des engrenages		
millimètr.			
82.500	$\frac{50}{40}$	$\times \frac{60}{20}$	$\times \frac{55}{25}$
	$\frac{50}{40}$	$\times \frac{90}{30}$	$\times \frac{55}{25}$
	$\frac{25}{20}$	$\times \frac{120}{40}$	$\times \frac{110}{50}$
82.875	$\frac{120}{20}$	$\times \frac{130}{80}$	$\times \frac{85}{100}$
	$\frac{120}{20}$	$\times \frac{65}{40}$	$\times \frac{85}{100}$
83.125	$\frac{95}{80}$	$\times \frac{50}{20}$	$\times \frac{70}{25}$
	$\frac{95}{80}$	$\times \frac{100}{40}$	$\times \frac{140}{50}$
83.200	$\frac{100}{25}$	$\times \frac{80}{100}$	$\times \frac{130}{50}$
	$\frac{200}{50}$	$\times \frac{80}{100}$	$\times \frac{65}{25}$
	$\frac{80}{20}$	$\times \frac{40}{50}$	$\times \frac{65}{25}$
	$\frac{120}{30}$	$\times \frac{20}{25}$	$\times \frac{130}{50}$
83.333	$\frac{100}{30}$	$\times \frac{100}{120}$	$\times \frac{75}{25}$
	$\frac{100}{30}$	$\times \frac{50}{60}$	$\times \frac{120}{40}$
	$\frac{100}{30}$	$\times \frac{100}{120}$	$\times \frac{60}{20}$
83.600	$\frac{95}{25}$	$\times \frac{110}{100}$	$\times \frac{80}{40}$
	$\frac{95}{25}$	$\times \frac{55}{50}$	$\times \frac{90}{45}$
	$\frac{95}{25}$	$\times \frac{110}{100}$	$\times \frac{100}{50}$
	$\frac{95}{25}$	$\times \frac{110}{100}$	$\times \frac{40}{20}$

Pas (millimètr.)	Nombre de dents des engrenages
83.600	$\frac{95}{25} \times \frac{55}{50} \times \frac{60}{30}$
	$\frac{95}{25} \times \frac{55}{50} \times \frac{120}{60}$
84	$\frac{120}{40} \times \frac{70}{20} \times \frac{80}{100}$
	$\frac{60}{20} \times \frac{140}{40} \times \frac{80}{100}$
	$\frac{75}{25} \times \frac{70}{20} \times \frac{40}{50}$
	$\frac{90}{30} \times \frac{70}{20} \times \frac{40}{50}$
	$\frac{150}{50} \times \frac{140}{40} \times \frac{20}{25}$
84.150	$\frac{90}{100} \times \frac{110}{40} \times \frac{85}{25}$
	$\frac{45}{50} \times \frac{55}{20} \times \frac{85}{25}$
84.375	$\frac{90}{100} \times \frac{100}{40} \times \frac{75}{20}$
	$\frac{45}{50} \times \frac{200}{80} \times \frac{150}{40}$
	$\frac{90}{100} \times \frac{50}{20} \times \frac{150}{40}$
84.500	$\frac{65}{50} \times \frac{130}{100} \times \frac{200}{40}$
	$\frac{65}{50} \times \frac{130}{100} \times \frac{100}{20}$
	$\frac{65}{50} \times \frac{130}{100} \times \frac{150}{30}$
	$\frac{120}{100} \times \frac{80}{25} \times \frac{110}{50}$
85	$\frac{90}{30} \times \frac{100}{60} \times \frac{85}{50}$
	$\frac{60}{20} \times \frac{50}{30} \times \frac{85}{50}$

Pas (millimètr.)	Nombre de dents des engrenages
85	$\frac{75}{25} \times \frac{100}{60} \times \frac{85}{50}$
	$\frac{120}{40} \times \frac{100}{50} \times \frac{85}{60}$
	$\frac{150}{50} \times \frac{200}{100} \times \frac{85}{60}$
	$\frac{75}{25} \times \frac{140}{70} \times \frac{85}{60}$
	$\frac{75}{25} \times \frac{130}{65} \times \frac{85}{60}$
	$\frac{75}{25} \times \frac{110}{55} \times \frac{85}{60}$
	$\frac{75}{25} \times \frac{90}{45} \times \frac{85}{60}$
	$\frac{90}{30} \times \frac{80}{40} \times \frac{85}{60}$
	$\frac{90}{30} \times \frac{70}{35} \times \frac{85}{60}$
	$\frac{60}{20} \times \frac{100}{25} \times \frac{85}{120}$
	$\frac{150}{50} \times \frac{80}{20} \times \frac{85}{120}$
85.312	$\frac{90}{120} \times \frac{140}{80} \times \frac{130}{20}$
	$\frac{45}{60} \times \frac{70}{40} \times \frac{130}{20}$
85.500	$\frac{90}{30} \times \frac{60}{40} \times \frac{95}{50}$
	$\frac{60}{20} \times \frac{120}{80} \times \frac{95}{50}$
	$\frac{75}{25} \times \frac{30}{20} \times \frac{95}{50}$
	$\frac{120}{40} \times \frac{30}{20} \times \frac{95}{50}$
86.400	$\frac{60}{100} \times \frac{150}{25} \times \frac{120}{50}$

Pas (millimètr.)	Nombre de dents des engrenages
86.400	$\frac{30}{50} \times \frac{150}{25} \times \frac{120}{50}$
	$\frac{60}{25} \times \frac{150}{100} \times \frac{120}{50}$
86.450	$\frac{65}{50} \times \frac{70}{40} \times \frac{95}{25}$
	$\frac{130}{100} \times \frac{35}{20} \times \frac{95}{25}$
	$\frac{65}{50} \times \frac{35}{20} \times \frac{95}{25}$
86.666	$\frac{75}{25} \times \frac{130}{100} \times \frac{200}{90}$
	$\frac{60}{20} \times \frac{65}{50} \times \frac{100}{45}$
	$\frac{90}{30} \times \frac{65}{50} \times \frac{100}{45}$
	$\frac{120}{40} \times \frac{65}{50} \times \frac{100}{45}$
87.111	$\frac{70}{45} \times \frac{140}{50} \times \frac{80}{40}$
	$\frac{70}{45} \times \frac{140}{50} \times \frac{60}{30}$
	$\frac{70}{45} \times \frac{140}{50} \times \frac{40}{20}$
87.500	$\frac{90}{60} \times \frac{140}{120} \times \frac{200}{40}$
	$\frac{45}{30} \times \frac{70}{60} \times \frac{100}{20}$
	$\frac{90}{60} \times \frac{35}{30} \times \frac{100}{20}$
87.750	$\frac{90}{20} \times \frac{30}{50} \times \frac{130}{40}$
	$\frac{90}{20} \times \frac{60}{100} \times \frac{130}{40}$
	$\frac{90}{20} \times \frac{120}{200} \times \frac{130}{40}$

Groupe 1

Pas (millimètr.)	Nombre de dents des engrenages
87.750	$\frac{90}{20} \times \frac{120}{100} \times \frac{65}{40}$
88	$\frac{120}{40} \times \frac{100}{25} \times \frac{110}{150}$
	$\frac{60}{20} \times \frac{100}{25} \times \frac{55}{75}$
	$\frac{75}{25} \times \frac{80}{20} \times \frac{110}{150}$
	$\frac{90}{30} \times \frac{80}{20} \times \frac{55}{75}$
	$\frac{120}{40} \times \frac{80}{20} \times \frac{55}{75}$
	$\frac{60}{20} \times \frac{120}{30} \times \frac{55}{75}$
	$\frac{150}{50} \times \frac{140}{35} \times \frac{55}{75}$
88.200	$\frac{90}{50} \times \frac{70}{20} \times \frac{35}{25}$
	$\frac{45}{25} \times \frac{140}{40} \times \frac{70}{50}$
88.400	$\frac{120}{30} \times \frac{130}{200} \times \frac{85}{25}$
	$\frac{120}{30} \times \frac{65}{100} \times \frac{85}{25}$
88.666	$\frac{95}{100} \times \frac{100}{30} \times \frac{70}{25}$
	$\frac{95}{50} \times \frac{100}{60} \times \frac{70}{25}$
	$\frac{95}{100} \times \frac{100}{30} \times \frac{140}{50}$
89.050	$\frac{50}{20} \times \frac{75}{80} \times \frac{95}{25}$
	$\frac{100}{40} \times \frac{75}{80} \times \frac{95}{25}$
	$\frac{100}{80} \times \frac{75}{40} \times \frac{95}{25}$

Groupe 2

Pas (millimètr.)	Nombre de dents des engrenages
89.062	$\frac{95}{80} \times \frac{100}{40} \times \frac{75}{25}$
	$\frac{95}{80} \times \frac{50}{20} \times \frac{90}{30}$
	$\frac{95}{80} \times \frac{100}{40} \times \frac{60}{20}$
	$\frac{95}{80} \times \frac{50}{20} \times \frac{120}{40}$
	$\frac{95}{80} \times \frac{100}{40} \times \frac{150}{50}$
89.250	$\frac{60}{40} \times \frac{140}{80} \times \frac{85}{25}$
	$\frac{30}{20} \times \frac{70}{40} \times \frac{85}{25}$
	$\frac{90}{60} \times \frac{35}{20} \times \frac{85}{25}$
	$\frac{120}{80} \times \frac{35}{20} \times \frac{85}{25}$
89.375	$\frac{55}{20} \times \frac{65}{100} \times \frac{200}{40}$
	$\frac{110}{40} \times \frac{65}{100} \times \frac{100}{20}$
	$\frac{55}{20} \times \frac{130}{200} \times \frac{120}{30}$
89.600	$\frac{120}{100} \times \frac{80}{60} \times \frac{140}{25}$
	$\frac{60}{50} \times \frac{40}{30} \times \frac{140}{25}$
	$\frac{30}{25} \times \frac{80}{60} \times \frac{140}{25}$
90	$\frac{90}{50} \times \frac{100}{60} \times \frac{75}{25}$
	$\frac{90}{60} \times \frac{100}{50} \times \frac{75}{25}$
	$\frac{45}{25} \times \frac{100}{60} \times \frac{150}{50}$

Groupe 3

Pas (millimètr.)	Nombre de dents des engrenages
90	$\frac{45}{30} \times \frac{50}{25} \times \frac{60}{20}$
	$\frac{45}{30} \times \frac{200}{100} \times \frac{120}{40}$
	$\frac{45}{30} \times \frac{150}{75} \times \frac{60}{20}$
	$\frac{45}{30} \times \frac{140}{70} \times \frac{75}{25}$
	$\frac{45}{30} \times \frac{130}{65} \times \frac{60}{20}$
	$\frac{45}{30} \times \frac{120}{60} \times \frac{150}{50}$
	$\frac{45}{30} \times \frac{110}{55} \times \frac{75}{25}$
	$\frac{45}{30} \times \frac{80}{40} \times \frac{60}{20}$
	$\frac{45}{30} \times \frac{70}{35} \times \frac{60}{20}$
	$\frac{45}{30} \times \frac{40}{20} \times \frac{75}{25}$
90.666	$\frac{120}{20} \times \frac{80}{60} \times \frac{85}{75}$
	$\frac{120}{20} \times \frac{40}{30} \times \frac{85}{75}$
	$\frac{120}{60} \times \frac{80}{20} \times \frac{85}{75}$
	$\frac{100}{50} \times \frac{100}{25} \times \frac{85}{75}$
	$\frac{90}{45} \times \frac{80}{20} \times \frac{85}{75}$
	$\frac{80}{40} \times \frac{120}{30} \times \frac{85}{75}$
	$\frac{70}{35} \times \frac{80}{20} \times \frac{85}{75}$
	$\frac{60}{30} \times \frac{80}{20} \times \frac{85}{75}$

Pas	Nombre de dents des engrenages
millimètr. 91	$\dfrac{75}{25} \times \dfrac{140}{30} \times \dfrac{130}{200}$
	$\dfrac{150}{50} \times \dfrac{140}{30} \times \dfrac{65}{100}$
	$\dfrac{90}{30} \times \dfrac{140}{60} \times \dfrac{65}{50}$
	$\dfrac{60}{20} \times \dfrac{70}{30} \times \dfrac{65}{50}$
	$\dfrac{120}{40} \times \dfrac{70}{30} \times \dfrac{65}{50}$
91.200	$\dfrac{20}{50} \times \dfrac{150}{25} \times \dfrac{95}{25}$
	$\dfrac{40}{100} \times \dfrac{120}{20} \times \dfrac{95}{25}$
	$\dfrac{80}{200} \times \dfrac{120}{20} \times \dfrac{95}{25}$
91.800	$\dfrac{90}{100} \times \dfrac{150}{50} \times \dfrac{85}{25}$
	$\dfrac{45}{50} \times \dfrac{120}{40} \times \dfrac{85}{25}$
	$\dfrac{45}{50} \times \dfrac{90}{30} \times \dfrac{85}{25}$
	$\dfrac{45}{50} \times \dfrac{60}{20} \times \dfrac{85}{25}$
92.400	$\dfrac{70}{25} \times \dfrac{60}{20} \times \dfrac{55}{50}$
	$\dfrac{140}{50} \times \dfrac{120}{40} \times \dfrac{110}{100}$
	$\dfrac{70}{25} \times \dfrac{90}{30} \times \dfrac{55}{50}$
	$\dfrac{70}{25} \times \dfrac{60}{20} \times \dfrac{55}{50}$
92.444	$\dfrac{80}{25} \times \dfrac{130}{100} \times \dfrac{200}{90}$
	$\dfrac{80}{25} \times \dfrac{65}{50} \times \dfrac{100}{45}$

Pas	Nombre de dents des engrenages
millimètr. 92.625	$\dfrac{95}{20} \times \dfrac{30}{50} \times \dfrac{130}{40}$
	$\dfrac{95}{20} \times \dfrac{60}{100} \times \dfrac{130}{40}$
	$\dfrac{65}{50} \times \dfrac{75}{40} \times \dfrac{95}{25}$
	$\dfrac{130}{100} \times \dfrac{150}{80} \times \dfrac{95}{25}$
92.812	$\dfrac{150}{40} \times \dfrac{90}{80} \times \dfrac{55}{25}$
	$\dfrac{75}{20} \times \dfrac{45}{40} \times \dfrac{55}{25}$
93.333	$\dfrac{120}{60} \times \dfrac{70}{90} \times \dfrac{150}{25}$
	$\dfrac{60}{30} \times \dfrac{35}{45} \times \dfrac{150}{25}$
	$\dfrac{60}{30} \times \dfrac{70}{45} \times \dfrac{75}{25}$
	$\dfrac{40}{20} \times \dfrac{70}{45} \times \dfrac{75}{25}$
	$\dfrac{50}{25} \times \dfrac{70}{45} \times \dfrac{60}{20}$
	$\dfrac{70}{35} \times \dfrac{140}{90} \times \dfrac{60}{20}$
	$\dfrac{80}{40} \times \dfrac{70}{45} \times \dfrac{90}{30}$
	$\dfrac{100}{50} \times \dfrac{70}{45} \times \dfrac{90}{30}$
	$\dfrac{110}{55} \times \dfrac{70}{45} \times \dfrac{120}{40}$
	$\dfrac{150}{75} \times \dfrac{70}{45} \times \dfrac{120}{40}$
	$\dfrac{200}{100} \times \dfrac{140}{90} \times \dfrac{150}{50}$
93.500	$\dfrac{85}{100} \times \dfrac{110}{20} \times \dfrac{100}{50}$

Pas	Nombre de dents des engrenages
millimètr. 93.500	$\dfrac{85}{100} \times \dfrac{110}{20} \times \dfrac{200}{100}$
	$\dfrac{85}{100} \times \dfrac{110}{20} \times \dfrac{120}{60}$
	$\dfrac{85}{100} \times \dfrac{110}{20} \times \dfrac{80}{40}$
	$\dfrac{85}{100} \times \dfrac{110}{20} \times \dfrac{60}{30}$
	$\dfrac{85}{100} \times \dfrac{110}{20} \times \dfrac{50}{25}$
93.600	$\dfrac{90}{30} \times \dfrac{120}{200} \times \dfrac{130}{25}$
	$\dfrac{90}{30} \times \dfrac{60}{100} \times \dfrac{130}{25}$
	$\dfrac{60}{20} \times \dfrac{30}{50} \times \dfrac{130}{25}$
	$\dfrac{120}{40} \times \dfrac{30}{50} \times \dfrac{130}{25}$
	$\dfrac{150}{50} \times \dfrac{60}{100} \times \dfrac{130}{25}$
	$\dfrac{65}{100} \times \dfrac{150}{25} \times \dfrac{120}{50}$
93.750	$\dfrac{100}{20} \times \dfrac{50}{80} \times \dfrac{75}{25}$
	$\dfrac{100}{20} \times \dfrac{25}{40} \times \dfrac{150}{50}$
	$\dfrac{100}{20} \times \dfrac{25}{40} \times \dfrac{90}{30}$
	$\dfrac{100}{20} \times \dfrac{50}{80} \times \dfrac{120}{40}$
93.888	$\dfrac{65}{50} \times \dfrac{130}{40} \times \dfrac{200}{90}$
	$\dfrac{130}{50} \times \dfrac{65}{40} \times \dfrac{100}{45}$
94.500	$\dfrac{120}{80} \times \dfrac{70}{40} \times \dfrac{90}{25}$

Pas	Nombre de dents des engrenages	Pas	Nombre de dents des engrenages	Pas	Nombre de dents des engrenages
millimètr.		millimètr.		millimètr.	
94.500	$\frac{60}{40} \times \frac{35}{20} \times \frac{90}{25}$	95.625	$\frac{120}{80} \times \frac{150}{40} \times \frac{85}{50}$	97.066	$\frac{80}{25} \times \frac{140}{30} \times \frac{130}{200}$
	$\frac{30}{20} \times \frac{70}{40} \times \frac{90}{25}$		$\frac{60}{40} \times \frac{75}{20} \times \frac{85}{50}$		$\frac{80}{25} \times \frac{140}{30} \times \frac{65}{100}$
94.792	$\frac{150}{40} \times \frac{140}{20} \times \frac{65}{30}$		$\frac{30}{20} \times \frac{150}{40} \times \frac{85}{50}$	97.200	$\frac{120}{20} \times \frac{90}{100} \times \frac{45}{25}$
	$\frac{75}{20} \times \frac{70}{60} \times \frac{65}{30}$	96	$\frac{60}{30} \times \frac{40}{20} \times \frac{120}{50}$		$\frac{120}{100} \times \frac{90}{20} \times \frac{45}{25}$
	$\frac{75}{20} \times \frac{35}{30} \times \frac{130}{60}$		$\frac{70}{35} \times \frac{40}{20} \times \frac{60}{25}$	97.500	$\frac{120}{80} \times \frac{100}{20} \times \frac{65}{50}$
95	$\frac{120}{90} \times \frac{75}{50} \times \frac{95}{20}$		$\frac{100}{50} \times \frac{80}{40} \times \frac{60}{25}$		$\frac{60}{40} \times \frac{100}{20} \times \frac{65}{50}$
	$\frac{60}{45} \times \frac{150}{100} \times \frac{95}{20}$		$\frac{110}{55} \times \frac{70}{35} \times \frac{60}{25}$		$\frac{30}{20} \times \frac{200}{40} \times \frac{65}{50}$
95.040	$\frac{120}{100} \times \frac{90}{50} \times \frac{110}{25}$		$\frac{140}{70} \times \frac{100}{50} \times \frac{60}{25}$		$\frac{45}{90} \times \frac{120}{20} \times \frac{130}{40}$
	$\frac{120}{50} \times \frac{90}{100} \times \frac{110}{25}$		$\frac{150}{75} \times \frac{130}{65} \times \frac{60}{25}$		$\frac{50}{100} \times \frac{120}{20} \times \frac{130}{40}$
95.200	$\frac{85}{100} \times \frac{140}{25} \times \frac{100}{50}$		$\frac{200}{100} \times \frac{90}{45} \times \frac{120}{50}$	98	$\frac{35}{25} \times \frac{70}{100} \times \frac{200}{20}$
	$\frac{85}{100} \times \frac{140}{25} \times \frac{80}{40}$	96.250	$\frac{90}{30} \times \frac{140}{80} \times \frac{110}{60}$		$\frac{140}{100} \times \frac{35}{50} \times \frac{200}{20}$
	$\frac{85}{100} \times \frac{140}{25} \times \frac{60}{30}$		$\frac{60}{20} \times \frac{70}{40} \times \frac{55}{30}$	98.437	$\frac{150}{20} \times \frac{70}{60} \times \frac{45}{40}$
	$\frac{85}{25} \times \frac{140}{100} \times \frac{40}{20}$		$\frac{120}{40} \times \frac{35}{20} \times \frac{55}{30}$		$\frac{150}{20} \times \frac{35}{30} \times \frac{90}{80}$
	$\frac{85}{25} \times \frac{70}{50} \times \frac{90}{45}$		$\frac{75}{25} \times \frac{35}{20} \times \frac{55}{30}$	98.560	$\frac{70}{25} \times \frac{120}{50} \times \frac{110}{75}$
	$\frac{85}{25} \times \frac{70}{50} \times \frac{120}{60}$	96.900	$\frac{95}{100} \times \frac{150}{50} \times \frac{85}{25}$		$\frac{140}{50} \times \frac{60}{25} \times \frac{110}{75}$
	$\frac{85}{25} \times \frac{70}{50} \times \frac{150}{75}$		$\frac{95}{100} \times \frac{120}{40} \times \frac{85}{25}$	98.743	$\frac{80}{25} \times \frac{120}{50} \times \frac{90}{70}$
95.333	$\frac{65}{20} \times \frac{100}{25} \times \frac{55}{75}$		$\frac{95}{100} \times \frac{90}{30} \times \frac{85}{25}$		$\frac{80}{25} \times \frac{120}{50} \times \frac{45}{35}$
	$\frac{130}{40} \times \frac{200}{50} \times \frac{55}{75}$		$\frac{90}{100} \times \frac{60}{20} \times \frac{85}{25}$	98.800	$\frac{95}{100} \times \frac{130}{25} \times \frac{100}{50}$

Pas	Nombre de dents des engrenages	Pas	Nombre de dents des engrenages	Pas	Nombre de dents des engrenages
millimètr.		millimètr.		millimètr.	
98.800	$\frac{95}{100} \times \frac{130}{25} \times \frac{200}{100}$	99.555	$\frac{40}{25} \times \frac{140}{45} \times \frac{200}{100}$	100.800	$\frac{80}{40} \times \frac{70}{50} \times \frac{90}{25}$
	$\frac{95}{100} \times \frac{130}{25} \times \frac{90}{45}$		$\frac{40}{25} \times \frac{140}{45} \times \frac{120}{60}$		$\frac{60}{30} \times \frac{70}{50} \times \frac{90}{25}$
	$\frac{95}{100} \times \frac{130}{25} \times \frac{80}{40}$		$\frac{40}{25} \times \frac{140}{45} \times \frac{60}{30}$		$\frac{40}{20} \times \frac{70}{50} \times \frac{90}{25}$
	$\frac{95}{100} \times \frac{130}{25} \times \frac{60}{30}$		$\frac{80}{50} \times \frac{140}{45} \times \frac{40}{20}$	101.111	$\frac{70}{50} \times \frac{130}{40} \times \frac{200}{90}$
	$\frac{95}{100} \times \frac{130}{25} \times \frac{40}{20}$	99.750	$\frac{60}{40} \times \frac{140}{80} \times \frac{95}{25}$		$\frac{35}{25} \times \frac{65}{20} \times \frac{100}{45}$
99	$\frac{60}{40} \times \frac{75}{25} \times \frac{110}{50}$		$\frac{30}{20} \times \frac{70}{40} \times \frac{95}{25}$	101.250	$\frac{120}{80} \times \frac{90}{40} \times \frac{150}{50}$
	$\frac{30}{20} \times \frac{150}{50} \times \frac{55}{25}$		$\frac{60}{40} \times \frac{35}{20} \times \frac{95}{25}$		$\frac{60}{40} \times \frac{45}{20} \times \frac{75}{25}$
	$\frac{60}{40} \times \frac{90}{30} \times \frac{55}{25}$		$\frac{120}{80} \times \frac{70}{40} \times \frac{95}{25}$		$\frac{30}{20} \times \frac{70}{40} \times \frac{75}{25}$
	$\frac{30}{20} \times \frac{120}{40} \times \frac{55}{25}$	100	$\frac{200}{150} \times \frac{100}{40} \times \frac{75}{25}$		$\frac{60}{40} \times \frac{45}{20} \times \frac{90}{30}$
	$\frac{120}{80} \times \frac{150}{50} \times \frac{55}{25}$		$\frac{100}{75} \times \frac{50}{20} \times \frac{90}{30}$	101.333	$\frac{100}{25} \times \frac{80}{60} \times \frac{95}{50}$
	$\frac{60}{20} \times \frac{75}{25} \times \frac{55}{50}$		$\frac{100}{75} \times \frac{100}{40} \times \frac{60}{20}$		$\frac{80}{20} \times \frac{40}{30} \times \frac{95}{50}$
	$\frac{120}{40} \times \frac{90}{30} \times \frac{110}{100}$		$\frac{100}{75} \times \frac{50}{20} \times \frac{120}{40}$		$\frac{120}{30} \times \frac{80}{60} \times \frac{95}{50}$
	$\frac{60}{20} \times \frac{120}{40} \times \frac{55}{50}$		$\frac{100}{75} \times \frac{100}{40} \times \frac{150}{50}$	101.400	$\frac{130}{100} \times \frac{65}{50} \times \frac{120}{20}$
99.166	$\frac{150}{120} \times \frac{70}{30} \times \frac{85}{25}$	100.320	$\frac{120}{100} \times \frac{95}{50} \times \frac{110}{25}$		$\frac{130}{50} \times \frac{65}{100} \times \frac{120}{20}$
	$\frac{75}{60} \times \frac{70}{30} \times \frac{85}{25}$		$\frac{120}{50} \times \frac{95}{100} \times \frac{110}{25}$	102	$\frac{90}{30} \times \frac{80}{40} \times \frac{85}{50}$
	$\frac{150}{120} \times \frac{140}{60} \times \frac{85}{25}$	100.800	$\frac{120}{60} \times \frac{140}{100} \times \frac{90}{25}$		$\frac{60}{20} \times \frac{200}{100} \times \frac{85}{50}$
99.555	$\frac{80}{50} \times \frac{140}{45} \times \frac{70}{35}$		$\frac{150}{75} \times \frac{70}{50} \times \frac{90}{25}$		$\frac{60}{20} \times \frac{140}{70} \times \frac{85}{50}$
	$\frac{40}{25} \times \frac{140}{45} \times \frac{100}{50}$		$\frac{100}{50} \times \frac{140}{100} \times \frac{90}{25}$		$\frac{60}{20} \times \frac{130}{65} \times \frac{85}{50}$

Pas	Nombre de dents des engrenages	Pas	Nombre de dents des engrenages	Pas	Nombre de dents des engrenages
millimètr.		millimètr.		millimètr.	
102	$\frac{60}{20} \times \frac{110}{55} \times \frac{85}{50}$	105	$\frac{90}{20} \times \frac{35}{45} \times \frac{120}{40}$	105.777	$\frac{100}{30} \times \frac{140}{50} \times \frac{85}{75}$
	$\frac{75}{25} \times \frac{90}{45} \times \frac{85}{50}$		$\frac{120}{80} \times \frac{70}{60} \times \frac{150}{25}$		$\frac{100}{30} \times \frac{70}{25} \times \frac{85}{75}$
	$\frac{120}{40} \times \frac{150}{75} \times \frac{85}{50}$		$\frac{60}{40} \times \frac{35}{30} \times \frac{150}{25}$		$\frac{200}{60} \times \frac{70}{25} \times \frac{85}{75}$
	$\frac{150}{50} \times \frac{140}{35} \times \frac{85}{100}$		$\frac{30}{20} \times \frac{70}{60} \times \frac{150}{25}$	106.080	$\frac{120}{50} \times \frac{130}{100} \times \frac{85}{25}$
102.375	$\frac{90}{40} \times \frac{70}{20} \times \frac{65}{50}$	105.187	$\frac{90}{20} \times \frac{110}{80} \times \frac{85}{50}$		$\frac{120}{100} \times \frac{130}{50} \times \frac{85}{25}$
	$\frac{45}{20} \times \frac{140}{40} \times \frac{130}{100}$		$\frac{90}{20} \times \frac{55}{40} \times \frac{85}{50}$	106.400	$\frac{120}{30} \times \frac{70}{100} \times \frac{95}{25}$
102.600	$\frac{90}{100} \times \frac{120}{40} \times \frac{95}{25}$	105.300	$\frac{90}{20} \times \frac{45}{25} \times \frac{130}{100}$		$\frac{80}{20} \times \frac{35}{50} \times \frac{95}{25}$
	$\frac{45}{50} \times \frac{60}{20} \times \frac{95}{25}$		$\frac{90}{20} \times \frac{45}{25} \times \frac{65}{50}$	106.666	$\frac{100}{25} \times \frac{80}{60} \times \frac{200}{100}$
104	$\frac{90}{30} \times \frac{80}{60} \times \frac{130}{50}$	105.469	$\frac{45}{20} \times \frac{100}{80} \times \frac{150}{40}$		$\frac{120}{30} \times \frac{80}{60} \times \frac{150}{75}$
	$\frac{75}{25} \times \frac{40}{30} \times \frac{130}{50}$		$\frac{90}{40} \times \frac{100}{80} \times \frac{75}{20}$		$\frac{80}{20} \times \frac{40}{30} \times \frac{100}{50}$
	$\frac{60}{20} \times \frac{40}{30} \times \frac{65}{25}$	105.600	$\frac{40}{25} \times \frac{60}{20} \times \frac{110}{50}$		$\frac{80}{20} \times \frac{40}{30} \times \frac{90}{45}$
	$\frac{120}{40} \times \frac{80}{60} \times \frac{65}{25}$		$\frac{80}{50} \times \frac{120}{40} \times \frac{55}{25}$		$\frac{80}{20} \times \frac{40}{30} \times \frac{70}{35}$
	$\frac{150}{50} \times \frac{40}{30} \times \frac{65}{25}$		$\frac{80}{50} \times \frac{90}{30} \times \frac{55}{25}$		$\frac{80}{20} \times \frac{40}{30} \times \frac{50}{25}$
104.500	$\frac{110}{100} \times \frac{95}{100} \times \frac{200}{20}$		$\frac{80}{50} \times \frac{60}{20} \times \frac{55}{25}$		$\frac{100}{25} \times \frac{80}{60} \times \frac{40}{20}$
	$\frac{55}{50} \times \frac{95}{100} \times \frac{200}{20}$	105.777	$\frac{120}{40} \times \frac{140}{45} \times \frac{85}{75}$	106.875	$\frac{90}{20} \times \frac{100}{80} \times \frac{95}{50}$
105	$\frac{90}{20} \times \frac{35}{45} \times \frac{75}{25}$		$\frac{60}{20} \times \frac{140}{45} \times \frac{85}{75}$		$\frac{90}{20} \times \frac{100}{40} \times \frac{95}{100}$
	$\frac{90}{20} \times \frac{35}{45} \times \frac{150}{50}$		$\frac{90}{30} \times \frac{140}{45} \times \frac{85}{75}$		$\frac{45}{30} \times \frac{75}{20} \times \frac{95}{50}$
	$\frac{90}{20} \times \frac{35}{45} \times \frac{60}{20}$		$\frac{150}{50} \times \frac{140}{45} \times \frac{85}{75}$		$\frac{90}{60} \times \frac{150}{40} \times \frac{95}{50}$

Pas (millimètr.)	Nombre de dents des engrenages
107.100	$\frac{90}{100} \times \frac{140}{40} \times \frac{85}{25}$
	$\frac{45}{50} \times \frac{70}{20} \times \frac{85}{25}$
107.520	$\frac{120}{50} \times \frac{80}{100} \times \frac{140}{25}$
	$\frac{120}{50} \times \frac{80}{25} \times \frac{140}{100}$
108	$\frac{60}{30} \times \frac{120}{40} \times \frac{90}{50}$
	$\frac{40}{20} \times \frac{75}{25} \times \frac{90}{50}$
	$\frac{70}{35} \times \frac{60}{20} \times \frac{45}{25}$
	$\frac{80}{40} \times \frac{90}{30} \times \frac{45}{25}$
	$\frac{100}{50} \times \frac{120}{40} \times \frac{45}{25}$
	$\frac{110}{55} \times \frac{150}{50} \times \frac{45}{25}$
	$\frac{120}{60} \times \frac{90}{30} \times \frac{45}{25}$
	$\frac{140}{70} \times \frac{60}{20} \times \frac{45}{25}$
	$\frac{150}{75} \times \frac{60}{20} \times \frac{45}{25}$
	$\frac{200}{100} \times \frac{60}{20} \times \frac{90}{50}$
108.062	$\frac{130}{20} \times \frac{70}{80} \times \frac{95}{50}$
	$\frac{130}{20} \times \frac{35}{40} \times \frac{95}{50}$
	$\frac{130}{20} \times \frac{140}{80} \times \frac{95}{100}$
	$\frac{130}{20} \times \frac{35}{80} \times \frac{95}{25}$

Pas (millimètr.)	Nombre de dents des engrenages
108.333	$\frac{50}{90} \times \frac{120}{20} \times \frac{130}{40}$
	$\frac{25}{45} \times \frac{120}{20} \times \frac{130}{40}$
	$\frac{50}{90} \times \frac{150}{25} \times \frac{65}{20}$
108.800	$\frac{120}{30} \times \frac{80}{100} \times \frac{85}{25}$
	$\frac{80}{20} \times \frac{40}{50} \times \frac{85}{25}$
	$\frac{140}{35} \times \frac{40}{50} \times \frac{85}{25}$
109.200	$\frac{120}{20} \times \frac{70}{100} \times \frac{130}{50}$
	$\frac{120}{20} \times \frac{35}{50} \times \frac{65}{25}$
	$\frac{60}{20} \times \frac{140}{100} \times \frac{130}{50}$
	$\frac{60}{20} \times \frac{70}{50} \times \frac{65}{25}$
	$\frac{90}{30} \times \frac{35}{25} \times \frac{130}{50}$
	$\frac{120}{40} \times \frac{70}{50} \times \frac{65}{25}$
	$\frac{75}{25} \times \frac{140}{100} \times \frac{130}{50}$
	$\frac{150}{50} \times \frac{140}{100} \times \frac{65}{25}$
109.511	$\frac{140}{75} \times \frac{200}{25} \times \frac{110}{150}$
	$\frac{140}{25} \times \frac{200}{75} \times \frac{110}{150}$
110	$\frac{100}{60} \times \frac{75}{25} \times \frac{110}{50}$
	$\frac{50}{30} \times \frac{60}{20} \times \frac{55}{25}$

Pas (millimètr.)	Nombre de dents des engrenages
110	$\frac{200}{120} \times \frac{150}{50} \times \frac{55}{25}$
	$\frac{100}{60} \times \frac{90}{30} \times \frac{55}{25}$
	$\frac{50}{30} \times \frac{120}{40} \times \frac{55}{25}$
	$\frac{100}{60} \times \frac{150}{50} \times \frac{55}{25}$
110.250	$\frac{90}{20} \times \frac{140}{40} \times \frac{35}{50}$
	$\frac{90}{20} \times \frac{140}{40} \times \frac{70}{100}$
110.833	$\frac{95}{40} \times \frac{100}{60} \times \frac{70}{25}$
	$\frac{95}{40} \times \frac{50}{30} \times \frac{70}{25}$
	$\frac{95}{40} \times \frac{100}{60} \times \frac{140}{50}$
	$\frac{95}{20} \times \frac{50}{60} \times \frac{70}{25}$
	$\frac{95}{80} \times \frac{100}{30} \times \frac{70}{25}$
111.375	$\frac{90}{40} \times \frac{45}{20} \times \frac{55}{25}$
	$\frac{90}{20} \times \frac{45}{40} \times \frac{110}{50}$
111.562	$\frac{75}{80} \times \frac{70}{20} \times \frac{85}{25}$
	$\frac{150}{80} \times \frac{70}{40} \times \frac{85}{25}$
	$\frac{75}{80} \times \frac{140}{40} \times \frac{85}{25}$
112	$\frac{120}{20} \times \frac{40}{60} \times \frac{140}{50}$
	$\frac{120}{20} \times \frac{40}{60} \times \frac{70}{25}$

Pas (millimètr)	Nombre de dents des engrenages
112	$\frac{80}{100} \times \frac{70}{30} \times \frac{150}{25}$
	$\frac{40}{50} \times \frac{70}{30} \times \frac{150}{25}$
	$\frac{40}{50} \times \frac{140}{60} \times \frac{150}{25}$
112.320	$\frac{120}{100} \times \frac{90}{50} \times \frac{130}{25}$
	$\frac{120}{50} \times \frac{90}{100} \times \frac{130}{25}$
112.500	$\frac{90}{120} \times \frac{100}{20} \times \frac{75}{25}$
	$\frac{45}{60} \times \frac{100}{20} \times \frac{150}{50}$
	$\frac{45}{60} \times \frac{100}{20} \times \frac{90}{30}$
	$\frac{45}{60} \times \frac{100}{20} \times \frac{120}{40}$
112.666	$\frac{65}{50} \times \frac{130}{100} \times \frac{200}{30}$
	$\frac{65}{100} \times \frac{130}{50} \times \frac{200}{30}$
	$\frac{65}{100} \times \frac{130}{25} \times \frac{100}{30}$
113.400	$\frac{140}{40} \times \frac{90}{50} \times \frac{45}{25}$
	$\frac{70}{20} \times \frac{90}{25} \times \frac{45}{50}$
113.750	$\frac{90}{30} \times \frac{140}{80} \times \frac{130}{60}$
	$\frac{75}{25} \times \frac{70}{40} \times \frac{65}{30}$
	$\frac{60}{20} \times \frac{70}{40} \times \frac{65}{30}$
	$\frac{120}{40} \times \frac{35}{20} \times \frac{65}{30}$

Pas (millimètr.)	Nombre de dents des engrenages
113.750	$\frac{150}{50} \times \frac{35}{20} \times \frac{130}{60}$
114	$\frac{120}{30} \times \frac{60}{80} \times \frac{95}{25}$
	$\frac{80}{20} \times \frac{30}{40} \times \frac{95}{25}$
	$\frac{200}{50} \times \frac{30}{40} \times \frac{95}{25}$
114.750	$\frac{90}{40} \times \frac{75}{50} \times \frac{85}{25}$
	$\frac{45}{20} \times \frac{75}{50} \times \frac{85}{25}$
	$\frac{45}{20} \times \frac{150}{100} \times \frac{85}{25}$
115.200	$\frac{90}{100} \times \frac{80}{50} \times \frac{200}{25}$
	$\frac{90}{50} \times \frac{80}{100} \times \frac{200}{25}$
115.500	$\frac{70}{40} \times \frac{75}{25} \times \frac{110}{50}$
	$\frac{140}{80} \times \frac{90}{30} \times \frac{55}{25}$
	$\frac{70}{40} \times \frac{60}{20} \times \frac{55}{25}$
	$\frac{35}{20} \times \frac{120}{40} \times \frac{55}{25}$
	$\frac{35}{20} \times \frac{150}{50} \times \frac{55}{25}$
	$\frac{90}{30} \times \frac{140}{40} \times \frac{110}{100}$
	$\frac{75}{25} \times \frac{70}{20} \times \frac{55}{50}$
116.666	$\frac{90}{30} \times \frac{140}{120} \times \frac{200}{60}$
	$\frac{60}{20} \times \frac{140}{120} \times \frac{100}{30}$

Pas (millimètr.)	Nombre de dents des engrenages
116.666	$\frac{75}{25} \times \frac{70}{60} \times \frac{100}{30}$
	$\frac{120}{40} \times \frac{35}{30} \times \frac{200}{60}$
	$\frac{150}{50} \times \frac{140}{120} \times \frac{200}{60}$
117	$\frac{120}{40} \times \frac{150}{100} \times \frac{65}{25}$
	$\frac{60}{20} \times \frac{75}{50} \times \frac{65}{25}$
	$\frac{120}{40} \times \frac{150}{100} \times \frac{130}{50}$
	$\frac{90}{30} \times \frac{60}{40} \times \frac{130}{50}$
	$\frac{90}{30} \times \frac{120}{80} \times \frac{130}{50}$
	$\frac{75}{25} \times \frac{30}{20} \times \frac{130}{50}$
	$\frac{60}{20} \times \frac{120}{80} \times \frac{65}{25}$
	$\frac{120}{40} \times \frac{30}{20} \times \frac{65}{25}$
	$\frac{150}{50} \times \frac{30}{20} \times \frac{65}{25}$
117.600	$\frac{120}{50} \times \frac{70}{20} \times \frac{35}{25}$
	$\frac{60}{25} \times \frac{140}{40} \times \frac{70}{50}$
118.125	$\frac{75}{50} \times \frac{70}{20} \times \frac{90}{40}$
	$\frac{150}{100} \times \frac{70}{20} \times \frac{90}{40}$
	$\frac{75}{50} \times \frac{140}{40} \times \frac{45}{20}$
118.750	$\frac{95}{120} \times \frac{100}{20} \times \frac{75}{25}$

Pas	Nombre de dents des engrenages	Pas	Nombre de dents des engrenages	Pas	Nombre de dents des engrenages
millimètr.		millimètr.		millimètr.	
118.750	$\frac{95}{120} \times \frac{100}{20} \times \frac{90}{30}$	120	$\frac{100}{50} \times \frac{90}{45} \times \frac{60}{20}$	121.125	$\frac{95}{40} \times \frac{150}{100} \times \frac{85}{25}$
	$\frac{95}{120} \times \frac{200}{40} \times \frac{60}{20}$		$\frac{110}{55} \times \frac{100}{50} \times \frac{90}{30}$	121.333	$\frac{80}{50} \times \frac{70}{30} \times \frac{130}{40}$
118.800	$\frac{120}{20} \times \frac{90}{100} \times \frac{55}{25}$		$\frac{120}{60} \times \frac{110}{55} \times \frac{90}{30}$		$\frac{40}{25} \times \frac{70}{30} \times \frac{65}{20}$
	$\frac{120}{20} \times \frac{45}{50} \times \frac{55}{25}$		$\frac{130}{65} \times \frac{120}{60} \times \frac{75}{25}$		$\frac{40}{25} \times \frac{140}{60} \times \frac{65}{20}$
119	$\frac{150}{100} \times \frac{140}{60} \times \frac{85}{25}$		$\frac{140}{70} \times \frac{130}{65} \times \frac{120}{40}$	121.500	$\frac{120}{80} \times \frac{90}{20} \times \frac{45}{25}$
	$\frac{75}{50} \times \frac{70}{30} \times \frac{85}{25}$		$\frac{150}{75} \times \frac{140}{70} \times \frac{120}{40}$		$\frac{60}{40} \times \frac{90}{20} \times \frac{45}{25}$
	$\frac{90}{30} \times \frac{140}{120} \times \frac{85}{25}$		$\frac{200}{100} \times \frac{150}{75} \times \frac{120}{40}$	121.600	$\frac{120}{30} \times \frac{40}{50} \times \frac{95}{25}$
	$\frac{60}{20} \times \frac{35}{30} \times \frac{85}{25}$	120.960	$\frac{120}{100} \times \frac{140}{50} \times \frac{90}{25}$		$\frac{80}{20} \times \frac{40}{50} \times \frac{95}{25}$
	$\frac{120}{40} \times \frac{70}{60} \times \frac{85}{25}$		$\frac{60}{50} \times \frac{70}{25} \times \frac{90}{25}$		$\frac{140}{35} \times \frac{80}{100} \times \frac{95}{25}$
119.466	$\frac{120}{150} \times \frac{80}{30} \times \frac{140}{25}$	121	$\frac{55}{50} \times \frac{110}{100} \times \frac{200}{20}$		$\frac{200}{50} \times \frac{80}{100} \times \frac{95}{25}$
	$\frac{60}{75} \times \frac{80}{30} \times \frac{140}{25}$		$\frac{110}{100} \times \frac{55}{50} \times \frac{200}{20}$	121.875	$\frac{75}{20} \times \frac{100}{40} \times \frac{65}{50}$
119.700	$\frac{90}{100} \times \frac{140}{40} \times \frac{95}{25}$		$\frac{55}{50} \times \frac{110}{20} \times \frac{200}{100}$		$\frac{150}{40} \times \frac{50}{20} \times \frac{130}{100}$
	$\frac{45}{50} \times \frac{70}{20} \times \frac{95}{25}$		$\frac{55}{50} \times \frac{110}{20} \times \frac{120}{60}$		$\frac{75}{20} \times \frac{100}{40} \times \frac{130}{100}$
120	$\frac{60}{30} \times \frac{40}{20} \times \frac{150}{50}$		$\frac{55}{50} \times \frac{110}{20} \times \frac{150}{75}$		$\frac{75}{20} \times \frac{200}{80} \times \frac{65}{50}$
	$\frac{60}{30} \times \frac{40}{20} \times \frac{75}{25}$		$\frac{55}{50} \times \frac{110}{20} \times \frac{140}{70}$	122.400	$\frac{90}{30} \times \frac{120}{100} \times \frac{85}{25}$
	$\frac{70}{35} \times \frac{60}{30} \times \frac{75}{25}$		$\frac{55}{50} \times \frac{110}{20} \times \frac{90}{45}$		$\frac{60}{20} \times \frac{120}{100} \times \frac{85}{25}$
	$\frac{80}{40} \times \frac{70}{35} \times \frac{60}{20}$		$\frac{55}{50} \times \frac{110}{20} \times \frac{80}{40}$		$\frac{120}{40} \times \frac{60}{50} \times \frac{85}{25}$
	$\frac{90}{45} \times \frac{80}{40} \times \frac{60}{20}$	121.125	$\frac{95}{40} \times \frac{75}{50} \times \frac{85}{25}$		$\frac{150}{50} \times \frac{120}{100} \times \frac{85}{25}$

Colonne 1

Pas (millimètr.)	Nombre de dents des engrenages
123.200	$\frac{140}{50} \times \frac{120}{20} \times \frac{55}{75}$
	$\frac{70}{25} \times \frac{120}{20} \times \frac{110}{150}$
123.500	$\frac{65}{50} \times \frac{95}{100} \times \frac{200}{20}$
	$\frac{130}{100} \times \frac{95}{50} \times \frac{200}{40}$
	$\frac{130}{100} \times \frac{95}{50} \times \frac{100}{20}$
123.750	$\frac{150}{20} \times \frac{75}{50} \times \frac{110}{100}$
	$\frac{150}{50} \times \frac{75}{20} \times \frac{110}{100}$
	$\frac{120}{40} \times \frac{75}{20} \times \frac{55}{50}$
	$\frac{90}{30} \times \frac{150}{40} \times \frac{55}{50}$
	$\frac{75}{25} \times \frac{150}{40} \times \frac{55}{50}$
	$\frac{60}{20} \times \frac{150}{40} \times \frac{110}{100}$
124.687	$\frac{95}{80} \times \frac{150}{40} \times \frac{70}{25}$
	$\frac{95}{80} \times \frac{75}{20} \times \frac{70}{25}$
124.800	$\frac{90}{30} \times \frac{80}{100} \times \frac{130}{25}$
	$\frac{60}{20} \times \frac{40}{50} \times \frac{130}{25}$
	$\frac{120}{40} \times \frac{80}{100} \times \frac{130}{25}$
	$\frac{150}{50} \times \frac{80}{100} \times \frac{130}{25}$
125	$\frac{200}{120} \times \frac{100}{40} \times \frac{75}{25}$

Colonne 2

Pas (millimètr.)	Nombre de dents des engrenages
125	$\frac{100}{60} \times \frac{50}{20} \times \frac{90}{30}$
	$\frac{50}{30} \times \frac{100}{40} \times \frac{60}{20}$
	$\frac{100}{60} \times \frac{50}{20} \times \frac{120}{40}$
	$\frac{100}{60} \times \frac{100}{40} \times \frac{150}{50}$
126	$\frac{120}{40} \times \frac{70}{100} \times \frac{150}{25}$
	$\frac{60}{20} \times \frac{35}{50} \times \frac{150}{25}$
	$\frac{90}{30} \times \frac{35}{50} \times \frac{150}{25}$
126.750	$\frac{130}{20} \times \frac{65}{100} \times \frac{120}{40}$
	$\frac{130}{20} \times \frac{65}{100} \times \frac{90}{30}$
	$\frac{130}{20} \times \frac{65}{100} \times \frac{75}{25}$
	$\frac{130}{20} \times \frac{65}{50} \times \frac{120}{80}$
126.933	$\frac{100}{25} \times \frac{140}{50} \times \frac{85}{75}$
	$\frac{80}{20} \times \frac{70}{25} \times \frac{85}{75}$
	$\frac{120}{30} \times \frac{70}{25} \times \frac{85}{75}$
	$\frac{140}{35} \times \frac{70}{25} \times \frac{85}{75}$
	$\frac{200}{50} \times \frac{70}{25} \times \frac{85}{75}$
	$\frac{100}{50} \times \frac{140}{25} \times \frac{85}{75}$
127.500	$\frac{90}{30} \times \frac{100}{40} \times \frac{85}{50}$

Colonne 3

Pas (millimètr.)	Nombre de dents des engrenages
127.500	$\frac{60}{20} \times \frac{100}{40} \times \frac{85}{50}$
	$\frac{75}{25} \times \frac{100}{40} \times \frac{85}{50}$
	$\frac{120}{40} \times \frac{200}{80} \times \frac{85}{50}$
128	$\frac{200}{25} \times \frac{80}{100} \times \frac{100}{50}$
	$\frac{200}{100} \times \frac{80}{25} \times \frac{100}{50}$
	$\frac{150}{75} \times \frac{80}{25} \times \frac{140}{70}$
	$\frac{140}{70} \times \frac{80}{25} \times \frac{130}{65}$
	$\frac{130}{65} \times \frac{80}{25} \times \frac{120}{60}$
	$\frac{120}{60} \times \frac{80}{25} \times \frac{110}{55}$
	$\frac{110}{55} \times \frac{80}{25} \times \frac{100}{50}$
	$\frac{100}{50} \times \frac{80}{25} \times \frac{90}{45}$
	$\frac{90}{45} \times \frac{80}{25} \times \frac{70}{35}$
	$\frac{70}{35} \times \frac{80}{25} \times \frac{60}{30}$
	$\frac{60}{30} \times \frac{80}{25} \times \frac{40}{20}$
128.250	$\frac{90}{20} \times \frac{120}{80} \times \frac{95}{50}$
	$\frac{90}{20} \times \frac{60}{40} \times \frac{95}{50}$
	$\frac{90}{20} \times \frac{120}{40} \times \frac{95}{100}$
	$\frac{90}{20} \times \frac{75}{25} \times \frac{95}{100}$

Pas	Nombre de dents des engrenages	Pas	Nombre de dents des engrenages	Pas	Nombre de dents des engrenages
millimètr.		millimètr.		millimètr.	
128.333	$\frac{120}{40} \times \frac{140}{60} \times \frac{55}{30}$	131.250	$\frac{45}{60} \times \frac{70}{40} \times \frac{200}{20}$	133.333	$\frac{200}{75} \times \frac{100}{60} \times \frac{90}{30}$
	$\frac{60}{20} \times \frac{70}{30} \times \frac{110}{60}$	131.660	$\frac{80}{25} \times \frac{120}{50} \times \frac{60}{35}$		$\frac{100}{75} \times \frac{100}{30} \times \frac{150}{50}$
	$\frac{75}{25} \times \frac{70}{30} \times \frac{110}{60}$		$\frac{80}{50} \times \frac{120}{25} \times \frac{60}{35}$		$\frac{200}{150} \times \frac{100}{30} \times \frac{75}{25}$
	$\frac{150}{50} \times \frac{140}{60} \times \frac{55}{30}$	132	$\frac{120}{20} \times \frac{75}{25} \times \frac{110}{150}$	133.594	$\frac{95}{80} \times \frac{150}{20} \times \frac{75}{50}$
129.600	$\frac{120}{100} \times \frac{90}{50} \times \frac{150}{25}$		$\frac{120}{20} \times \frac{150}{50} \times \frac{55}{75}$		$\frac{95}{20} \times \frac{150}{80} \times \frac{75}{50}$
	$\frac{60}{50} \times \frac{45}{25} \times \frac{120}{20}$		$\frac{120}{20} \times \frac{90}{30} \times \frac{55}{75}$	133.875	$\frac{90}{20} \times \frac{70}{80} \times \frac{85}{25}$
	$\frac{120}{100} \times \frac{90}{25} \times \frac{150}{50}$	132.222	$\frac{75}{30} \times \frac{70}{45} \times \frac{85}{25}$		$\frac{90}{20} \times \frac{35}{40} \times \frac{85}{25}$
	$\frac{60}{50} \times \frac{45}{25} \times \frac{90}{30}$		$\frac{150}{60} \times \frac{140}{90} \times \frac{85}{25}$		$\frac{90}{20} \times \frac{140}{80} \times \frac{85}{50}$
	$\frac{60}{50} \times \frac{45}{25} \times \frac{120}{40}$	133	$\frac{60}{30} \times \frac{70}{20} \times \frac{95}{50}$		$\frac{90}{40} \times \frac{140}{80} \times \frac{85}{25}$
130	$\frac{120}{40} \times \frac{100}{60} \times \frac{65}{25}$		$\frac{70}{35} \times \frac{140}{40} \times \frac{95}{50}$	134.400	$\frac{120}{100} \times \frac{80}{40} \times \frac{140}{25}$
	$\frac{60}{20} \times \frac{50}{30} \times \frac{65}{25}$		$\frac{80}{40} \times \frac{70}{20} \times \frac{95}{50}$		$\frac{60}{50} \times \frac{40}{20} \times \frac{140}{25}$
	$\frac{90}{30} \times \frac{100}{60} \times \frac{130}{50}$		$\frac{90}{45} \times \frac{70}{20} \times \frac{95}{50}$		$\frac{30}{25} \times \frac{60}{20} \times \frac{140}{50}$
	$\frac{75}{25} \times \frac{100}{60} \times \frac{130}{50}$		$\frac{110}{55} \times \frac{70}{20} \times \frac{95}{50}$		$\frac{120}{100} \times \frac{80}{20} \times \frac{140}{50}$
	$\frac{150}{50} \times \frac{100}{60} \times \frac{65}{25}$		$\frac{120}{60} \times \frac{70}{20} \times \frac{95}{50}$	135	$\frac{90}{100} \times \frac{100}{20} \times \frac{75}{25}$
131.040	$\frac{90}{50} \times \frac{140}{100} \times \frac{130}{25}$		$\frac{150}{75} \times \frac{70}{20} \times \frac{95}{50}$		$\frac{90}{100} \times \frac{100}{20} \times \frac{150}{50}$
	$\frac{90}{100} \times \frac{140}{50} \times \frac{130}{25}$		$\frac{200}{100} \times \frac{140}{40} \times \frac{95}{50}$		$\frac{45}{50} \times \frac{200}{40} \times \frac{60}{20}$
	$\frac{90}{100} \times \frac{140}{25} \times \frac{130}{50}$	133.333	$\frac{100}{75} \times \frac{100}{30} \times \frac{120}{40}$		$\frac{45}{50} \times \frac{100}{20} \times \frac{90}{30}$
131.250	$\frac{90}{120} \times \frac{140}{80} \times \frac{200}{20}$		$\frac{200}{150} \times \frac{100}{30} \times \frac{60}{20}$		$\frac{45}{50} \times \frac{100}{20} \times \frac{120}{40}$

Pas	Nombre de dents des engrenages	Pas	Nombre de dents des engrenages	Pas	Nombre de dents des engrenages
millimètr.		millimètr.		millimètr	
135.200	$\frac{65}{25} \times \frac{130}{50} \times \frac{200}{100}$	136.500	$\frac{75}{25} \times \frac{35}{20} \times \frac{130}{50}$	138.125	$\frac{150}{30} \times \frac{65}{40} \times \frac{85}{50}$
	$\frac{65}{25} \times \frac{130}{50} \times \frac{150}{75}$		$\frac{60}{20} \times \frac{70}{40} \times \frac{65}{25}$	138.541	$\frac{95}{80} \times \frac{200}{120} \times \frac{140}{20}$
	$\frac{65}{25} \times \frac{130}{50} \times \frac{140}{70}$	136.800	$\frac{90}{30} \times \frac{120}{100} \times \frac{95}{25}$		$\frac{95}{80} \times \frac{100}{60} \times \frac{140}{20}$
	$\frac{65}{25} \times \frac{130}{50} \times \frac{120}{60}$		$\frac{60}{20} \times \frac{120}{100} \times \frac{95}{25}$		$\frac{95}{80} \times \frac{50}{30} \times \frac{140}{20}$
	$\frac{65}{25} \times \frac{130}{50} \times \frac{110}{55}$		$\frac{120}{40} \times \frac{60}{50} \times \frac{95}{25}$		$\frac{95}{80} \times \frac{100}{30} \times \frac{140}{40}$
	$\frac{65}{25} \times \frac{130}{50} \times \frac{90}{45}$		$\frac{150}{50} \times \frac{120}{100} \times \frac{95}{25}$	138.600	$\frac{70}{25} \times \frac{90}{20} \times \frac{55}{50}$
	$\frac{65}{25} \times \frac{130}{50} \times \frac{80}{40}$		$\frac{60}{50} \times \frac{120}{40} \times \frac{95}{25}$		$\frac{140}{50} \times \frac{90}{20} \times \frac{110}{100}$
	$\frac{65}{25} \times \frac{130}{50} \times \frac{60}{30}$		$\frac{60}{50} \times \frac{90}{30} \times \frac{95}{25}$		$\frac{70}{25} \times \frac{90}{40} \times \frac{110}{50}$
	$\frac{65}{25} \times \frac{130}{50} \times \frac{40}{20}$	137.500	$\frac{150}{60} \times \frac{55}{20} \times \frac{200}{100}$	138.666	$\frac{100}{25} \times \frac{80}{30} \times \frac{130}{100}$
136	$\frac{120}{40} \times \frac{80}{60} \times \frac{85}{25}$		$\frac{75}{30} \times \frac{55}{20} \times \frac{100}{50}$		$\frac{140}{35} \times \frac{80}{30} \times \frac{65}{50}$
	$\frac{60}{20} \times \frac{40}{30} \times \frac{85}{25}$		$\frac{75}{30} \times \frac{55}{20} \times \frac{120}{60}$		$\frac{200}{50} \times \frac{80}{30} \times \frac{130}{100}$
	$\frac{90}{30} \times \frac{80}{60} \times \frac{85}{25}$		$\frac{75}{30} \times \frac{110}{40} \times \frac{90}{45}$		$\frac{100}{25} \times \frac{40}{30} \times \frac{130}{50}$
	$\frac{150}{50} \times \frac{40}{30} \times \frac{85}{25}$		$\frac{75}{30} \times \frac{55}{20} \times \frac{80}{40}$		$\frac{80}{20} \times \frac{40}{30} \times \frac{65}{50}$
136.500	$\frac{90}{150} \times \frac{140}{40} \times \frac{130}{20}$		$\frac{75}{30} \times \frac{55}{20} \times \frac{70}{35}$	138.937	$\frac{95}{20} \times \frac{90}{50} \times \frac{130}{80}$
	$\frac{45}{75} \times \frac{140}{40} \times \frac{130}{20}$		$\frac{75}{30} \times \frac{55}{20} \times \frac{50}{25}$		$\frac{95}{20} \times \frac{45}{25} \times \frac{65}{40}$
	$\frac{150}{50} \times \frac{70}{40} \times \frac{65}{25}$		$\frac{75}{30} \times \frac{55}{20} \times \frac{140}{70}$	140	$\frac{200}{100} \times \frac{140}{60} \times \frac{150}{50}$
	$\frac{120}{40} \times \frac{35}{20} \times \frac{65}{25}$	138.125	$\frac{100}{20} \times \frac{130}{80} \times \frac{85}{50}$		$\frac{150}{75} \times \frac{70}{30} \times \frac{60}{20}$
	$\frac{90}{30} \times \frac{35}{20} \times \frac{65}{25}$		$\frac{100}{20} \times \frac{65}{40} \times \frac{85}{50}$		$\frac{130}{65} \times \frac{70}{30} \times \frac{75}{25}$

Pas (millimètr.)	Nombre de dents des engrenages	Pas (millimètr.)	Nombre de dents des engrenages	Pas (millimètr.)	Nombre de dents des engrenages
140	$\frac{120}{60} \times \frac{70}{30} \times \frac{75}{25}$	140.800	$\frac{120}{25} \times \frac{80}{40} \times \frac{110}{75}$	142.500	$\frac{120}{40} \times \frac{100}{80} \times \frac{95}{25}$
	$\frac{110}{55} \times \frac{70}{30} \times \frac{120}{40}$		$\frac{120}{25} \times \frac{60}{30} \times \frac{110}{75}$		$\frac{60}{20} \times \frac{50}{40} \times \frac{95}{25}$
	$\frac{100}{50} \times \frac{70}{30} \times \frac{60}{20}$		$\frac{120}{25} \times \frac{40}{20} \times \frac{110}{75}$	142.800	$\frac{120}{50} \times \frac{140}{80} \times \frac{85}{25}$
	$\frac{90}{45} \times \frac{70}{30} \times \frac{75}{25}$	141.0347	$\frac{100}{25} \times \frac{140}{45} \times \frac{85}{75}$		$\frac{120}{50} \times \frac{70}{40} \times \frac{85}{25}$
	$\frac{80}{40} \times \frac{70}{30} \times \frac{60}{20}$		$\frac{80}{20} \times \frac{140}{45} \times \frac{85}{75}$		$\frac{120}{50} \times \frac{35}{20} \times \frac{85}{25}$
	$\frac{70}{35} \times \frac{140}{60} \times \frac{90}{30}$		$\frac{120}{30} \times \frac{140}{45} \times \frac{85}{75}$		$\frac{60}{25} \times \frac{70}{20} \times \frac{85}{50}$
	$\frac{40}{20} \times \frac{140}{60} \times \frac{90}{30}$	141.440	$\frac{120}{75} \times \frac{130}{50} \times \frac{85}{25}$	143	$\frac{110}{50} \times \frac{65}{100} \times \frac{200}{20}$
140.250	$\frac{150}{100} \times \frac{110}{40} \times \frac{85}{25}$		$\frac{120}{50} \times \frac{130}{75} \times \frac{85}{25}$		$\frac{55}{25} \times \frac{65}{100} \times \frac{200}{20}$
	$\frac{75}{50} \times \frac{55}{20} \times \frac{85}{25}$	141.750	$\frac{140}{80} \times \frac{90}{20} \times \frac{45}{25}$		$\frac{55}{25} \times \frac{130}{100} \times \frac{200}{40}$
140.400	$\frac{120}{40} \times \frac{90}{100} \times \frac{130}{25}$		$\frac{70}{40} \times \frac{90}{20} \times \frac{45}{25}$	143.437	$\frac{90}{20} \times \frac{150}{40} \times \frac{85}{100}$
	$\frac{60}{20} \times \frac{45}{50} \times \frac{130}{25}$	142.187	$\frac{150}{80} \times \frac{35}{30} \times \frac{130}{20}$		$\frac{90}{20} \times \frac{75}{40} \times \frac{85}{50}$
	$\frac{90}{30} \times \frac{45}{50} \times \frac{130}{25}$		$\frac{75}{40} \times \frac{35}{30} \times \frac{130}{20}$	144	$\frac{70}{35} \times \frac{120}{20} \times \frac{60}{50}$
	$\frac{150}{50} \times \frac{90}{100} \times \frac{130}{25}$		$\frac{75}{40} \times \frac{70}{60} \times \frac{130}{20}$		$\frac{140}{70} \times \frac{120}{20} \times \frac{30}{25}$
140.800	$\frac{120}{50} \times \frac{100}{25} \times \frac{110}{75}$	142.500	$\frac{90}{30} \times \frac{100}{40} \times \frac{95}{50}$		$\frac{80}{40} \times \frac{120}{20} \times \frac{30}{25}$
	$\frac{60}{25} \times \frac{200}{50} \times \frac{110}{75}$		$\frac{90}{60} \times \frac{100}{20} \times \frac{95}{50}$		$\frac{90}{45} \times \frac{60}{20} \times \frac{120}{50}$
	$\frac{120}{25} \times \frac{100}{50} \times \frac{110}{75}$		$\frac{90}{60} \times \frac{200}{40} \times \frac{95}{50}$		$\frac{60}{30} \times \frac{75}{25} \times \frac{120}{50}$
	$\frac{120}{25} \times \frac{200}{100} \times \frac{110}{75}$		$\frac{60}{20} \times \frac{100}{40} \times \frac{95}{50}$		$\frac{40}{20} \times \frac{90}{30} \times \frac{60}{25}$
	$\frac{120}{25} \times \frac{140}{70} \times \frac{110}{75}$		$\frac{75}{25} \times \frac{100}{40} \times \frac{95}{50}$		$\frac{110}{55} \times \frac{90}{30} \times \frac{120}{50}$

Pas	Nombre de dents des engrenages	Pas	Nombre de dents des engrenages	Pas	Nombre de dents des engrenages
millimètr.		millimètr.		millimètr.	
144	$\frac{150}{75} \times \frac{120}{40} \times \frac{65}{25}$	147.333	$\frac{60}{45} \times \frac{65}{20} \times \frac{85}{25}$	149.333	$\frac{40}{20} \times \frac{80}{30} \times \frac{70}{25}$
	$\frac{200}{100} \times \frac{120}{40} \times \frac{65}{25}$		$\frac{60}{45} \times \frac{130}{20} \times \frac{85}{50}$	149.625	$\frac{90}{80} \times \frac{140}{40} \times \frac{95}{25}$
144.375	$\frac{90}{120} \times \frac{140}{40} \times \frac{110}{20}$	147.840	$\frac{140}{50} \times \frac{90}{25} \times \frac{110}{75}$		$\frac{45}{40} \times \frac{70}{20} \times \frac{95}{25}$
	$\frac{45}{60} \times \frac{140}{40} \times \frac{110}{20}$		$\frac{140}{25} \times \frac{90}{50} \times \frac{110}{75}$	150	$\frac{100}{50} \times \frac{100}{40} \times \frac{75}{25}$
145.066	$\frac{120}{45} \times \frac{80}{50} \times \frac{85}{25}$		$\frac{140}{25} \times \frac{120}{100} \times \frac{110}{50}$		$\frac{200}{100} \times \frac{50}{20} \times \frac{90}{30}$
	$\frac{120}{50} \times \frac{80}{45} \times \frac{85}{25}$	148.500	$\frac{120}{40} \times \frac{90}{20} \times \frac{55}{50}$		$\frac{50}{25} \times \frac{100}{40} \times \frac{60}{20}$
146.250	$\frac{130}{20} \times \frac{90}{80} \times \frac{100}{50}$		$\frac{150}{50} \times \frac{90}{20} \times \frac{110}{100}$		$\frac{70}{35} \times \frac{100}{40} \times \frac{150}{50}$
	$\frac{65}{20} \times \frac{90}{40} \times \frac{200}{100}$		$\frac{75}{25} \times \frac{90}{20} \times \frac{55}{50}$		$\frac{40}{20} \times \frac{200}{80} \times \frac{75}{25}$
	$\frac{130}{20} \times \frac{45}{40} \times \frac{120}{60}$		$\frac{120}{80} \times \frac{90}{20} \times \frac{110}{50}$		$\frac{60}{30} \times \frac{50}{20} \times \frac{120}{40}$
	$\frac{130}{20} \times \frac{45}{40} \times \frac{70}{35}$		$\frac{60}{40} \times \frac{90}{20} \times \frac{55}{25}$		$\frac{80}{40} \times \frac{50}{20} \times \frac{90}{30}$
	$\frac{130}{20} \times \frac{45}{40} \times \frac{60}{30}$	148.750	$\frac{150}{80} \times \frac{140}{60} \times \frac{85}{25}$		$\frac{90}{45} \times \frac{50}{20} \times \frac{75}{25}$
147	$\frac{150}{50} \times \frac{70}{20} \times \frac{35}{25}$		$\frac{75}{40} \times \frac{70}{30} \times \frac{85}{25}$		$\frac{110}{55} \times \frac{50}{20} \times \frac{90}{30}$
	$\frac{75}{25} \times \frac{70}{20} \times \frac{140}{100}$	149.333	$\frac{200}{100} \times \frac{80}{30} \times \frac{140}{50}$		$\frac{120}{60} \times \frac{50}{20} \times \frac{75}{25}$
	$\frac{90}{30} \times \frac{140}{40} \times \frac{70}{50}$		$\frac{150}{75} \times \frac{80}{30} \times \frac{70}{25}$		$\frac{150}{75} \times \frac{100}{40} \times \frac{60}{20}$
	$\frac{120}{40} \times \frac{70}{20} \times \frac{35}{25}$		$\frac{120}{60} \times \frac{80}{30} \times \frac{70}{25}$	150.222	$\frac{65}{25} \times \frac{130}{50} \times \frac{200}{90}$
	$\frac{60}{20} \times \frac{140}{40} \times \frac{35}{25}$		$\frac{110}{55} \times \frac{80}{30} \times \frac{70}{25}$		$\frac{130}{50} \times \frac{65}{25} \times \frac{100}{45}$
	$\frac{120}{80} \times \frac{70}{20} \times \frac{140}{50}$		$\frac{100}{50} \times \frac{80}{30} \times \frac{70}{25}$	150.733	$\frac{95}{20} \times \frac{140}{50} \times \frac{85}{75}$
147.333	$\frac{120}{90} \times \frac{130}{40} \times \frac{85}{25}$		$\frac{90}{45} \times \frac{80}{30} \times \frac{70}{25}$		$\frac{95}{20} \times \frac{70}{25} \times \frac{85}{75}$

Pas	Nombre de dents des engrenages	Pas	Nombre de dents des engrenages	Pas	Nombre de dents des engrenages
millimètr.		millimètr.		millimètr.	
151.200	$\frac{120}{40} \times \frac{70}{50} \times \frac{90}{25}$	153.600	$\frac{80}{100} \times \frac{200}{50} \times \frac{120}{25}$	156	$\frac{120}{40} \times \frac{100}{50} \times \frac{65}{25}$
	$\frac{60}{20} \times \frac{70}{50} \times \frac{90}{25}$	154	$\frac{70}{30} \times \frac{75}{25} \times \frac{110}{50}$		$\frac{120}{40} \times \frac{110}{55} \times \frac{65}{25}$
	$\frac{150}{50} \times \frac{140}{100} \times \frac{90}{25}$		$\frac{70}{30} \times \frac{60}{20} \times \frac{55}{25}$		$\frac{60}{20} \times \frac{140}{70} \times \frac{65}{25}$
151.666	$\frac{150}{50} \times \frac{140}{60} \times \frac{65}{30}$		$\frac{140}{60} \times \frac{90}{30} \times \frac{55}{25}$		$\frac{60}{20} \times \frac{150}{75} \times \frac{65}{25}$
	$\frac{75}{25} \times \frac{70}{30} \times \frac{130}{60}$	156.800	$\frac{70}{30} \times \frac{120}{40} \times \frac{55}{25}$	156.800	$\frac{35}{50} \times \frac{140}{25} \times \frac{80}{20}$
	$\frac{120}{40} \times \frac{70}{30} \times \frac{130}{60}$		$\frac{70}{30} \times \frac{150}{50} \times \frac{55}{25}$		$\frac{70}{100} \times \frac{140}{25} \times \frac{120}{30}$
151.875	$\frac{150}{80} \times \frac{90}{20} \times \frac{45}{25}$	154.375	$\frac{130}{80} \times \frac{95}{50} \times \frac{200}{40}$		$\frac{70}{100} \times \frac{140}{25} \times \frac{200}{50}$
	$\frac{75}{40} \times \frac{90}{20} \times \frac{45}{25}$		$\frac{65}{40} \times \frac{95}{50} \times \frac{100}{20}$	157.500	$\frac{120}{40} \times \frac{70}{80} \times \frac{150}{25}$
	$\frac{75}{25} \times \frac{90}{20} \times \frac{45}{40}$		$\frac{65}{40} \times \frac{95}{50} \times \frac{150}{30}$		$\frac{60}{20} \times \frac{35}{40} \times \frac{150}{25}$
	$\frac{150}{50} \times \frac{90}{20} \times \frac{45}{40}$	154.687	$\frac{150}{80} \times \frac{75}{50} \times \frac{110}{20}$		$\frac{90}{30} \times \frac{35}{40} \times \frac{120}{20}$
152	$\frac{80}{50} \times \frac{95}{100} \times \frac{200}{20}$		$\frac{75}{40} \times \frac{150}{100} \times \frac{110}{20}$		$\frac{75}{25} \times \frac{35}{40} \times \frac{120}{20}$
	$\frac{40}{25} \times \frac{95}{100} \times \frac{200}{20}$		$\frac{75}{40} \times \frac{90}{60} \times \frac{110}{20}$		$\frac{150}{50} \times \frac{35}{40} \times \frac{120}{20}$
	$\frac{40}{25} \times \frac{95}{50} \times \frac{100}{20}$	158.400	$\frac{150}{80} \times \frac{60}{40} \times \frac{110}{20}$	158.400	$\frac{120}{25} \times \frac{60}{20} \times \frac{110}{100}$
153	$\frac{150}{50} \times \frac{120}{80} \times \frac{85}{25}$	156	$\frac{90}{30} \times \frac{80}{40} \times \frac{130}{50}$		$\frac{120}{25} \times \frac{60}{20} \times \frac{55}{50}$
	$\frac{120}{40} \times \frac{30}{20} \times \frac{85}{25}$		$\frac{90}{30} \times \frac{40}{20} \times \frac{65}{25}$		$\frac{120}{25} \times \frac{90}{30} \times \frac{55}{50}$
	$\frac{90}{30} \times \frac{60}{40} \times \frac{85}{25}$		$\frac{60}{20} \times \frac{70}{35} \times \frac{65}{25}$		$\frac{120}{25} \times \frac{150}{50} \times \frac{110}{100}$
	$\frac{60}{20} \times \frac{120}{80} \times \frac{85}{25}$	158.666	$\frac{75}{25} \times \frac{60}{30} \times \frac{130}{50}$	158.666	$\frac{150}{50} \times \frac{140}{90} \times \frac{85}{25}$
153.600	$\frac{40}{50} \times \frac{80}{20} \times \frac{120}{25}$		$\frac{150}{50} \times \frac{90}{45} \times \frac{65}{25}$		$\frac{60}{20} \times \frac{70}{45} \times \frac{85}{25}$

Pas	Nombre de dents des engrenages	Pas	Nombre de dents des engrenages	Pas	Nombre de dents des engrenages
millimètr.		millimètr.		millimètr.	
158.666	$\frac{90}{30} \times \frac{70}{45} \times \frac{85}{25}$	160.312	$\frac{90}{40} \times \frac{75}{20} \times \frac{95}{50}$	163.800	$\frac{90}{20} \times \frac{35}{25} \times \frac{130}{50}$
	$\frac{120}{40} \times \frac{70}{45} \times \frac{85}{25}$		$\frac{45}{20} \times \frac{75}{40} \times \frac{95}{25}$	165	$\frac{200}{80} \times \frac{75}{25} \times \frac{110}{50}$
	$\frac{100}{20} \times \frac{70}{25} \times \frac{85}{75}$		$\frac{45}{20} \times \frac{150}{50} \times \frac{95}{40}$		$\frac{100}{40} \times \frac{60}{20} \times \frac{55}{25}$
	$\frac{200}{40} \times \frac{70}{25} \times \frac{85}{75}$		$\frac{45}{20} \times \frac{75}{25} \times \frac{95}{40}$		$\frac{50}{20} \times \frac{90}{30} \times \frac{55}{25}$
159.600	$\frac{120}{50} \times \frac{140}{80} \times \frac{95}{25}$		$\frac{45}{20} \times \frac{90}{30} \times \frac{95}{40}$		$\frac{50}{20} \times \frac{120}{40} \times \frac{55}{25}$
	$\frac{120}{50} \times \frac{70}{40} \times \frac{95}{25}$	161.500	$\frac{85}{25} \times \frac{95}{40} \times \frac{100}{50}$		$\frac{100}{40} \times \frac{150}{50} \times \frac{55}{25}$
	$\frac{60}{25} \times \frac{140}{40} \times \frac{95}{50}$		$\frac{85}{25} \times \frac{95}{40} \times \frac{200}{100}$	165.750	$\frac{120}{20} \times \frac{130}{40} \times \frac{85}{100}$
160	$\frac{100}{25} \times \frac{80}{40} \times \frac{100}{50}$		$\frac{85}{25} \times \frac{95}{40} \times \frac{120}{60}$		$\frac{120}{20} \times \frac{65}{40} \times \frac{85}{50}$
	$\frac{100}{25} \times \frac{40}{20} \times \frac{200}{100}$		$\frac{85}{25} \times \frac{95}{40} \times \frac{90}{45}$	166.250	$\frac{95}{80} \times \frac{100}{20} \times \frac{70}{25}$
	$\frac{80}{20} \times \frac{60}{30} \times \frac{150}{75}$		$\frac{85}{25} \times \frac{95}{40} \times \frac{70}{35}$		$\frac{95}{80} \times \frac{200}{40} \times \frac{70}{25}$
	$\frac{120}{30} \times \frac{70}{35} \times \frac{90}{45}$		$\frac{85}{25} \times \frac{95}{40} \times \frac{60}{30}$		$\frac{95}{40} \times \frac{50}{20} \times \frac{70}{25}$
	$\frac{140}{35} \times \frac{90}{45} \times \frac{80}{40}$	161.777	$\frac{140}{25} \times \frac{130}{100} \times \frac{200}{90}$		$\frac{95}{80} \times \frac{150}{30} \times \frac{70}{25}$
	$\frac{200}{50} \times \frac{110}{55} \times \frac{70}{35}$		$\frac{140}{25} \times \frac{65}{50} \times \frac{100}{45}$	166.400	$\frac{200}{25} \times \frac{80}{100} \times \frac{130}{50}$
	$\frac{80}{20} \times \frac{120}{60} \times \frac{70}{35}$	163.200	$\frac{90}{30} \times \frac{80}{50} \times \frac{85}{25}$		$\frac{200}{100} \times \frac{80}{25} \times \frac{130}{50}$
	$\frac{80}{20} \times \frac{130}{65} \times \frac{60}{30}$		$\frac{60}{20} \times \frac{80}{50} \times \frac{85}{25}$		$\frac{150}{75} \times \frac{80}{25} \times \frac{130}{50}$
	$\frac{80}{20} \times \frac{140}{70} \times \frac{50}{25}$		$\frac{120}{40} \times \frac{80}{50} \times \frac{85}{25}$		$\frac{140}{70} \times \frac{80}{25} \times \frac{130}{50}$
	$\frac{120}{30} \times \frac{150}{75} \times \frac{40}{20}$	163.800	$\frac{90}{20} \times \frac{140}{100} \times \frac{130}{50}$		$\frac{120}{60} \times \frac{80}{25} \times \frac{130}{50}$
160.312	$\frac{45}{20} \times \frac{150}{40} \times \frac{95}{50}$		$\frac{90}{20} \times \frac{70}{50} \times \frac{65}{25}$		$\frac{90}{45} \times \frac{80}{25} \times \frac{130}{50}$

Pas	Nombre de dents des engrenages	Pas	Nombre de dents des engrenages	Pas	Nombre de dents des engrenages
millimètr.		millimètr.		millimètr.	
166.400	$\frac{70}{35} \times \frac{80}{25} \times \frac{130}{50}$	169	$\frac{65}{50} \times \frac{130}{100} \times \frac{200}{20}$	171	$\frac{75}{25} \times \frac{120}{40} \times \frac{95}{50}$
	$\frac{60}{30} \times \frac{80}{25} \times \frac{130}{50}$		$\frac{65}{50} \times \frac{130}{20} \times \frac{200}{100}$		$\frac{90}{30} \times \frac{60}{20} \times \frac{95}{50}$
	$\frac{40}{20} \times \frac{80}{25} \times \frac{130}{50}$		$\frac{65}{50} \times \frac{130}{20} \times \frac{110}{55}$	172.900	$\frac{65}{50} \times \frac{70}{20} \times \frac{95}{25}$
166.666	$\frac{100}{30} \times \frac{100}{60} \times \frac{75}{25}$		$\frac{65}{50} \times \frac{130}{20} \times \frac{120}{60}$		$\frac{130}{100} \times \frac{140}{40} \times \frac{95}{25}$
	$\frac{200}{60} \times \frac{50}{30} \times \frac{120}{40}$		$\frac{65}{50} \times \frac{130}{20} \times \frac{90}{45}$	173.333	$\frac{120}{20} \times \frac{100}{60} \times \frac{130}{75}$
	$\frac{100}{30} \times \frac{100}{60} \times \frac{150}{50}$		$\frac{65}{50} \times \frac{130}{20} \times \frac{80}{40}$		$\frac{150}{25} \times \frac{50}{30} \times \frac{130}{75}$
168	$\frac{80}{100} \times \frac{140}{20} \times \frac{150}{50}$		$\frac{65}{50} \times \frac{130}{20} \times \frac{70}{35}$	174.222	$\frac{70}{45} \times \frac{140}{25} \times \frac{40}{20}$
	$\frac{40}{50} \times \frac{140}{20} \times \frac{75}{25}$		$\frac{65}{50} \times \frac{130}{20} \times \frac{60}{30}$		$\frac{70}{45} \times \frac{140}{25} \times \frac{60}{30}$
	$\frac{40}{50} \times \frac{70}{20} \times \frac{150}{25}$	170	$\frac{90}{30} \times \frac{100}{60} \times \frac{85}{25}$		$\frac{70}{45} \times \frac{140}{25} \times \frac{80}{40}$
	$\frac{40}{50} \times \frac{140}{20} \times \frac{90}{30}$		$\frac{60}{20} \times \frac{50}{30} \times \frac{85}{25}$		$\frac{70}{45} \times \frac{140}{25} \times \frac{100}{50}$
	$\frac{80}{100} \times \frac{140}{20} \times \frac{120}{40}$		$\frac{120}{40} \times \frac{50}{30} \times \frac{85}{25}$		$\frac{70}{45} \times \frac{140}{25} \times \frac{110}{55}$
168.300	$\frac{90}{50} \times \frac{110}{40} \times \frac{85}{25}$		$\frac{150}{50} \times \frac{200}{120} \times \frac{85}{25}$		$\frac{70}{45} \times \frac{140}{25} \times \frac{120}{60}$
	$\frac{90}{50} \times \frac{55}{20} \times \frac{85}{25}$	170.625	$\frac{90}{120} \times \frac{140}{40} \times \frac{130}{20}$		$\frac{70}{45} \times \frac{140}{25} \times \frac{130}{65}$
168.750	$\frac{90}{80} \times \frac{100}{20} \times \frac{75}{25}$		$\frac{45}{60} \times \frac{140}{20} \times \frac{130}{40}$		$\frac{70}{45} \times \frac{140}{25} \times \frac{150}{75}$
	$\frac{45}{40} \times \frac{100}{20} \times \frac{90}{30}$	171	$\frac{90}{30} \times \frac{60}{40} \times \frac{95}{25}$	175	$\frac{90}{60} \times \frac{140}{120} \times \frac{200}{20}$
	$\frac{90}{80} \times \frac{200}{40} \times \frac{60}{20}$		$\frac{60}{20} \times \frac{120}{80} \times \frac{95}{25}$		$\frac{45}{30} \times \frac{70}{60} \times \frac{200}{20}$
	$\frac{90}{80} \times \frac{150}{30} \times \frac{120}{40}$		$\frac{120}{40} \times \frac{30}{20} \times \frac{95}{25}$		$\frac{120}{80} \times \frac{140}{60} \times \frac{100}{20}$
	$\frac{90}{80} \times \frac{200}{40} \times \frac{150}{50}$		$\frac{150}{50} \times \frac{30}{20} \times \frac{95}{25}$		$\frac{60}{40} \times \frac{140}{120} \times \frac{200}{20}$

Pas	Nombre de dents des engrenages	Pas	Nombre de dents des engrenages	Pas	Nombre de dents des engrenages
millimètr.		millimètr.		millimètr.	
175	$\frac{45}{30}\times\frac{140}{60}\times\frac{200}{40}$	177.333	$\frac{120}{30}\times\frac{70}{60}\times\frac{95}{25}$	178.750	$\frac{110}{20}\times\frac{65}{100}\times\frac{200}{40}$
175.312	$\frac{150}{40}\times\frac{110}{80}\times\frac{85}{25}$		$\frac{80}{20}\times\frac{35}{30}\times\frac{95}{25}$		$\frac{110}{20}\times\frac{65}{40}\times\frac{200}{100}$
	$\frac{75}{20}\times\frac{55}{40}\times\frac{85}{25}$		$\frac{200}{50}\times\frac{35}{30}\times\frac{95}{25}$		$\frac{110}{20}\times\frac{130}{80}\times\frac{150}{75}$
175.500	$\frac{90}{100}\times\frac{150}{25}\times\frac{130}{40}$		$\frac{200}{50}\times\frac{140}{120}\times\frac{95}{25}$		$\frac{110}{20}\times\frac{65}{40}\times\frac{100}{50}$
	$\frac{45}{50}\times\frac{150}{25}\times\frac{65}{20}$		$\frac{140}{35}\times\frac{70}{60}\times\frac{95}{25}$		$\frac{110}{20}\times\frac{65}{40}\times\frac{70}{35}$
	$\frac{45}{50}\times\frac{120}{20}\times\frac{130}{40}$	178.125	$\frac{50}{20}\times\frac{75}{40}\times\frac{95}{25}$		$\frac{110}{20}\times\frac{65}{40}\times\frac{60}{30}$
176	$\frac{200}{25}\times\frac{60}{20}\times\frac{110}{150}$		$\frac{100}{40}\times\frac{150}{80}\times\frac{95}{25}$		$\frac{110}{20}\times\frac{65}{40}\times\frac{50}{25}$
	$\frac{200}{25}\times\frac{90}{30}\times\frac{55}{75}$		$\frac{200}{80}\times\frac{75}{40}\times\frac{95}{25}$	179.200	$\frac{120}{50}\times\frac{80}{60}\times\frac{140}{25}$
	$\frac{200}{25}\times\frac{120}{40}\times\frac{55}{75}$		$\frac{95}{80}\times\frac{100}{20}\times\frac{75}{25}$		$\frac{120}{50}\times\frac{40}{30}\times\frac{140}{25}$
	$\frac{200}{25}\times\frac{150}{50}\times\frac{55}{75}$		$\frac{95}{80}\times\frac{200}{40}\times\frac{60}{20}$		$\frac{120}{60}\times\frac{80}{50}\times\frac{140}{25}$
	$\frac{100}{25}\times\frac{120}{20}\times\frac{55}{75}$		$\frac{95}{80}\times\frac{100}{20}\times\frac{90}{30}$		$\frac{60}{30}\times\frac{80}{50}\times\frac{140}{25}$
	$\frac{80}{20}\times\frac{120}{40}\times\frac{110}{75}$		$\frac{95}{80}\times\frac{100}{20}\times\frac{120}{40}$		$\frac{40}{20}\times\frac{80}{50}\times\frac{140}{25}$
176.400	$\frac{45}{25}\times\frac{140}{20}\times\frac{70}{50}$		$\frac{95}{80}\times\frac{100}{20}\times\frac{150}{50}$	180	$\frac{90}{50}\times\frac{100}{30}\times\frac{75}{25}$
	$\frac{90}{50}\times\frac{140}{20}\times\frac{35}{25}$		$\frac{95}{80}\times\frac{150}{30}\times\frac{60}{20}$		$\frac{45}{25}\times\frac{100}{30}\times\frac{60}{20}$
176.800	$\frac{120}{30}\times\frac{130}{100}\times\frac{85}{25}$	178.500	$\frac{60}{20}\times\frac{140}{80}\times\frac{85}{25}$		$\frac{45}{25}\times\frac{100}{30}\times\frac{120}{40}$
	$\frac{80}{20}\times\frac{65}{50}\times\frac{85}{25}$		$\frac{90}{30}\times\frac{70}{40}\times\frac{85}{25}$		$\frac{45}{25}\times\frac{200}{60}\times\frac{90}{30}$
	$\frac{200}{50}\times\frac{130}{100}\times\frac{85}{25}$		$\frac{120}{40}\times\frac{35}{20}\times\frac{85}{25}$		$\frac{45}{25}\times\frac{100}{30}\times\frac{150}{50}$
	$\frac{140}{35}\times\frac{65}{50}\times\frac{85}{25}$		$\frac{150}{50}\times\frac{35}{20}\times\frac{85}{25}$		$\frac{90}{30}\times\frac{100}{50}\times\frac{75}{25}$

Pas	Nombre de dents des engrenages	Pas	Nombre de dents des engrenages	Pas	Nombre de dents des engrenages
millimètr.		millimètr.		millimètr.	
180	$\frac{120}{40}\times\frac{200}{100}\times\frac{90}{30}$	182	$\frac{120}{40}\times\frac{70}{30}\times\frac{65}{25}$	185.62	$\frac{150}{20}\times\frac{45}{40}\times\frac{110}{50}$
	$\frac{60}{20}\times\frac{90}{45}\times\frac{120}{40}$		$\frac{150}{50}\times\frac{70}{30}\times\frac{65}{25}$		$\frac{150}{20}\times\frac{45}{40}\times\frac{55}{25}$
	$\frac{150}{50}\times\frac{80}{40}\times\frac{60}{20}$	182.400	$\frac{40}{50}\times\frac{120}{20}\times\frac{95}{25}$		$\frac{150}{80}\times\frac{90}{20}\times\frac{55}{25}$
	$\frac{75}{25}\times\frac{70}{35}\times\frac{150}{50}$		$\frac{80}{100}\times\frac{120}{20}\times\frac{95}{25}$		$\frac{75}{40}\times\frac{90}{20}\times\frac{110}{50}$
	$\frac{75}{25}\times\frac{60}{30}\times\frac{120}{40}$	183.600	$\frac{90}{100}\times\frac{120}{20}\times\frac{85}{25}$	186.666	$\frac{120}{60}\times\frac{70}{45}\times\frac{150}{25}$
	$\frac{75}{25}\times\frac{40}{20}\times\frac{90}{30}$		$\frac{45}{50}\times\frac{120}{20}\times\frac{85}{25}$		$\frac{200}{100}\times\frac{140}{90}\times\frac{150}{25}$
181.333	$\frac{120}{30}\times\frac{80}{60}\times\frac{85}{25}$	184.800	$\frac{140}{25}\times\frac{60}{20}\times\frac{55}{50}$		$\frac{130}{65}\times\frac{70}{45}\times\frac{150}{25}$
	$\frac{120}{60}\times\frac{80}{30}\times\frac{85}{25}$		$\frac{140}{25}\times\frac{120}{40}\times\frac{55}{50}$		$\frac{110}{55}\times\frac{70}{45}\times\frac{150}{25}$
	$\frac{150}{75}\times\frac{80}{30}\times\frac{85}{25}$		$\frac{140}{50}\times\frac{120}{40}\times\frac{55}{25}$		$\frac{100}{50}\times\frac{70}{45}\times\frac{150}{25}$
	$\frac{140}{35}\times\frac{80}{60}\times\frac{85}{25}$		$\frac{70}{25}\times\frac{90}{30}\times\frac{110}{50}$		$\frac{80}{40}\times\frac{70}{45}\times\frac{150}{25}$
	$\frac{200}{50}\times\frac{80}{60}\times\frac{85}{25}$	184.888	$\frac{80}{25}\times\frac{130}{50}\times\frac{200}{90}$		$\frac{60}{30}\times\frac{70}{45}\times\frac{150}{25}$
	$\frac{140}{70}\times\frac{80}{30}\times\frac{85}{25}$		$\frac{80}{25}\times\frac{130}{50}\times\frac{100}{45}$		$\frac{40}{20}\times\frac{70}{45}\times\frac{150}{25}$
	$\frac{100}{50}\times\frac{80}{30}\times\frac{85}{25}$		$\frac{80}{25}\times\frac{130}{90}\times\frac{200}{50}$	187.200	$\frac{120}{60}\times\frac{90}{50}\times\frac{130}{25}$
	$\frac{90}{45}\times\frac{80}{30}\times\frac{85}{25}$		$\frac{80}{25}\times\frac{65}{45}\times\frac{120}{30}$		$\frac{200}{100}\times\frac{90}{50}\times\frac{130}{25}$
	$\frac{40}{20}\times\frac{80}{30}\times\frac{85}{25}$	185.250	$\frac{95}{20}\times\frac{30}{25}\times\frac{130}{40}$		$\frac{140}{70}\times\frac{90}{50}\times\frac{130}{25}$
182	$\frac{90}{30}\times\frac{140}{60}\times\frac{130}{50}$		$\frac{95}{20}\times\frac{60}{50}\times\frac{130}{40}$		$\frac{150}{75}\times\frac{90}{50}\times\frac{130}{25}$
	$\frac{60}{20}\times\frac{70}{30}\times\frac{65}{25}$		$\frac{95}{20}\times\frac{120}{100}\times\frac{130}{40}$		$\frac{80}{40}\times\frac{90}{50}\times\frac{130}{25}$
	$\frac{75}{25}\times\frac{70}{30}\times\frac{130}{50}$	185.625	$\frac{150}{20}\times\frac{90}{80}\times\frac{55}{25}$		$\frac{60}{30}\times\frac{90}{50}\times\frac{130}{25}$

Pas	Nombre de dents des engrenages	Pas	Nombre de dents des engrenages	Pas	Nombre de dents des engrenages
millimètr.		millimètr.		millimètr.	
187.200	$\frac{40}{20} \times \frac{90}{50} \times \frac{130}{25}$	190	$\frac{65}{45} \times \frac{90}{30} \times \frac{95}{20}$	192	$\frac{90}{45} \times \frac{80}{40} \times \frac{120}{25}$
187.500	$\frac{100}{20} \times \frac{50}{40} \times \frac{75}{25}$		$\frac{60}{45} \times \frac{120}{40} \times \frac{95}{20}$		$\frac{100}{50} \times \frac{90}{45} \times \frac{120}{25}$
	$\frac{200}{40} \times \frac{100}{80} \times \frac{150}{50}$		$\frac{60}{45} \times \frac{150}{25} \times \frac{95}{40}$		$\frac{110}{55} \times \frac{100}{50} \times \frac{120}{25}$
	$\frac{150}{30} \times \frac{50}{40} \times \frac{60}{20}$	190.400	$\frac{90}{30} \times \frac{140}{75} \times \frac{85}{25}$		$\frac{140}{70} \times \frac{130}{65} \times \frac{120}{25}$
	$\frac{100}{20} \times \frac{50}{40} \times \frac{90}{30}$		$\frac{60}{20} \times \frac{140}{75} \times \frac{85}{25}$		$\frac{150}{75} \times \frac{140}{70} \times \frac{120}{25}$
	$\frac{100}{20} \times \frac{100}{80} \times \frac{120}{40}$		$\frac{120}{40} \times \frac{140}{75} \times \frac{85}{25}$		$\frac{200}{100} \times \frac{150}{75} \times \frac{120}{25}$
	$\frac{100}{40} \times \frac{50}{20} \times \frac{75}{25}$		$\frac{150}{50} \times \frac{140}{75} \times \frac{85}{25}$	192.500	$\frac{90}{30} \times \frac{140}{40} \times \frac{110}{60}$
187.777	$\frac{65}{50} \times \frac{130}{20} \times \frac{200}{90}$	190.666	$\frac{130}{20} \times \frac{100}{25} \times \frac{55}{75}$		$\frac{75}{25} \times \frac{70}{20} \times \frac{55}{30}$
	$\frac{65}{50} \times \frac{130}{20} \times \frac{100}{45}$		$\frac{130}{20} \times \frac{200}{50} \times \frac{55}{75}$		$\frac{60}{20} \times \frac{140}{40} \times \frac{55}{30}$
189	$\frac{120}{80} \times \frac{70}{20} \times \frac{90}{25}$		$\frac{130}{20} \times \frac{120}{30} \times \frac{110}{150}$		$\frac{120}{40} \times \frac{70}{20} \times \frac{55}{30}$
	$\frac{60}{40} \times \frac{70}{20} \times \frac{90}{25}$		$\frac{130}{20} \times \frac{140}{35} \times \frac{110}{150}$		$\frac{150}{50} \times \frac{70}{20} \times \frac{55}{30}$
	$\frac{30}{20} \times \frac{140}{40} \times \frac{90}{25}$	191.250	$\frac{120}{80} \times \frac{150}{20} \times \frac{85}{50}$	193.800	$\frac{95}{100} \times \frac{120}{20} \times \frac{85}{25}$
189.583	$\frac{150}{40} \times \frac{140}{60} \times \frac{65}{30}$		$\frac{90}{60} \times \frac{150}{40} \times \frac{85}{25}$		$\frac{95}{20} \times \frac{120}{100} \times \frac{85}{25}$
	$\frac{150}{40} \times \frac{70}{30} \times \frac{130}{60}$		$\frac{60}{40} \times \frac{75}{20} \times \frac{85}{25}$		$\frac{95}{20} \times \frac{60}{50} \times \frac{85}{25}$
	$\frac{75}{20} \times \frac{70}{30} \times \frac{130}{60}$		$\frac{30}{20} \times \frac{150}{40} \times \frac{85}{25}$	194.133	$\frac{80}{25} \times \frac{140}{30} \times \frac{130}{100}$
190	$\frac{120}{90} \times \frac{75}{25} \times \frac{95}{20}$	192	$\frac{60}{30} \times \frac{40}{20} \times \frac{120}{25}$		$\frac{80}{25} \times \frac{140}{30} \times \frac{65}{50}$
	$\frac{60}{45} \times \frac{75}{25} \times \frac{95}{20}$		$\frac{70}{35} \times \frac{60}{30} \times \frac{120}{25}$		$\frac{80}{25} \times \frac{140}{60} \times \frac{130}{50}$
	$\frac{60}{45} \times \frac{150}{50} \times \frac{95}{20}$		$\frac{80}{40} \times \frac{70}{35} \times \frac{120}{25}$		$\frac{80}{25} \times \frac{70}{30} \times \frac{130}{50}$

Pas	Nombre de dents des engrenages	Pas	Nombre de dents des engrenages	Pas	Nombre de dents des engrenages
millimètr.		millimètr.		millimètr.	
194.133	$\frac{80}{25}\times\frac{70}{50}\times\frac{130}{30}$	196.875	$\frac{150}{20}\times\frac{70}{30}\times\frac{45}{40}$	200	$\frac{200}{150}\times\frac{100}{20}\times\frac{75}{25}$
194.400	$\frac{120}{20}\times\frac{90}{50}\times\frac{45}{25}$	197.120	$\frac{140}{25}\times\frac{120}{50}\times\frac{110}{75}$		$\frac{200}{75}\times\frac{100}{40}\times\frac{60}{20}$
	$\frac{120}{50}\times\frac{90}{20}\times\frac{45}{25}$		$\frac{140}{50}\times\frac{120}{25}\times\frac{110}{75}$		$\frac{100}{75}\times\frac{100}{20}\times\frac{90}{30}$
195	$\frac{120}{40}\times\frac{100}{20}\times\frac{65}{50}$	197.486	$\frac{80}{25}\times\frac{120}{50}\times\frac{90}{35}$		$\frac{100}{75}\times\frac{150}{30}\times\frac{120}{40}$
	$\frac{120}{80}\times\frac{200}{20}\times\frac{130}{100}$		$\frac{80}{25}\times\frac{120}{35}\times\frac{90}{50}$		$\frac{100}{75}\times\frac{100}{20}\times\frac{150}{50}$
	$\frac{150}{50}\times\frac{100}{20}\times\frac{130}{100}$	198	$\frac{60}{20}\times\frac{75}{25}\times\frac{110}{50}$		$\frac{120}{90}\times\frac{100}{20}\times\frac{75}{25}$
	$\frac{90}{30}\times\frac{100}{20}\times\frac{65}{50}$		$\frac{120}{40}\times\frac{150}{50}\times\frac{55}{25}$		$\frac{60}{45}\times\frac{100}{20}\times\frac{90}{30}$
	$\frac{75}{25}\times\frac{100}{20}\times\frac{65}{50}$		$\frac{90}{30}\times\frac{60}{20}\times\frac{55}{25}$		$\frac{80}{60}\times\frac{100}{20}\times\frac{75}{25}$
	$\frac{60}{20}\times\frac{150}{30}\times\frac{65}{50}$		$\frac{60}{20}\times\frac{150}{50}\times\frac{55}{25}$		$\frac{40}{30}\times\frac{100}{20}\times\frac{75}{25}$
196	$\frac{35}{25}\times\frac{70}{50}\times\frac{200}{20}$	198.333	$\frac{150}{60}\times\frac{70}{30}\times\frac{85}{25}$	201.600	$\frac{120}{30}\times\frac{140}{100}\times\frac{90}{25}$
	$\frac{70}{50}\times\frac{140}{100}\times\frac{200}{20}$		$\frac{75}{30}\times\frac{140}{60}\times\frac{85}{25}$		$\frac{80}{20}\times\frac{70}{50}\times\frac{90}{25}$
	$\frac{70}{50}\times\frac{140}{20}\times\frac{200}{100}$	199.500	$\frac{60}{20}\times\frac{140}{80}\times\frac{95}{25}$		$\frac{140}{35}\times\frac{70}{50}\times\frac{90}{25}$
	$\frac{35}{25}\times\frac{140}{20}\times\frac{100}{50}$		$\frac{60}{20}\times\frac{70}{40}\times\frac{95}{25}$	202.222	$\frac{70}{25}\times\frac{130}{40}\times\frac{200}{90}$
	$\frac{70}{20}\times\frac{140}{50}\times\frac{90}{45}$		$\frac{90}{30}\times\frac{35}{20}\times\frac{95}{25}$		$\frac{140}{50}\times\frac{65}{20}\times\frac{100}{45}$
	$\frac{70}{25}\times\frac{140}{40}\times\frac{110}{55}$		$\frac{120}{40}\times\frac{35}{20}\times\frac{95}{25}$		$\frac{70}{25}\times\frac{65}{20}\times\frac{100}{45}$
	$\frac{35}{25}\times\frac{140}{20}\times\frac{80}{40}$		$\frac{75}{25}\times\frac{70}{20}\times\frac{95}{50}$	202.500	$\frac{120}{80}\times\frac{90}{20}\times\frac{150}{50}$
	$\frac{35}{25}\times\frac{140}{20}\times\frac{60}{30}$		$\frac{150}{50}\times\frac{35}{20}\times\frac{95}{25}$		$\frac{60}{40}\times\frac{90}{20}\times\frac{75}{25}$
196.875	$\frac{150}{20}\times\frac{140}{60}\times\frac{90}{80}$		$\frac{120}{20}\times\frac{70}{80}\times\frac{95}{25}$		$\frac{45}{30}\times\frac{90}{20}\times\frac{120}{40}$

Pas	Nombre de dents des engrenages	Pas	Nombre de dents des engrenages	Pas	Nombre de dents des engrenages
millimètr.		millimètr.		millimètr.	
202,666	$\frac{100}{25} \times \frac{80}{30} \times \frac{95}{50}$	208	$\frac{90}{30} \times \frac{80}{60} \times \frac{130}{25}$	210.375	$\frac{90}{20} \times \frac{110}{40} \times \frac{85}{50}$
	$\frac{200}{50} \times \frac{40}{30} \times \frac{95}{25}$		$\frac{60}{20} \times \frac{40}{30} \times \frac{130}{25}$		$\frac{90}{20} \times \frac{110}{80} \times \frac{85}{25}$
	$\frac{80}{20} \times \frac{40}{30} \times \frac{95}{25}$		$\frac{120}{40} \times \frac{80}{60} \times \frac{130}{25}$		$\frac{90}{20} \times \frac{55}{40} \times \frac{85}{25}$
	$\frac{140}{35} \times \frac{40}{30} \times \frac{95}{25}$		$\frac{150}{50} \times \frac{40}{30} \times \frac{130}{25}$	210.600	$\frac{90}{20} \times \frac{45}{25} \times \frac{130}{50}$
202,800	$\frac{130}{100} \times \frac{65}{25} \times \frac{120}{20}$		$\frac{60}{20} \times \frac{80}{30} \times \frac{65}{25}$		$\frac{90}{20} \times \frac{45}{50} \times \frac{130}{25}$
	$\frac{65}{50} \times \frac{130}{25} \times \frac{120}{40}$	209	$\frac{110}{50} \times \frac{95}{100} \times \frac{200}{20}$		$\frac{90}{25} \times \frac{45}{20} \times \frac{130}{50}$
204	$\frac{90}{30} \times \frac{80}{20} \times \frac{85}{50}$		$\frac{55}{25} \times \frac{95}{100} \times \frac{200}{20}$	210.937	$\frac{90}{20} \times \frac{100}{80} \times \frac{150}{40}$
	$\frac{75}{25} \times \frac{80}{20} \times \frac{85}{50}$		$\frac{55}{25} \times \frac{95}{50} \times \frac{100}{20}$		$\frac{90}{80} \times \frac{100}{20} \times \frac{150}{40}$
	$\frac{120}{40} \times \frac{80}{20} \times \frac{85}{50}$		$\frac{55}{25} \times \frac{95}{20} \times \frac{200}{100}$	211.200	$\frac{80}{25} \times \frac{60}{20} \times \frac{110}{50}$
204.750	$\frac{90}{20} \times \frac{140}{40} \times \frac{65}{50}$		$\frac{55}{25} \times \frac{95}{20} \times \frac{120}{60}$		$\frac{80}{25} \times \frac{90}{30} \times \frac{110}{50}$
	$\frac{90}{40} \times \frac{140}{20} \times \frac{130}{100}$		$\frac{55}{25} \times \frac{95}{20} \times \frac{100}{50}$		$\frac{80}{50} \times \frac{120}{20} \times \frac{55}{25}$
204.800	$\frac{120}{75} \times \frac{80}{50} \times \frac{200}{25}$		$\frac{55}{25} \times \frac{95}{20} \times \frac{80}{40}$		$\frac{80}{25} \times \frac{120}{40} \times \frac{110}{50}$
	$\frac{120}{50} \times \frac{80}{75} \times \frac{200}{25}$		$\frac{55}{25} \times \frac{95}{20} \times \frac{70}{35}$	211.250	$\frac{65}{50} \times \frac{130}{20} \times \frac{200}{80}$
	$\frac{120}{75} \times \frac{80}{25} \times \frac{200}{50}$		$\frac{55}{25} \times \frac{95}{20} \times \frac{60}{30}$		$\frac{65}{50} \times \frac{130}{20} \times \frac{100}{40}$
	$\frac{120}{75} \times \frac{80}{25} \times \frac{140}{35}$	210	$\frac{120}{40} \times \frac{70}{60} \times \frac{150}{25}$		$\frac{65}{50} \times \frac{130}{40} \times \frac{100}{20}$
205.200	$\frac{90}{50} \times \frac{120}{40} \times \frac{95}{25}$		$\frac{60}{20} \times \frac{85}{30} \times \frac{150}{25}$	211.555	$\frac{120}{20} \times \frac{140}{45} \times \frac{85}{75}$
	$\frac{90}{50} \times \frac{60}{20} \times \frac{95}{25}$		$\frac{90}{30} \times \frac{70}{60} \times \frac{150}{25}$		$\frac{100}{30} \times \frac{140}{25} \times \frac{85}{75}$
	$\frac{90}{40} \times \frac{120}{50} \times \frac{95}{25}$		$\frac{150}{50} \times \frac{70}{30} \times \frac{75}{25}$		$\frac{200}{60} \times \frac{140}{25} \times \frac{85}{75}$

Pas	Nombre de dents des engrenages	Pas	Nombre de dents des engrenages	Pas	Nombre de dents des engrenages
millimètr.		millimètr.		millimètr.	
212.800	$\frac{120}{30} \times \frac{70}{50} \times \frac{95}{25}$	216	$\frac{100}{50} \times \frac{120}{20} \times \frac{45}{25}$	218.400	$\frac{120}{20} \times \frac{70}{50} \times \frac{65}{25}$
	$\frac{80}{20} \times \frac{70}{50} \times \frac{95}{25}$		$\frac{130}{65} \times \frac{120}{20} \times \frac{45}{25}$		$\frac{150}{25} \times \frac{140}{100} \times \frac{130}{50}$
	$\frac{80}{20} \times \frac{140}{100} \times \frac{95}{25}$		$\frac{150}{75} \times \frac{120}{20} \times \frac{45}{25}$	219.375	$\frac{90}{20} \times \frac{120}{80} \times \frac{130}{40}$
213.333	$\frac{100}{25} \times \frac{80}{60} \times \frac{200}{50}$		$\frac{200}{100} \times \frac{120}{20} \times \frac{90}{50}$		$\frac{90}{20} \times \frac{150}{100} \times \frac{130}{40}$
	$\frac{100}{25} \times \frac{40}{30} \times \frac{80}{20}$	216.125	$\frac{130}{20} \times \frac{70}{40} \times \frac{95}{50}$		$\frac{90}{40} \times \frac{150}{50} \times \frac{65}{20}$
	$\frac{80}{20} \times \frac{40}{30} \times \frac{140}{35}$		$\frac{130}{20} \times \frac{140}{80} \times \frac{95}{50}$		$\frac{90}{40} \times \frac{75}{25} \times \frac{65}{20}$
	$\frac{100}{25} \times \frac{80}{60} \times \frac{120}{30}$		$\frac{130}{20} \times \frac{35}{40} \times \frac{95}{25}$		$\frac{45}{20} \times \frac{75}{25} \times \frac{130}{40}$
213.750	$\frac{90}{20} \times \frac{100}{40} \times \frac{95}{50}$		$\frac{65}{20} \times \frac{140}{40} \times \frac{95}{50}$		$\frac{45}{20} \times \frac{90}{30} \times \frac{130}{40}$
	$\frac{90}{20} \times \frac{200}{80} \times \frac{95}{50}$	216.562	$\frac{90}{40} \times \frac{140}{80} \times \frac{110}{20}$		$\frac{90}{20} \times \frac{75}{50} \times \frac{130}{40}$
	$\frac{90}{20} \times \frac{50}{40} \times \frac{95}{25}$		$\frac{90}{80} \times \frac{140}{40} \times \frac{110}{20}$	220	$\frac{200}{60} \times \frac{75}{25} \times \frac{110}{50}$
214.200	$\frac{90}{50} \times \frac{140}{40} \times \frac{85}{25}$	216.666	$\frac{50}{45} \times \frac{120}{20} \times \frac{130}{40}$		$\frac{100}{30} \times \frac{60}{20} \times \frac{55}{25}$
	$\frac{90}{50} \times \frac{70}{20} \times \frac{85}{25}$		$\frac{100}{90} \times \frac{120}{40} \times \frac{130}{20}$		$\frac{200}{60} \times \frac{90}{30} \times \frac{55}{25}$
	$\frac{45}{50} \times \frac{140}{20} \times \frac{85}{25}$		$\frac{100}{90} \times \frac{150}{25} \times \frac{65}{20}$		$\frac{100}{30} \times \frac{120}{40} \times \frac{55}{25}$
	$\frac{90}{100} \times \frac{140}{20} \times \frac{85}{25}$		$\frac{50}{45} \times \frac{90}{30} \times \frac{130}{20}$		$\frac{100}{30} \times \frac{150}{50} \times \frac{55}{25}$
216	$\frac{60}{30} \times \frac{120}{20} \times \frac{90}{50}$		$\frac{50}{45} \times \frac{75}{25} \times \frac{130}{20}$		$\frac{100}{30} \times \frac{75}{25} \times \frac{110}{50}$
	$\frac{40}{20} \times \frac{150}{25} \times \frac{90}{50}$	217.600	$\frac{120}{30} \times \frac{80}{50} \times \frac{85}{25}$		$\frac{120}{40} \times \frac{100}{50} \times \frac{110}{30}$
	$\frac{70}{35} \times \frac{120}{20} \times \frac{45}{25}$		$\frac{140}{35} \times \frac{80}{50} \times \frac{85}{25}$		$\frac{60}{20} \times \frac{50}{25} \times \frac{110}{30}$
	$\frac{80}{40} \times \frac{120}{20} \times \frac{45}{25}$	218.400	$\frac{120}{20} \times \frac{140}{100} \times \frac{130}{50}$		$\frac{75}{25} \times \frac{40}{20} \times \frac{110}{30}$

Pas	Nombre de dents des engrenages
millimètr.	
220	$\dfrac{60}{20} \times \dfrac{80}{40} \times \dfrac{110}{30}$
	$\dfrac{60}{20} \times \dfrac{90}{45} \times \dfrac{110}{30}$
	$\dfrac{75}{25} \times \dfrac{120}{60} \times \dfrac{110}{30}$
	$\dfrac{60}{20} \times \dfrac{140}{70} \times \dfrac{110}{30}$
	$\dfrac{60}{20} \times \dfrac{150}{75} \times \dfrac{110}{30}$
	$\dfrac{150}{50} \times \dfrac{200}{100} \times \dfrac{110}{30}$
220.500	$\dfrac{90}{20} \times \dfrac{70}{40} \times \dfrac{140}{50}$
	$\dfrac{90}{40} \times \dfrac{70}{20} \times \dfrac{140}{50}$
	$\dfrac{90}{20} \times \dfrac{140}{80} \times \dfrac{70}{25}$
221	$\dfrac{120}{60} \times \dfrac{130}{40} \times \dfrac{85}{25}$
	$\dfrac{60}{30} \times \dfrac{65}{20} \times \dfrac{85}{25}$
	$\dfrac{150}{75} \times \dfrac{65}{20} \times \dfrac{85}{25}$
	$\dfrac{140}{70} \times \dfrac{65}{20} \times \dfrac{85}{25}$
	$\dfrac{100}{50} \times \dfrac{65}{20} \times \dfrac{85}{25}$
	$\dfrac{90}{45} \times \dfrac{65}{20} \times \dfrac{85}{25}$
	$\dfrac{80}{40} \times \dfrac{65}{20} \times \dfrac{85}{25}$
	$\dfrac{70}{35} \times \dfrac{65}{20} \times \dfrac{85}{25}$
	$\dfrac{200}{100} \times \dfrac{65}{20} \times \dfrac{85}{25}$

Pas	Nombre de dents des engrenages
millimètr.	
221.666	$\dfrac{95}{20} \times \dfrac{100}{60} \times \dfrac{70}{25}$
	$\dfrac{95}{20} \times \dfrac{50}{30} \times \dfrac{70}{25}$
	$\dfrac{95}{20} \times \dfrac{100}{60} \times \dfrac{140}{50}$
	$\dfrac{95}{20} \times \dfrac{200}{120} \times \dfrac{70}{25}$
222.750	$\dfrac{90}{40} \times \dfrac{45}{20} \times \dfrac{110}{25}$
223.125	$\dfrac{45}{20} \times \dfrac{90}{40} \times \dfrac{110}{25}$
	$\dfrac{75}{40} \times \dfrac{70}{20} \times \dfrac{85}{25}$
	$\dfrac{150}{80} \times \dfrac{140}{40} \times \dfrac{85}{25}$
224	$\dfrac{120}{20} \times \dfrac{80}{60} \times \dfrac{140}{50}$
	$\dfrac{120}{20} \times \dfrac{40}{30} \times \dfrac{70}{25}$
	$\dfrac{80}{50} \times \dfrac{70}{30} \times \dfrac{150}{25}$
	$\dfrac{80}{50} \times \dfrac{140}{60} \times \dfrac{150}{25}$
	$\dfrac{120}{60} \times \dfrac{80}{20} \times \dfrac{70}{25}$
	$\dfrac{100}{50} \times \dfrac{120}{30} \times \dfrac{70}{25}$
225	$\dfrac{90}{60} \times \dfrac{100}{20} \times \dfrac{75}{25}$
	$\dfrac{45}{30} \times \dfrac{100}{20} \times \dfrac{120}{40}$
	$\dfrac{60}{40} \times \dfrac{100}{20} \times \dfrac{90}{30}$
	$\dfrac{120}{80} \times \dfrac{100}{20} \times \dfrac{150}{50}$

Pas	Nombre de dents des engrenages
millimètr.	
225	$\dfrac{75}{50} \times \dfrac{100}{20} \times \dfrac{90}{30}$
	$\dfrac{150}{100} \times \dfrac{200}{40} \times \dfrac{60}{20}$
225.333	$\dfrac{65}{25} \times \dfrac{130}{100} \times \dfrac{200}{30}$
	$\dfrac{65}{100} \times \dfrac{130}{25} \times \dfrac{200}{30}$
	$\dfrac{65}{25} \times \dfrac{130}{50} \times \dfrac{100}{30}$
226.800	$\dfrac{140}{20} \times \dfrac{90}{50} \times \dfrac{45}{25}$
	$\dfrac{140}{50} \times \dfrac{90}{20} \times \dfrac{45}{25}$
227.500	$\dfrac{90}{30} \times \dfrac{140}{40} \times \dfrac{130}{60}$
	$\dfrac{60}{20} \times \dfrac{140}{40} \times \dfrac{65}{30}$
	$\dfrac{75}{25} \times \dfrac{70}{20} \times \dfrac{65}{30}$
	$\dfrac{120}{40} \times \dfrac{70}{20} \times \dfrac{65}{30}$
	$\dfrac{150}{50} \times \dfrac{70}{20} \times \dfrac{130}{60}$
228	$\dfrac{120}{30} \times \dfrac{60}{40} \times \dfrac{95}{25}$
	$\dfrac{80}{20} \times \dfrac{60}{40} \times \dfrac{95}{25}$
	$\dfrac{200}{50} \times \dfrac{60}{40} \times \dfrac{95}{25}$
	$\dfrac{140}{35} \times \dfrac{30}{20} \times \dfrac{95}{25}$
	$\dfrac{80}{20} \times \dfrac{120}{80} \times \dfrac{95}{25}$
	$\dfrac{80}{20} \times \dfrac{90}{60} \times \dfrac{95}{25}$

Pas	Nombre de dents des engrenages	Pas	Nombre de dents des engrenages	Pas	Nombre de dents des engrenages
millimètr.		millimètr.		millimètr.	
228	$\frac{80}{20} \times \frac{45}{30} \times \frac{95}{25}$	233.333	$\frac{120}{40} \times \frac{140}{60} \times \frac{100}{30}$	237.600	$\frac{120}{20} \times \frac{45}{50} \times \frac{110}{25}$
	$\frac{80}{20} \times \frac{75}{50} \times \frac{95}{25}$		$\frac{150}{50} \times \frac{140}{60} \times \frac{100}{30}$	238	$\frac{150}{50} \times \frac{140}{60} \times \frac{85}{25}$
	$\frac{120}{40} \times \frac{60}{30} \times \frac{95}{25}$	234	$\frac{90}{30} \times \frac{60}{20} \times \frac{130}{50}$		$\frac{120}{40} \times \frac{70}{30} \times \frac{85}{25}$
	$\frac{90}{30} \times \frac{40}{20} \times \frac{95}{25}$		$\frac{75}{25} \times \frac{120}{40} \times \frac{130}{50}$		$\frac{90}{30} \times \frac{140}{60} \times \frac{85}{25}$
	$\frac{60}{20} \times \frac{100}{50} \times \frac{95}{25}$		$\frac{60}{20} \times \frac{90}{30} \times \frac{65}{25}$		$\frac{60}{20} \times \frac{70}{30} \times \frac{85}{25}$
229.500	$\frac{90}{20} \times \frac{75}{50} \times \frac{85}{25}$		$\frac{120}{40} \times \frac{60}{20} \times \frac{65}{25}$	238.933	$\frac{120}{75} \times \frac{80}{30} \times \frac{140}{25}$
	$\frac{90}{20} \times \frac{150}{100} \times \frac{85}{25}$		$\frac{90}{20} \times \frac{60}{30} \times \frac{65}{25}$		$\frac{120}{30} \times \frac{80}{75} \times \frac{140}{25}$
	$\frac{90}{20} \times \frac{45}{30} \times \frac{85}{25}$		$\frac{90}{20} \times \frac{100}{50} \times \frac{65}{25}$	239.400	$\frac{90}{50} \times \frac{140}{40} \times \frac{95}{25}$
	$\frac{90}{20} \times \frac{60}{40} \times \frac{85}{25}$	235.200	$\frac{120}{50} \times \frac{140}{20} \times \frac{35}{25}$		$\frac{90}{50} \times \frac{70}{20} \times \frac{95}{25}$
	$\frac{90}{20} \times \frac{120}{80} \times \frac{85}{25}$		$\frac{60}{25} \times \frac{140}{20} \times \frac{70}{50}$	240	$\frac{90}{75} \times \frac{100}{30} \times \frac{120}{20}$
231	$\frac{70}{20} \times \frac{75}{25} \times \frac{110}{50}$	236.250	$\frac{75}{25} \times \frac{70}{20} \times \frac{90}{40}$		$\frac{60}{30} \times \frac{80}{40} \times \frac{120}{20}$
	$\frac{140}{40} \times \frac{60}{20} \times \frac{55}{25}$		$\frac{150}{50} \times \frac{140}{40} \times \frac{45}{20}$		$\frac{50}{25} \times \frac{70}{35} \times \frac{120}{20}$
	$\frac{70}{20} \times \frac{90}{30} \times \frac{55}{25}$		$\frac{90}{30} \times \frac{140}{40} \times \frac{45}{20}$		$\frac{90}{45} \times \frac{100}{50} \times \frac{120}{20}$
	$\frac{70}{20} \times \frac{120}{40} \times \frac{55}{25}$	237.500	$\frac{95}{60} \times \frac{100}{20} \times \frac{75}{25}$		$\frac{100}{50} \times \frac{110}{55} \times \frac{120}{20}$
231.562	$\frac{130}{40} \times \frac{150}{80} \times \frac{95}{25}$		$\frac{95}{60} \times \frac{100}{20} \times \frac{90}{30}$		$\frac{140}{70} \times \frac{150}{75} \times \frac{120}{20}$
	$\frac{65}{20} \times \frac{75}{40} \times \frac{95}{25}$		$\frac{95}{60} \times \frac{100}{20} \times \frac{120}{40}$		$\frac{150}{75} \times \frac{200}{100} \times \frac{120}{20}$
233.333	$\frac{75}{25} \times \frac{140}{60} \times \frac{100}{30}$		$\frac{95}{60} \times \frac{200}{40} \times \frac{150}{50}$		$\frac{90}{75} \times \frac{100}{20} \times \frac{120}{30}$
	$\frac{60}{20} \times \frac{70}{30} \times \frac{200}{60}$	237.600	$\frac{120}{20} \times \frac{90}{100} \times \frac{110}{25}$		$\frac{90}{75} \times \frac{200}{40} \times \frac{100}{25}$

Pas	Nombre de dents des engrenages	Pas	Nombre de dents des engrenages	Pas	Nombre de dents des engrenages
millimètr.		millimètr.		millimètr.	
240	$\dfrac{90}{75}\times\dfrac{200}{40}\times\dfrac{80}{20}$	244.800	$\dfrac{90}{30}\times\dfrac{120}{50}\times\dfrac{85}{25}$	250	$\dfrac{200}{60}\times\dfrac{100}{40}\times\dfrac{75}{25}$
242	$\dfrac{55}{25}\times\dfrac{110}{100}\times\dfrac{200}{20}$		$\dfrac{60}{20}\times\dfrac{120}{50}\times\dfrac{85}{25}$		$\dfrac{100}{30}\times\dfrac{50}{20}\times\dfrac{75}{25}$
	$\dfrac{55}{25}\times\dfrac{110}{20}\times\dfrac{200}{10}$	246.400	$\dfrac{140}{50}\times\dfrac{120}{20}\times\dfrac{110}{75}$		$\dfrac{100}{30}\times\dfrac{100}{40}\times\dfrac{60}{20}$
	$\dfrac{55}{25}\times\dfrac{110}{20}\times\dfrac{100}{50}$		$\dfrac{70}{25}\times\dfrac{120}{75}\times\dfrac{110}{20}$		$\dfrac{200}{60}\times\dfrac{50}{20}\times\dfrac{90}{30}$
	$\dfrac{55}{25}\times\dfrac{110}{20}\times\dfrac{80}{40}$	247	$\dfrac{130}{50}\times\dfrac{95}{100}\times\dfrac{200}{20}$		$\dfrac{100}{30}\times\dfrac{50}{20}\times\dfrac{120}{40}$
	$\dfrac{55}{25}\times\dfrac{110}{20}\times\dfrac{60}{30}$		$\dfrac{65}{25}\times\dfrac{95}{50}\times\dfrac{100}{20}$		$\dfrac{100}{30}\times\dfrac{100}{40}\times\dfrac{150}{50}$
242.250	$\dfrac{95}{20}\times\dfrac{75}{50}\times\dfrac{85}{25}$		$\dfrac{65}{25}\times\dfrac{95}{20}\times\dfrac{100}{50}$		$\dfrac{200}{60}\times\dfrac{100}{40}\times\dfrac{150}{50}$
	$\dfrac{95}{20}\times\dfrac{150}{100}\times\dfrac{85}{25}$		$\dfrac{65}{25}\times\dfrac{95}{20}\times\dfrac{80}{40}$		$\dfrac{100}{30}\times\dfrac{100}{50}\times\dfrac{75}{25}$
242.666	$\dfrac{80}{25}\times\dfrac{70}{30}\times\dfrac{130}{40}$	247.500	$\dfrac{150}{20}\times\dfrac{75}{25}\times\dfrac{110}{100}$	252	$\dfrac{120}{40}\times\dfrac{70}{25}\times\dfrac{150}{50}$
	$\dfrac{80}{25}\times\dfrac{140}{60}\times\dfrac{65}{20}$		$\dfrac{150}{20}\times\dfrac{90}{30}\times\dfrac{55}{50}$		$\dfrac{60}{20}\times\dfrac{140}{50}\times\dfrac{90}{30}$
	$\dfrac{80}{25}\times\dfrac{70}{30}\times\dfrac{65}{20}$		$\dfrac{150}{20}\times\dfrac{120}{40}\times\dfrac{55}{50}$		$\dfrac{90}{30}\times\dfrac{70}{25}\times\dfrac{120}{40}$
243	$\dfrac{120}{40}\times\dfrac{90}{20}\times\dfrac{45}{25}$		$\dfrac{150}{20}\times\dfrac{75}{25}\times\dfrac{55}{50}$		$\dfrac{150}{50}\times\dfrac{70}{25}\times\dfrac{60}{20}$
	$\dfrac{150}{50}\times\dfrac{90}{20}\times\dfrac{45}{25}$	249.375	$\dfrac{95}{80}\times\dfrac{150}{20}\times\dfrac{70}{25}$	253.333	$\dfrac{120}{45}\times\dfrac{75}{25}\times\dfrac{95}{30}$
243.200	$\dfrac{120}{30}\times\dfrac{80}{50}\times\dfrac{95}{25}$		$\dfrac{95}{20}\times\dfrac{150}{80}\times\dfrac{140}{50}$		$\dfrac{120}{45}\times\dfrac{150}{50}\times\dfrac{95}{30}$
	$\dfrac{140}{35}\times\dfrac{80}{50}\times\dfrac{95}{25}$		$\dfrac{95}{20}\times\dfrac{75}{40}\times\dfrac{70}{25}$		$\dfrac{120}{45}\times\dfrac{60}{20}\times\dfrac{95}{30}$
243.750	$\dfrac{75}{20}\times\dfrac{100}{40}\times\dfrac{130}{50}$	249.600	$\dfrac{90}{30}\times\dfrac{80}{50}\times\dfrac{130}{25}$	253.500	$\dfrac{130}{20}\times\dfrac{65}{50}\times\dfrac{120}{40}$
	$\dfrac{150}{40}\times\dfrac{50}{20}\times\dfrac{65}{25}$		$\dfrac{60}{20}\times\dfrac{80}{50}\times\dfrac{130}{25}$		$\dfrac{130}{20}\times\dfrac{65}{50}\times\dfrac{90}{30}$
	$\dfrac{75}{20}\times\dfrac{200}{80}\times\dfrac{65}{25}$		$\dfrac{120}{40}\times\dfrac{80}{50}\times\dfrac{130}{25}$		$\dfrac{130}{20}\times\dfrac{65}{50}\times\dfrac{75}{25}$

Pas	Nombre de dents des engrenages	Pas	Nombre de dents des engrenages	Pas	Nombre de dents des engrenages
millimètr.		millimètr.		millimètr.	
253.500	$\frac{65}{20} \times \frac{130}{50} \times \frac{75}{25}$	256	$\frac{40}{25} \times \frac{80}{50} \times \frac{200}{20}$	262.500	$\frac{90}{60} \times \frac{140}{80} \times \frac{200}{20}$
	$\frac{130}{40} \times \frac{65}{25} \times \frac{60}{20}$	256.500	$\frac{90}{20} \times \frac{120}{40} \times \frac{95}{50}$		$\frac{45}{30} \times \frac{70}{40} \times \frac{200}{20}$
	$\frac{130}{40} \times \frac{65}{25} \times \frac{150}{50}$		$\frac{90}{20} \times \frac{75}{25} \times \frac{95}{50}$		$\frac{120}{80} \times \frac{70}{20} \times \frac{200}{40}$
253.866	$\frac{200}{25} \times \frac{140}{50} \times \frac{85}{75}$	256.666	$\frac{120}{20} \times \frac{140}{60} \times \frac{55}{30}$		$\frac{75}{50} \times \frac{140}{40} \times \frac{100}{20}$
	$\frac{200}{50} \times \frac{140}{25} \times \frac{85}{75}$		$\frac{120}{20} \times \frac{70}{30} \times \frac{110}{60}$		$\frac{150}{100} \times \frac{70}{20} \times \frac{200}{40}$
	$\frac{80}{20} \times \frac{140}{25} \times \frac{85}{75}$		$\frac{120}{60} \times \frac{140}{20} \times \frac{55}{30}$	264	$\frac{80}{20} \times \frac{75}{25} \times \frac{110}{50}$
	$\frac{120}{30} \times \frac{140}{25} \times \frac{85}{75}$		$\frac{100}{50} \times \frac{140}{20} \times \frac{55}{30}$		$\frac{100}{25} \times \frac{90}{30} \times \frac{110}{50}$
255	$\frac{90}{30} \times \frac{100}{20} \times \frac{85}{50}$		$\frac{80}{40} \times \frac{140}{20} \times \frac{55}{30}$		$\frac{120}{30} \times \frac{60}{20} \times \frac{55}{25}$
	$\frac{60}{20} \times \frac{100}{40} \times \frac{85}{25}$		$\frac{50}{25} \times \frac{140}{20} \times \frac{110}{60}$		$\frac{140}{35} \times \frac{120}{40} \times \frac{55}{25}$
	$\frac{75}{25} \times \frac{100}{20} \times \frac{85}{50}$	259.200	$\frac{60}{50} \times \frac{90}{25} \times \frac{120}{20}$	264.444	$\frac{75}{30} \times \frac{140}{45} \times \frac{85}{25}$
	$\frac{120}{40} \times \frac{50}{20} \times \frac{85}{25}$		$\frac{60}{25} \times \frac{90}{50} \times \frac{120}{20}$		$\frac{150}{60} \times \frac{140}{45} \times \frac{85}{25}$
	$\frac{150}{50} \times \frac{100}{40} \times \frac{85}{25}$	260	$\frac{120}{20} \times \frac{100}{60} \times \frac{65}{25}$	266	$\frac{60}{30} \times \frac{70}{20} \times \frac{95}{25}$
	$\frac{150}{40} \times \frac{100}{50} \times \frac{85}{25}$		$\frac{120}{20} \times \frac{50}{30} \times \frac{65}{25}$		$\frac{70}{35} \times \frac{140}{40} \times \frac{95}{25}$
	$\frac{75}{20} \times \frac{200}{100} \times \frac{85}{25}$		$\frac{120}{60} \times \frac{100}{20} \times \frac{130}{50}$		$\frac{80}{40} \times \frac{70}{20} \times \frac{95}{25}$
	$\frac{75}{20} \times \frac{120}{60} \times \frac{85}{25}$		$\frac{200}{100} \times \frac{100}{20} \times \frac{65}{25}$		$\frac{100}{50} \times \frac{70}{20} \times \frac{95}{25}$
	$\frac{75}{20} \times \frac{80}{40} \times \frac{85}{25}$		$\frac{100}{50} \times \frac{100}{20} \times \frac{65}{25}$		$\frac{90}{45} \times \frac{70}{20} \times \frac{95}{25}$
	$\frac{75}{20} \times \frac{60}{30} \times \frac{85}{25}$		$\frac{80}{40} \times \frac{100}{20} \times \frac{65}{25}$		$\frac{200}{100} \times \frac{70}{20} \times \frac{95}{25}$
256	$\frac{40}{50} \times \frac{80}{25} \times \frac{200}{20}$		$\frac{60}{30} \times \frac{100}{20} \times \frac{65}{25}$		$\frac{120}{60} \times \frac{70}{20} \times \frac{95}{25}$

Pas (millimètr.)	Nombre de dents des engrenages
266	$\frac{150}{75} \times \frac{70}{20} \times \frac{95}{25}$
266,666	$\frac{100}{75} \times \frac{100}{30} \times \frac{120}{20}$
	$\frac{100}{75} \times \frac{100}{20} \times \frac{120}{30}$
	$\frac{100}{75} \times \frac{200}{40} \times \frac{80}{20}$
267.175	$\frac{95}{40} \times \frac{150}{50} \times \frac{75}{20}$
	$\frac{95}{40} \times \frac{90}{30} \times \frac{75}{20}$
	$\frac{95}{40} \times \frac{90}{20} \times \frac{75}{30}$
267.750	$\frac{90}{20} \times \frac{70}{40} \times \frac{85}{25}$
	$\frac{90}{20} \times \frac{140}{40} \times \frac{85}{50}$
	$\frac{90}{20} \times \frac{140}{80} \times \frac{85}{25}$
	$\frac{90}{40} \times \frac{70}{20} \times \frac{85}{25}$
268.800	$\frac{120}{50} \times \frac{80}{40} \times \frac{140}{25}$
	$\frac{120}{100} \times \frac{80}{20} \times \frac{140}{25}$
	$\frac{120}{50} \times \frac{80}{20} \times \frac{70}{25}$
	$\frac{60}{20} \times \frac{80}{50} \times \frac{140}{25}$
	$\frac{90}{30} \times \frac{80}{50} \times \frac{140}{25}$
	$\frac{120}{40} \times \frac{80}{50} \times \frac{140}{25}$
	$\frac{120}{50} \times \frac{40}{20} \times \frac{140}{25}$

Pas (millimètr.)	Nombre de dents des engrenages
270	$\frac{90}{50} \times \frac{100}{20} \times \frac{75}{25}$
	$\frac{45}{25} \times \frac{200}{40} \times \frac{60}{20}$
	$\frac{45}{25} \times \frac{150}{30} \times \frac{120}{40}$
	$\frac{45}{25} \times \frac{100}{20} \times \frac{90}{30}$
	$\frac{90}{20} \times \frac{100}{50} \times \frac{75}{25}$
	$\frac{90}{20} \times \frac{200}{100} \times \frac{75}{25}$
	$\frac{90}{20} \times \frac{80}{40} \times \frac{150}{50}$
270.400	$\frac{65}{25} \times \frac{130}{50} \times \frac{120}{30}$
	$\frac{65}{50} \times \frac{130}{25} \times \frac{80}{20}$
	$\frac{65}{25} \times \frac{130}{50} \times \frac{140}{35}$
272	$\frac{120}{20} \times \frac{80}{60} \times \frac{85}{25}$
	$\frac{120}{40} \times \frac{80}{30} \times \frac{85}{25}$
	$\frac{60}{20} \times \frac{80}{30} \times \frac{85}{25}$
	$\frac{120}{60} \times \frac{80}{20} \times \frac{85}{25}$
	$\frac{60}{30} \times \frac{80}{20} \times \frac{85}{25}$
273	$\frac{90}{75} \times \frac{140}{40} \times \frac{130}{20}$
	$\frac{90}{75} \times \frac{130}{40} \times \frac{140}{20}$
	$\frac{150}{50} \times \frac{70}{20} \times \frac{65}{25}$

Pas (millimètr.)	Nombre de dents des engrenages
273	$\frac{75}{25} \times \frac{70}{20} \times \frac{130}{50}$
	$\frac{90}{30} \times \frac{70}{20} \times \frac{65}{25}$
	$\frac{120}{40} \times \frac{70}{20} \times \frac{65}{25}$
273,600	$\frac{90}{30} \times \frac{120}{50} \times \frac{95}{25}$
	$\frac{60}{20} \times \frac{120}{50} \times \frac{95}{25}$
275	$\frac{150}{30} \times \frac{55}{20} \times \frac{200}{100}$
	$\frac{100}{20} \times \frac{110}{40} \times \frac{100}{50}$
	$\frac{200}{40} \times \frac{55}{20} \times \frac{150}{75}$
	$\frac{100}{20} \times \frac{110}{40} \times \frac{120}{60}$
	$\frac{100}{20} \times \frac{110}{40} \times \frac{90}{45}$
	$\frac{100}{20} \times \frac{110}{40} \times \frac{70}{35}$
	$\frac{100}{20} \times \frac{110}{40} \times \frac{60}{30}$
	$\frac{100}{20} \times \frac{110}{40} \times \frac{50}{25}$
276.250	$\frac{100}{20} \times \frac{130}{40} \times \frac{85}{50}$
	$\frac{200}{40} \times \frac{65}{20} \times \frac{85}{50}$
	$\frac{150}{30} \times \frac{65}{20} \times \frac{85}{50}$
277.084	$\frac{95}{80} \times \frac{200}{60} \times \frac{140}{20}$
	$\frac{95}{80} \times \frac{100}{30} \times \frac{140}{20}$

Pas	Nombre de dents des engrenages
millimètr.	
277.084	$\frac{95}{40} \times \frac{50}{30} \times \frac{140}{20}$
277.200	$\frac{140}{25} \times \frac{90}{20} \times \frac{55}{50}$
	$\frac{140}{20} \times \frac{90}{25} \times \frac{110}{100}$
277.333	$\frac{100}{25} \times \frac{80}{30} \times \frac{130}{50}$
	$\frac{140}{35} \times \frac{40}{30} \times \frac{130}{25}$
	$\frac{80}{20} \times \frac{40}{39} \times \frac{130}{25}$
	$\frac{200}{50} \times \frac{80}{30} \times \frac{65}{25}$
277.666	$\frac{120}{20} \times \frac{45}{30} \times \frac{85}{25}$
	$\frac{120}{20} \times \frac{90}{60} \times \frac{85}{25}$
	$\frac{120}{30} \times \frac{45}{20} \times \frac{85}{25}$
	$\frac{80}{20} \times \frac{90}{40} \times \frac{85}{25}$
	$\frac{120}{60} \times \frac{90}{20} \times \frac{85}{25}$
	$\frac{80}{40} \times \frac{90}{20} \times \frac{85}{25}$
	$\frac{100}{50} \times \frac{90}{20} \times \frac{85}{25}$
277.875	$\frac{95}{20} \times \frac{90}{50} \times \frac{130}{40}$
	$\frac{95}{20} \times \frac{45}{25} \times \frac{130}{40}$
	$\frac{95}{20} \times \frac{90}{25} \times \frac{65}{40}$
280	$\frac{80}{20} \times \frac{140}{60} \times \frac{75}{25}$

Pas	Nombre de dents des engrenages
millimètr.	
280	$\frac{100}{25} \times \frac{70}{30} \times \frac{60}{20}$
	$\frac{120}{30} \times \frac{140}{60} \times \frac{150}{50}$
	$\frac{140}{35} \times \frac{70}{30} \times \frac{120}{40}$
	$\frac{200}{50} \times \frac{70}{30} \times \frac{60}{20}$
	$\frac{100}{25} \times \frac{140}{60} \times \frac{90}{30}$
280.500	$\frac{150}{50} \times \frac{110}{40} \times \frac{85}{25}$
	$\frac{150}{100} \times \frac{110}{20} \times \frac{85}{25}$
	$\frac{75}{50} \times \frac{110}{20} \times \frac{85}{25}$
	$\frac{90}{60} \times \frac{110}{20} \times \frac{85}{25}$
	$\frac{45}{30} \times \frac{110}{20} \times \frac{85}{25}$
	$\frac{90}{30} \times \frac{55}{20} \times \frac{85}{25}$
280.800	$\frac{120}{40} \times \frac{90}{50} \times \frac{130}{25}$
	$\frac{60}{20} \times \frac{90}{50} \times \frac{130}{25}$
281.600	$\frac{120}{50} \times \frac{200}{25} \times \frac{110}{75}$
	$\frac{120}{25} \times \frac{200}{50} \times \frac{110}{75}$
	$\frac{120}{25} \times \frac{80}{20} \times \frac{110}{75}$
282.074	$\frac{200}{25} \times \frac{140}{45} \times \frac{85}{75}$
	$\frac{200}{45} \times \frac{140}{25} \times \frac{85}{75}$

Pas	Nombre de dents des engrenages
millimètr.	
282.880	$\frac{120}{75} \times \frac{130}{25} \times \frac{85}{25}$
283.500	$\frac{140}{40} \times \frac{90}{20} \times \frac{45}{25}$
	$\frac{140}{20} \times \frac{90}{40} \times \frac{45}{25}$
	$\frac{140}{40} \times \frac{90}{25} \times \frac{45}{20}$
284.375	$\frac{150}{80} \times \frac{70}{30} \times \frac{130}{20}$
	$\frac{75}{40} \times \frac{140}{60} \times \frac{130}{20}$
285	$\frac{90}{30} \times \frac{100}{20} \times \frac{95}{50}$
	$\frac{60}{20} \times \frac{200}{40} \times \frac{95}{50}$
	$\frac{75}{25} \times \frac{100}{20} \times \frac{95}{50}$
	$\frac{120}{40} \times \frac{100}{20} \times \frac{95}{50}$
285.600	$\frac{120}{50} \times \frac{140}{40} \times \frac{85}{25}$
	$\frac{120}{50} \times \frac{70}{20} \times \frac{85}{25}$
	$\frac{120}{40} \times \frac{140}{50} \times \frac{85}{25}$
	$\frac{60}{20} \times \frac{140}{25} \times \frac{85}{50}$
	$\frac{90}{30} \times \frac{140}{25} \times \frac{85}{50}$
286	$\frac{110}{25} \times \frac{65}{100} \times \frac{200}{20}$
	$\frac{110}{100} \times \frac{65}{25} \times \frac{200}{20}$
	$\frac{110}{25} \times \frac{65}{50} \times \frac{100}{20}$

Pas	Nombre de dents des engrenages
millimètr. 286	$\dfrac{110}{25} \times \dfrac{65}{20} \times \dfrac{200}{100}$
	$\dfrac{110}{25} \times \dfrac{65}{20} \times \dfrac{100}{50}$
286,875	$\dfrac{90}{20} \times \dfrac{150}{50} \times \dfrac{85}{40}$
	$\dfrac{90}{20} \times \dfrac{75}{25} \times \dfrac{85}{40}$
288	$\dfrac{70}{35} \times \dfrac{120}{20} \times \dfrac{60}{25}$
	$\dfrac{140}{70} \times \dfrac{120}{20} \times \dfrac{60}{25}$
	$\dfrac{70}{35} \times \dfrac{120}{20} \times \dfrac{90}{30}$
	$\dfrac{70}{35} \times \dfrac{120}{25} \times \dfrac{60}{20}$
	$\dfrac{70}{35} \times \dfrac{120}{25} \times \dfrac{150}{50}$
	$\dfrac{80}{40} \times \dfrac{120}{25} \times \dfrac{60}{20}$
	$\dfrac{100}{50} \times \dfrac{120}{25} \times \dfrac{90}{30}$
	$\dfrac{200}{100} \times \dfrac{120}{25} \times \dfrac{60}{20}$
288,750	$\dfrac{90}{60} \times \dfrac{140}{40} \times \dfrac{110}{20}$
	$\dfrac{45}{30} \times \dfrac{140}{20} \times \dfrac{110}{40}$
	$\dfrac{120}{80} \times \dfrac{140}{40} \times \dfrac{110}{20}$
	$\dfrac{75}{50} \times \dfrac{140}{40} \times \dfrac{110}{20}$
	$\dfrac{150}{100} \times \dfrac{140}{20} \times \dfrac{110}{40}$
292.500	$\dfrac{130}{20} \times \dfrac{90}{40} \times \dfrac{100}{50}$

Pas	Nombre de dents des engrenages
millimètr. 292.500	$\dfrac{130}{40} \times \dfrac{90}{20} \times \dfrac{200}{100}$
	$\dfrac{130}{40} \times \dfrac{90}{20} \times \dfrac{50}{25}$
	$\dfrac{130}{40} \times \dfrac{90}{20} \times \dfrac{60}{30}$
	$\dfrac{130}{40} \times \dfrac{90}{20} \times \dfrac{120}{60}$
	$\dfrac{130}{40} \times \dfrac{90}{20} \times \dfrac{150}{75}$
294	$\dfrac{150}{50} \times \dfrac{140}{20} \times \dfrac{35}{25}$
	$\dfrac{75}{25} \times \dfrac{140}{20} \times \dfrac{70}{50}$
	$\dfrac{90}{30} \times \dfrac{140}{20} \times \dfrac{70}{50}$
	$\dfrac{120}{40} \times \dfrac{140}{20} \times \dfrac{70}{50}$
294.666	$\dfrac{120}{90} \times \dfrac{130}{20} \times \dfrac{85}{25}$
	$\dfrac{60}{45} \times \dfrac{130}{20} \times \dfrac{85}{25}$
297	$\dfrac{150}{25} \times \dfrac{90}{20} \times \dfrac{110}{100}$
	$\dfrac{150}{25} \times \dfrac{90}{20} \times \dfrac{55}{50}$
	$\dfrac{120}{40} \times \dfrac{90}{20} \times \dfrac{110}{50}$
	$\dfrac{75}{25} \times \dfrac{90}{20} \times \dfrac{110}{50}$
	$\dfrac{150}{50} \times \dfrac{90}{20} \times \dfrac{55}{25}$
297.500	$\dfrac{150}{40} \times \dfrac{140}{60} \times \dfrac{85}{25}$
	$\dfrac{75}{20} \times \dfrac{70}{30} \times \dfrac{85}{25}$

Pas	Nombre de dents des engrenages
millimètr. 298.666	$\dfrac{120}{60} \times \dfrac{80}{30} \times \dfrac{140}{25}$
	$\dfrac{150}{75} \times \dfrac{80}{30} \times \dfrac{140}{25}$
	$\dfrac{100}{50} \times \dfrac{80}{30} \times \dfrac{140}{25}$
	$\dfrac{200}{100} \times \dfrac{80}{30} \times \dfrac{140}{25}$
299.250	$\dfrac{90}{40} \times \dfrac{70}{20} \times \dfrac{95}{25}$
	$\dfrac{90}{80} \times \dfrac{140}{20} \times \dfrac{95}{25}$
	$\dfrac{45}{40} \times \dfrac{140}{20} \times \dfrac{95}{25}$
300	$\dfrac{200}{100} \times \dfrac{150}{30} \times \dfrac{120}{40}$
	$\dfrac{100}{50} \times \dfrac{150}{30} \times \dfrac{75}{25}$
	$\dfrac{150}{75} \times \dfrac{100}{20} \times \dfrac{90}{30}$
	$\dfrac{140}{70} \times \dfrac{100}{20} \times \dfrac{75}{25}$
	$\dfrac{130}{65} \times \dfrac{100}{20} \times \dfrac{90}{30}$
	$\dfrac{120}{60} \times \dfrac{100}{20} \times \dfrac{75}{25}$
	$\dfrac{110}{55} \times \dfrac{100}{20} \times \dfrac{120}{40}$
	$\dfrac{90}{45} \times \dfrac{100}{20} \times \dfrac{75}{25}$
	$\dfrac{80}{40} \times \dfrac{100}{20} \times \dfrac{150}{50}$
	$\dfrac{70}{35} \times \dfrac{100}{20} \times \dfrac{90}{30}$
	$\dfrac{60}{30} \times \dfrac{100}{20} \times \dfrac{75}{25}$

Pas millimètr.	Nombre de dents des engrenages	Pas millimètr.	Nombre de dents des engrenages	Pas millimètr.	Nombre de dents des engrenages
300	$\dfrac{50}{25}\times\dfrac{100}{20}\times\dfrac{90}{30}$	304	$\dfrac{80}{25}\times\dfrac{95}{20}\times\dfrac{200}{100}$	312	$\dfrac{60}{20}\times\dfrac{100}{25}\times\dfrac{130}{50}$
	$\dfrac{50}{25}\times\dfrac{200}{40}\times\dfrac{60}{20}$	306	$\dfrac{90}{30}\times\dfrac{120}{40}\times\dfrac{85}{25}$		$\dfrac{120}{40}\times\dfrac{80}{20}\times\dfrac{65}{25}$
	$\dfrac{40}{20}\times\dfrac{150}{30}\times\dfrac{75}{25}$		$\dfrac{60}{20}\times\dfrac{90}{30}\times\dfrac{85}{25}$		$\dfrac{150}{50}\times\dfrac{120}{30}\times\dfrac{65}{25}$
300.444	$\dfrac{65}{25}\times\dfrac{130}{50}\times\dfrac{200}{45}$		$\dfrac{150}{50}\times\dfrac{90}{30}\times\dfrac{85}{25}$	313.600	$\dfrac{70}{50}\times\dfrac{140}{25}\times\dfrac{80}{20}$
	$\dfrac{65}{25}\times\dfrac{130}{45}\times\dfrac{200}{50}$		$\dfrac{120}{40}\times\dfrac{60}{20}\times\dfrac{85}{25}$		$\dfrac{70}{25}\times\dfrac{140}{50}\times\dfrac{80}{20}$
	$\dfrac{65}{25}\times\dfrac{130}{45}\times\dfrac{80}{20}$	307.200	$\dfrac{120}{25}\times\dfrac{140}{35}\times\dfrac{80}{50}$		$\dfrac{70}{50}\times\dfrac{140}{25}\times\dfrac{120}{30}$
302.400	$\dfrac{120}{20}\times\dfrac{70}{50}\times\dfrac{90}{25}$		$\dfrac{120}{25}\times\dfrac{140}{50}\times\dfrac{80}{35}$		$\dfrac{70}{50}\times\dfrac{140}{30}\times\dfrac{120}{25}$
	$\dfrac{120}{20}\times\dfrac{140}{100}\times\dfrac{90}{25}$	308	$\dfrac{140}{30}\times\dfrac{75}{25}\times\dfrac{110}{50}$	315	$\dfrac{120}{20}\times\dfrac{70}{80}\times\dfrac{150}{25}$
303.333	$\dfrac{75}{25}\times\dfrac{140}{30}\times\dfrac{130}{60}$		$\dfrac{140}{30}\times\dfrac{60}{20}\times\dfrac{55}{25}$		$\dfrac{120}{80}\times\dfrac{70}{20}\times\dfrac{150}{25}$
	$\dfrac{150}{25}\times\dfrac{70}{30}\times\dfrac{130}{60}$		$\dfrac{140}{30}\times\dfrac{120}{40}\times\dfrac{55}{25}$		$\dfrac{120}{80}\times\dfrac{140}{20}\times\dfrac{150}{50}$
	$\dfrac{150}{25}\times\dfrac{140}{60}\times\dfrac{65}{30}$		$\dfrac{140}{30}\times\dfrac{150}{50}\times\dfrac{55}{25}$		$\dfrac{60}{40}\times\dfrac{140}{20}\times\dfrac{75}{25}$
	$\dfrac{120}{40}\times\dfrac{140}{30}\times\dfrac{130}{60}$	308.750	$\dfrac{65}{40}\times\dfrac{95}{25}\times\dfrac{100}{20}$		$\dfrac{120}{20}\times\dfrac{70}{40}\times\dfrac{90}{30}$
	$\dfrac{150}{50}\times\dfrac{140}{30}\times\dfrac{130}{60}$		$\dfrac{130}{80}\times\dfrac{95}{25}\times\dfrac{200}{40}$		$\dfrac{90}{60}\times\dfrac{140}{20}\times\dfrac{75}{25}$
303.750	$\dfrac{150}{40}\times\dfrac{90}{20}\times\dfrac{45}{25}$	309.375	$\dfrac{150}{40}\times\dfrac{75}{50}\times\dfrac{110}{20}$		$\dfrac{45}{30}\times\dfrac{140}{20}\times\dfrac{75}{25}$
	$\dfrac{150}{40}\times\dfrac{45}{20}\times\dfrac{90}{25}$		$\dfrac{75}{20}\times\dfrac{150}{50}\times\dfrac{110}{40}$		$\dfrac{75}{50}\times\dfrac{140}{20}\times\dfrac{90}{30}$
304	$\dfrac{80}{25}\times\dfrac{95}{100}\times\dfrac{200}{20}$		$\dfrac{75}{20}\times\dfrac{90}{30}\times\dfrac{110}{40}$	316.800	$\dfrac{120}{25}\times\dfrac{60}{20}\times\dfrac{110}{50}$
	$\dfrac{80}{25}\times\dfrac{95}{50}\times\dfrac{100}{20}$	312	$\dfrac{90}{30}\times\dfrac{80}{20}\times\dfrac{130}{50}$		$\dfrac{120}{25}\times\dfrac{90}{30}\times\dfrac{110}{50}$
	$\dfrac{80}{25}\times\dfrac{95}{20}\times\dfrac{100}{50}$		$\dfrac{75}{25}\times\dfrac{80}{20}\times\dfrac{130}{50}$	317.333	$\dfrac{150}{50}\times\dfrac{140}{45}\times\dfrac{85}{25}$

Pas (millimètr.)	Nombre de dents des engrenages	Pas (millimètr.)	Nombre de dents des engrenages	Pas (millimètr.)	Nombre de dents des engrenages
317.333	$\frac{120}{40} \times \frac{140}{45} \times \frac{85}{25}$	323	$\frac{85}{25} \times \frac{95}{20} \times \frac{150}{75}$	331.500	$\frac{120}{20} \times \frac{130}{40} \times \frac{85}{50}$
	$\frac{90}{30} \times \frac{140}{45} \times \frac{85}{25}$		$\frac{85}{25} \times \frac{95}{20} \times \frac{120}{60}$		$\frac{120}{20} \times \frac{65}{40} \times \frac{85}{25}$
	$\frac{60}{20} \times \frac{140}{45} \times \frac{85}{25}$		$\frac{85}{25} \times \frac{95}{20} \times \frac{110}{55}$		$\frac{90}{30} \times \frac{65}{20} \times \frac{85}{25}$
319.200	$\frac{120}{50} \times \frac{140}{40} \times \frac{95}{25}$		$\frac{85}{25} \times \frac{95}{20} \times \frac{80}{40}$		$\frac{75}{25} \times \frac{130}{20} \times \frac{85}{50}$
	$\frac{120}{50} \times \frac{70}{20} \times \frac{95}{25}$		$\frac{85}{25} \times \frac{95}{20} \times \frac{60}{30}$	332.500	$\frac{95}{40} \times \frac{100}{20} \times \frac{70}{25}$
	$\frac{90}{30} \times \frac{140}{50} \times \frac{95}{25}$	324	$\frac{120}{20} \times \frac{90}{100} \times \frac{150}{25}$		$\frac{95}{40} \times \frac{100}{25} \times \frac{70}{20}$
	$\frac{60}{20} \times \frac{140}{50} \times \frac{95}{25}$		$\frac{120}{20} \times \frac{90}{25} \times \frac{75}{50}$		$\frac{95}{40} \times \frac{120}{30} \times \frac{70}{20}$
320	$\frac{100}{25} \times \frac{80}{20} \times \frac{100}{50}$		$\frac{120}{20} \times \frac{90}{25} \times \frac{45}{30}$	332.800	$\frac{120}{30} \times \frac{80}{50} \times \frac{130}{25}$
	$\frac{80}{20} \times \frac{140}{35} \times \frac{50}{25}$	326.400	$\frac{120}{20} \times \frac{80}{50} \times \frac{85}{25}$		$\frac{140}{35} \times \frac{80}{50} \times \frac{130}{25}$
	$\frac{120}{30} \times \frac{80}{20} \times \frac{200}{100}$		$\frac{120}{50} \times \frac{80}{20} \times \frac{85}{25}$	333.333	$\frac{200}{30} \times \frac{100}{60} \times \frac{75}{25}$
	$\frac{80}{20} \times \frac{100}{25} \times \frac{140}{70}$		$\frac{120}{50} \times \frac{140}{35} \times \frac{85}{25}$		$\frac{100}{30} \times \frac{100}{60} \times \frac{150}{25}$
	$\frac{80}{20} \times \frac{100}{25} \times \frac{110}{55}$	327.600	$\frac{90}{20} \times \frac{140}{50} \times \frac{65}{25}$		$\frac{200}{60} \times \frac{50}{30} \times \frac{120}{20}$
	$\frac{80}{20} \times \frac{100}{25} \times \frac{90}{45}$		$\frac{90}{20} \times \frac{70}{25} \times \frac{130}{50}$		$\frac{200}{30} \times \frac{100}{60} \times \frac{120}{40}$
	$\frac{80}{20} \times \frac{200}{40} \times \frac{60}{30}$	330	$\frac{200}{40} \times \frac{75}{25} \times \frac{110}{50}$		$\frac{200}{30} \times \frac{100}{60} \times \frac{150}{50}$
320.625	$\frac{90}{20} \times \frac{150}{40} \times \frac{95}{50}$		$\frac{100}{20} \times \frac{90}{30} \times \frac{55}{25}$	336	$\frac{80}{50} \times \frac{140}{20} \times \frac{75}{25}$
	$\frac{90}{20} \times \frac{75}{40} \times \frac{95}{25}$		$\frac{150}{30} \times \frac{60}{20} \times \frac{55}{25}$		$\frac{80}{20} \times \frac{140}{50} \times \frac{90}{30}$
323	$\frac{85}{25} \times \frac{95}{20} \times \frac{200}{100}$		$\frac{100}{20} \times \frac{120}{40} \times \frac{55}{25}$		$\frac{80}{40} \times \frac{140}{25} \times \frac{60}{20}$
	$\frac{85}{25} \times \frac{95}{20} \times \frac{100}{50}$		$\frac{100}{20} \times \frac{150}{50} \times \frac{55}{25}$		$\frac{100}{25} \times \frac{140}{50} \times \frac{120}{40}$

Column group 1

Pas (millimètr.)	Nombre de dents des engrenages
336	$\frac{120}{30} \times \frac{70}{25} \times \frac{150}{50}$
336.600	$\frac{90}{50} \times \frac{110}{20} \times \frac{85}{25}$
	$\frac{90}{20} \times \frac{110}{50} \times \frac{85}{25}$
337.500	$\frac{90}{40} \times \frac{100}{20} \times \frac{75}{25}$
	$\frac{90}{40} \times \frac{100}{20} \times \frac{150}{50}$
	$\frac{90}{20} \times \frac{200}{80} \times \frac{75}{25}$
338	$\frac{65}{25} \times \frac{130}{100} \times \frac{200}{20}$
	$\frac{65}{25} \times \frac{130}{50} \times \frac{100}{20}$
	$\frac{65}{25} \times \frac{130}{20} \times \frac{200}{100}$
	$\frac{65}{25} \times \frac{130}{20} \times \frac{100}{50}$
	$\frac{65}{25} \times \frac{130}{20} \times \frac{80}{40}$
	$\frac{65}{25} \times \frac{130}{20} \times \frac{70}{35}$
	$\frac{65}{25} \times \frac{130}{20} \times \frac{60}{30}$
340	$\frac{60}{20} \times \frac{100}{30} \times \frac{85}{25}$
	$\frac{90}{30} \times \frac{200}{60} \times \frac{85}{25}$
	$\frac{120}{40} \times \frac{100}{30} \times \frac{85}{25}$
	$\frac{150}{50} \times \frac{100}{30} \times \frac{85}{25}$
341.250	$\frac{90}{60} \times \frac{140}{40} \times \frac{130}{20}$

Column group 2

Pas (millimètr.)	Nombre de dents des engrenages
341.250	$\frac{45}{30} \times \frac{140}{20} \times \frac{130}{40}$
	$\frac{120}{80} \times \frac{140}{20} \times \frac{130}{40}$
342	$\frac{90}{30} \times \frac{60}{20} \times \frac{95}{25}$
	$\frac{120}{40} \times \frac{90}{30} \times \frac{95}{25}$
	$\frac{150}{50} \times \frac{60}{20} \times \frac{95}{25}$
	$\frac{120}{40} \times \frac{150}{50} \times \frac{95}{25}$
345.800	$\frac{130}{50} \times \frac{70}{20} \times \frac{95}{25}$
	$\frac{130}{10} \times \frac{140}{40} \times \frac{95}{25}$
346.666	$\frac{120}{30} \times \frac{100}{20} \times \frac{130}{75}$
	$\frac{80}{20} \times \frac{200}{40} \times \frac{130}{75}$
	$\frac{100}{25} \times \frac{200}{40} \times \frac{130}{75}$
348.444	$\frac{70}{45} \times \frac{140}{25} \times \frac{120}{30}$
	$\frac{70}{25} \times \frac{140}{45} \times \frac{80}{20}$
	$\frac{70}{25} \times \frac{140}{45} \times \frac{200}{50}$
350	$\frac{90}{30} \times \frac{140}{120} \times \frac{200}{20}$
	$\frac{75}{25} \times \frac{70}{60} \times \frac{200}{20}$
	$\frac{120}{40} \times \frac{35}{30} \times \frac{200}{20}$
	$\frac{60}{20} \times \frac{70}{30} \times \frac{200}{40}$

Column group 3

Pas (millimètr.)	Nombre de dents des engrenages
350	$\frac{90}{30} \times \frac{140}{20} \times \frac{200}{120}$
	$\frac{90}{30} \times \frac{140}{20} \times \frac{100}{60}$
	$\frac{75}{25} \times \frac{140}{20} \times \frac{50}{30}$
350.625	$\frac{150}{20} \times \frac{110}{80} \times \frac{85}{25}$
	$\frac{150}{20} \times \frac{55}{40} \times \frac{85}{25}$
	$\frac{150}{40} \times \frac{55}{20} \times \frac{85}{25}$
351	$\frac{90}{50} \times \frac{150}{25} \times \frac{130}{40}$
	$\frac{45}{25} \times \frac{120}{20} \times \frac{130}{40}$
	$\frac{90}{25} \times \frac{150}{50} \times \frac{65}{20}$
	$\frac{90}{25} \times \frac{120}{40} \times \frac{65}{20}$
352	$\frac{200}{25} \times \frac{60}{20} \times \frac{110}{75}$
	$\frac{200}{25} \times \frac{120}{40} \times \frac{110}{75}$
	$\frac{200}{25} \times \frac{90}{30} \times \frac{110}{75}$
352.800	$\frac{90}{25} \times \frac{140}{20} \times \frac{70}{50}$
	$\frac{90}{25} \times \frac{70}{20} \times \frac{140}{50}$
353.600	$\frac{120}{30} \times \frac{130}{50} \times \frac{85}{25}$
	$\frac{80}{20} \times \frac{130}{50} \times \frac{85}{25}$
	$\frac{140}{35} \times \frac{130}{50} \times \frac{85}{25}$

Pas	Nombre de dents des engrenages
millimètr.	
354.666	$\dfrac{120}{30} \times \dfrac{140}{60} \times \dfrac{95}{25}$
	$\dfrac{100}{50} \times \dfrac{140}{30} \times \dfrac{95}{25}$
	$\dfrac{80}{40} \times \dfrac{140}{30} \times \dfrac{95}{25}$
356.250	$\dfrac{100}{20} \times \dfrac{75}{40} \times \dfrac{95}{25}$
	$\dfrac{150}{30} \times \dfrac{75}{25} \times \dfrac{95}{40}$
	$\dfrac{200}{40} \times \dfrac{90}{30} \times \dfrac{95}{40}$
357	$\dfrac{60}{20} \times \dfrac{140}{40} \times \dfrac{85}{25}$
	$\dfrac{90}{30} \times \dfrac{70}{20} \times \dfrac{85}{25}$
	$\dfrac{120}{40} \times \dfrac{70}{20} \times \dfrac{85}{25}$
	$\dfrac{150}{50} \times \dfrac{70}{20} \times \dfrac{85}{25}$
	$\dfrac{60}{40} \times \dfrac{140}{20} \times \dfrac{85}{25}$
	$\dfrac{120}{80} \times \dfrac{140}{20} \times \dfrac{85}{25}$
357.500	$\dfrac{110}{20} \times \dfrac{65}{50} \times \dfrac{200}{40}$
	$\dfrac{110}{20} \times \dfrac{130}{100} \times \dfrac{150}{30}$
	$\dfrac{110}{20} \times \dfrac{130}{50} \times \dfrac{100}{40}$
358.400	$\dfrac{120}{50} \times \dfrac{80}{30} \times \dfrac{140}{25}$
	$\dfrac{120}{25} \times \dfrac{80}{30} \times \dfrac{140}{50}$
360	$\dfrac{90}{30} \times \dfrac{100}{50} \times \dfrac{150}{25}$

Pas	Nombre de dents des engrenages
millimètr.	
360	$\dfrac{60}{20} \times \dfrac{80}{40} \times \dfrac{150}{25}$
	$\dfrac{120}{40} \times \dfrac{70}{35} \times \dfrac{150}{25}$
	$\dfrac{75}{25} \times \dfrac{60}{30} \times \dfrac{120}{20}$
362.666	$\dfrac{140}{35} \times \dfrac{80}{30} \times \dfrac{85}{25}$
	$\dfrac{200}{50} \times \dfrac{80}{30} \times \dfrac{85}{25}$
364	$\dfrac{90}{30} \times \dfrac{140}{60} \times \dfrac{130}{25}$
	$\dfrac{60}{20} \times \dfrac{70}{30} \times \dfrac{130}{25}$
	$\dfrac{120}{40} \times \dfrac{70}{30} \times \dfrac{130}{25}$
	$\dfrac{60}{40} \times \dfrac{140}{30} \times \dfrac{130}{25}$
364.800	$\dfrac{80}{50} \times \dfrac{120}{20} \times \dfrac{95}{25}$
	$\dfrac{80}{20} \times \dfrac{120}{50} \times \dfrac{95}{25}$
367.200	$\dfrac{90}{50} \times \dfrac{120}{20} \times \dfrac{85}{25}$
	$\dfrac{90}{20} \times \dfrac{120}{50} \times \dfrac{85}{25}$
369.600	$\dfrac{140}{25} \times \dfrac{120}{20} \times \dfrac{55}{50}$
	$\dfrac{140}{25} \times \dfrac{60}{20} \times \dfrac{110}{50}$
	$\dfrac{140}{50} \times \dfrac{120}{40} \times \dfrac{110}{25}$
	$\dfrac{140}{50} \times \dfrac{90}{30} \times \dfrac{110}{25}$
369.777	$\dfrac{80}{25} \times \dfrac{130}{50} \times \dfrac{200}{45}$

Pas	Nombre de dents des engrenages
millimètr.	
369.777	$\dfrac{80}{25} \times \dfrac{130}{45} \times \dfrac{120}{30}$
370.500	$\dfrac{95}{20} \times \dfrac{60}{25} \times \dfrac{130}{40}$
	$\dfrac{95}{20} \times \dfrac{120}{50} \times \dfrac{130}{40}$
	$\dfrac{95}{25} \times \dfrac{60}{20} \times \dfrac{130}{40}$
	$\dfrac{95}{20} \times \dfrac{150}{50} \times \dfrac{130}{40}$
	$\dfrac{95}{20} \times \dfrac{90}{30} \times \dfrac{130}{40}$
	$\dfrac{95}{40} \times \dfrac{120}{25} \times \dfrac{65}{20}$
371.250	$\dfrac{150}{20} \times \dfrac{90}{40} \times \dfrac{55}{25}$
	$\dfrac{150}{40} \times \dfrac{90}{20} \times \dfrac{110}{50}$
	$\dfrac{150}{20} \times \dfrac{90}{80} \times \dfrac{110}{25}$
	$\dfrac{150}{20} \times \dfrac{45}{40} \times \dfrac{110}{25}$
373.333	$\dfrac{120}{30} \times \dfrac{70}{45} \times \dfrac{150}{25}$
	$\dfrac{100}{25} \times \dfrac{140}{45} \times \dfrac{150}{50}$
	$\dfrac{100}{25} \times \dfrac{140}{45} \times \dfrac{120}{20}$
	$\dfrac{80}{20} \times \dfrac{70}{45} \times \dfrac{150}{25}$
	$\dfrac{100}{25} \times \dfrac{140}{45} \times \dfrac{90}{30}$
374.400	$\dfrac{120}{30} \times \dfrac{90}{50} \times \dfrac{130}{25}$
	$\dfrac{80}{20} \times \dfrac{90}{50} \times \dfrac{130}{25}$

21

Pas (millimètr.)	Nombre de dents des engrenages
374.400	$\frac{140}{35}\times\frac{90}{25}\times\frac{130}{50}$
375	$\frac{100}{20}\times\frac{100}{40}\times\frac{75}{25}$
	$\frac{150}{30}\times\frac{50}{20}\times\frac{120}{40}$
	$\frac{200}{40}\times\frac{50}{20}\times\frac{90}{30}$
	$\frac{150}{30}\times\frac{100}{40}\times\frac{60}{20}$
375.555	$\frac{65}{25}\times\frac{130}{20}\times\frac{200}{90}$
	$\frac{65}{25}\times\frac{130}{20}\times\frac{100}{45}$
378	$\frac{120}{40}\times\frac{70}{20}\times\frac{90}{25}$
	$\frac{60}{20}\times\frac{140}{40}\times\frac{90}{25}$
	$\frac{120}{40}\times\frac{140}{20}\times\frac{90}{50}$
	$\frac{75}{25}\times\frac{140}{20}\times\frac{90}{50}$
	$\frac{150}{50}\times\frac{140}{20}\times\frac{45}{25}$
	$\frac{90}{30}\times\frac{140}{20}\times\frac{45}{25}$
379.166	$\frac{150}{20}\times\frac{140}{60}\times\frac{65}{30}$
	$\frac{150}{20}\times\frac{70}{30}\times\frac{130}{60}$
	$\frac{75}{20}\times\frac{140}{30}\times\frac{130}{60}$
380	$\frac{120}{45}\times\frac{75}{25}\times\frac{95}{20}$
	$\frac{120}{90}\times\frac{150}{25}\times\frac{95}{20}$

Pas (millimètr.)	Nombre de dents des engrenages
380	$\frac{60}{45}\times\frac{150}{25}\times\frac{95}{20}$
	$\frac{120}{45}\times\frac{90}{30}\times\frac{95}{20}$
	$\frac{120}{45}\times\frac{150}{50}\times\frac{95}{20}$
380.800	$\frac{120}{30}\times\frac{140}{75}\times\frac{85}{25}$
	$\frac{80}{20}\times\frac{140}{75}\times\frac{85}{25}$
	$\frac{200}{50}\times\frac{140}{75}\times\frac{85}{25}$
	$\frac{200}{75}\times\frac{140}{50}\times\frac{85}{25}$
381.333	$\frac{130}{20}\times\frac{100}{25}\times\frac{110}{75}$
	$\frac{130}{20}\times\frac{200}{50}\times\frac{110}{75}$
382.500	$\frac{120}{40}\times\frac{150}{20}\times\frac{85}{50}$
	$\frac{90}{30}\times\frac{75}{20}\times\frac{85}{25}$
	$\frac{60}{20}\times\frac{150}{40}\times\frac{85}{25}$
	$\frac{75}{25}\times\frac{150}{20}\times\frac{85}{50}$
	$\frac{150}{50}\times\frac{75}{20}\times\frac{85}{25}$
384	$\frac{60}{30}\times\frac{80}{20}\times\frac{120}{25}$
	$\frac{70}{35}\times\frac{80}{20}\times\frac{120}{25}$
	$\frac{90}{45}\times\frac{140}{35}\times\frac{120}{25}$
392	$\frac{100}{50}\times\frac{80}{20}\times\frac{120}{25}$

Pas (millimètr.)	Nombre de dents des engrenages
384	$\frac{140}{70}\times\frac{80}{20}\times\frac{120}{25}$
	$\frac{150}{75}\times\frac{80}{20}\times\frac{120}{25}$
	$\frac{200}{100}\times\frac{80}{20}\times\frac{120}{25}$
385	$\frac{90}{30}\times\frac{140}{20}\times\frac{110}{60}$
	$\frac{60}{20}\times\frac{140}{40}\times\frac{110}{30}$
	$\frac{75}{25}\times\frac{70}{20}\times\frac{110}{30}$
	$\frac{120}{40}\times\frac{70}{20}\times\frac{110}{30}$
	$\frac{150}{50}\times\frac{70}{20}\times\frac{110}{30}$
387.600	$\frac{95}{50}\times\frac{120}{20}\times\frac{85}{25}$
	$\frac{95}{20}\times\frac{120}{50}\times\frac{85}{25}$
388.266	$\frac{80}{25}\times\frac{140}{30}\times\frac{130}{50}$
	$\frac{80}{25}\times\frac{140}{50}\times\frac{130}{30}$
390	$\frac{120}{40}\times\frac{100}{20}\times\frac{65}{25}$
	$\frac{60}{20}\times\frac{150}{30}\times\frac{65}{25}$
	$\frac{75}{25}\times\frac{100}{20}\times\frac{130}{50}$
	$\frac{90}{30}\times\frac{100}{20}\times\frac{65}{25}$
	$\frac{150}{50}\times\frac{100}{20}\times\frac{65}{25}$
	$\frac{35}{25}\times\frac{140}{50}\times\frac{200}{20}$

Pas	Nombre de dents des engrenages	Pas	Nombre de dents des engrenages	Pas	Nombre de dents des engrenages
millimètr.		millimètr.		millimètr.	
392	$\frac{70}{100} \times \frac{140}{25} \times \frac{200}{20}$	399	$\frac{120}{40} \times \frac{70}{20} \times \frac{95}{25}$	405	$\frac{75}{25} \times \frac{90}{20} \times \frac{120}{40}$
	$\frac{35}{25} \times \frac{140}{20} \times \frac{200}{50}$		$\frac{120}{80} \times \frac{140}{20} \times \frac{95}{25}$		$\frac{150}{50} \times \frac{90}{20} \times \frac{75}{25}$
	$\frac{35}{25} \times \frac{140}{20} \times \frac{120}{30}$		$\frac{60}{40} \times \frac{140}{20} \times \frac{95}{25}$	405.333	$\frac{200}{25} \times \frac{80}{30} \times \frac{95}{50}$
393.750	$\frac{150}{20} \times \frac{140}{60} \times \frac{90}{40}$		$\frac{150}{100} \times \frac{140}{20} \times \frac{95}{25}$		$\frac{200}{50} \times \frac{80}{30} \times \frac{95}{25}$
	$\frac{150}{20} \times \frac{70}{30} \times \frac{90}{40}$		$\frac{75}{50} \times \frac{140}{20} \times \frac{95}{25}$		$\frac{140}{35} \times \frac{80}{30} \times \frac{95}{25}$
	$\frac{150}{20} \times \frac{70}{40} \times \frac{90}{30}$		$\frac{90}{60} \times \frac{140}{20} \times \frac{95}{25}$	405.600	$\frac{130}{50} \times \frac{65}{25} \times \frac{120}{20}$
	$\frac{150}{20} \times \frac{140}{40} \times \frac{45}{30}$		$\frac{45}{30} \times \frac{140}{20} \times \frac{95}{25}$		$\frac{130}{25} \times \frac{65}{50} \times \frac{120}{20}$
396	$\frac{120}{20} \times \frac{75}{25} \times \frac{110}{50}$		$\frac{90}{20} \times \frac{70}{30} \times \frac{95}{25}$	408	$\frac{90}{30} \times \frac{80}{20} \times \frac{85}{25}$
	$\frac{150}{25} \times \frac{60}{20} \times \frac{110}{50}$	400	$\frac{100}{75} \times \frac{150}{30} \times \frac{120}{20}$		$\frac{60}{20} \times \frac{140}{35} \times \frac{85}{25}$
	$\frac{120}{20} \times \frac{90}{30} \times \frac{55}{25}$		$\frac{200}{75} \times \frac{100}{20} \times \frac{90}{30}$		$\frac{120}{40} \times \frac{80}{20} \times \frac{85}{25}$
	$\frac{120}{20} \times \frac{150}{50} \times \frac{55}{25}$		$\frac{200}{75} \times \frac{100}{20} \times \frac{120}{40}$		$\frac{150}{50} \times \frac{120}{30} \times \frac{85}{25}$
396.666	$\frac{150}{60} \times \frac{140}{30} \times \frac{85}{25}$		$\frac{100}{75} \times \frac{200}{40} \times \frac{60}{20}$	409.500	$\frac{90}{40} \times \frac{140}{20} \times \frac{65}{25}$
	$\frac{150}{30} \times \frac{140}{60} \times \frac{85}{25}$		$\frac{100}{75} \times \frac{200}{40} \times \frac{150}{50}$		$\frac{45}{20} \times \frac{140}{40} \times \frac{130}{25}$
	$\frac{100}{20} \times \frac{70}{30} \times \frac{85}{25}$	403.200	$\frac{120}{30} \times \frac{140}{50} \times \frac{90}{25}$	410.400	$\frac{90}{50} \times \frac{120}{20} \times \frac{95}{25}$
	$\frac{200}{40} \times \frac{70}{30} \times \frac{85}{25}$		$\frac{80}{20} \times \frac{140}{50} \times \frac{90}{25}$		$\frac{90}{20} \times \frac{120}{50} \times \frac{95}{25}$
399	$\frac{120}{20} \times \frac{140}{80} \times \frac{95}{25}$	404.444	$\frac{70}{25} \times \frac{130}{20} \times \frac{200}{90}$	416	$\frac{120}{20} \times \frac{80}{60} \times \frac{130}{25}$
	$\frac{120}{20} \times \frac{70}{40} \times \frac{95}{25}$		$\frac{140}{50} \times \frac{130}{20} \times \frac{100}{45}$		$\frac{120}{20} \times \frac{40}{30} \times \frac{130}{25}$
	$\frac{90}{30} \times \frac{70}{20} \times \frac{95}{25}$	405	$\frac{120}{40} \times \frac{90}{20} \times \frac{150}{50}$		$\frac{120}{60} \times \frac{80}{20} \times \frac{130}{25}$

Pas	Nombre de dents des engrenages
millimètr.	
416	$\frac{100}{50} \times \frac{120}{30} \times \frac{130}{25}$
	$\frac{60}{30} \times \frac{80}{20} \times \frac{130}{25}$
418	$\frac{110}{25} \times \frac{95}{100} \times \frac{200}{20}$
	$\frac{110}{25} \times \frac{95}{50} \times \frac{100}{20}$
	$\frac{110}{25} \times \frac{95}{20} \times \frac{100}{50}$
	$\frac{110}{25} \times \frac{95}{20} \times \frac{80}{40}$
420	$\frac{120}{20} \times \frac{70}{60} \times \frac{150}{25}$
	$\frac{100}{50} \times \frac{70}{20} \times \frac{150}{25}$
	$\frac{80}{40} \times \frac{70}{20} \times \frac{150}{25}$
420.750	$\frac{90}{20} \times \frac{110}{40} \times \frac{85}{25}$
	$\frac{90}{40} \times \frac{110}{20} \times \frac{85}{25}$
421.875	$\frac{90}{20} \times \frac{200}{80} \times \frac{150}{40}$
	$\frac{90}{20} \times \frac{200}{40} \times \frac{150}{80}$
422.400	$\frac{80}{25} \times \frac{120}{20} \times \frac{110}{50}$
	$\frac{80}{25} \times \frac{120}{50} \times \frac{110}{20}$
422.500	$\frac{65}{25} \times \frac{130}{20} \times \frac{200}{80}$
	$\frac{65}{25} \times \frac{130}{20} \times \frac{100}{40}$
423.111	$\frac{200}{30} \times \frac{140}{25} \times \frac{85}{75}$

Pas	Nombre de dents des engrenages
millimètr.	
423.111	$\frac{200}{75} \times \frac{140}{25} \times \frac{85}{30}$
425.600	$\frac{120}{30} \times \frac{140}{50} \times \frac{95}{25}$
	$\frac{80}{20} \times \frac{140}{50} \times \frac{95}{25}$
426.666	$\frac{100}{25} \times \frac{80}{30} \times \frac{200}{50}$
	$\frac{140}{35} \times \frac{80}{30} \times \frac{100}{25}$
427.500	$\frac{90}{20} \times \frac{100}{40} \times \frac{95}{25}$
	$\frac{90}{20} \times \frac{200}{80} \times \frac{95}{25}$
	$\frac{90}{40} \times \frac{100}{20} \times \frac{95}{25}$
	$\frac{90}{40} \times \frac{150}{30} \times \frac{95}{25}$
	$\frac{45}{20} \times \frac{150}{30} \times \frac{95}{25}$
428.400	$\frac{90}{50} \times \frac{140}{20} \times \frac{85}{25}$
	$\frac{90}{20} \times \frac{140}{50} \times \frac{85}{25}$
432	$\frac{60}{30} \times \frac{120}{20} \times \frac{90}{25}$
	$\frac{80}{40} \times \frac{120}{20} \times \frac{90}{25}$
	$\frac{90}{45} \times \frac{120}{20} \times \frac{90}{25}$
	$\frac{100}{50} \times \frac{120}{20} \times \frac{90}{25}$
	$\frac{110}{55} \times \frac{120}{20} \times \frac{90}{25}$
	$\frac{130}{65} \times \frac{120}{20} \times \frac{90}{25}$

Pas	Nombre de dents des engrenages
millimètr.	
432	$\frac{140}{70} \times \frac{120}{20} \times \frac{90}{25}$
	$\frac{150}{75} \times \frac{120}{20} \times \frac{90}{25}$
	$\frac{200}{100} \times \frac{120}{20} \times \frac{90}{25}$
432.250	$\frac{130}{20} \times \frac{70}{40} \times \frac{95}{25}$
	$\frac{130}{20} \times \frac{140}{80} \times \frac{95}{25}$
433.333	$\frac{100}{45} \times \frac{120}{20} \times \frac{130}{40}$
	$\frac{200}{90} \times \frac{120}{40} \times \frac{130}{20}$
	$\frac{100}{45} \times \frac{150}{50} \times \frac{130}{20}$
	$\frac{100}{45} \times \frac{90}{30} \times \frac{130}{20}$
	$\frac{100}{45} \times \frac{75}{25} \times \frac{130}{20}$
436.800	$\frac{120}{20} \times \frac{140}{50} \times \frac{65}{25}$
	$\frac{120}{20} \times \frac{70}{25} \times \frac{130}{50}$
438.750	$\frac{90}{20} \times \frac{150}{50} \times \frac{130}{40}$
	$\frac{90}{20} \times \frac{75}{25} \times \frac{130}{40}$
440	$\frac{200}{30} \times \frac{75}{25} \times \frac{110}{50}$
	$\frac{200}{30} \times \frac{60}{20} \times \frac{55}{25}$
	$\frac{200}{30} \times \frac{120}{40} \times \frac{55}{25}$
	$\frac{200}{30} \times \frac{150}{50} \times \frac{55}{25}$

Pas	Nombre de dents des engrenages	Pas	Nombre de dents des engrenages	Pas	Nombre de dents des engrenages
millimètr.		millimètr.		millimètr.	
440	$\frac{120}{20} \times \frac{100}{50} \times \frac{110}{30}$	442	$\frac{80}{40} \times \frac{130}{20} \times \frac{85}{25}$	450	$\frac{90}{30} \times \frac{100}{20} \times \frac{120}{40}$
	$\frac{120}{20} \times \frac{50}{25} \times \frac{110}{30}$		$\frac{70}{35} \times \frac{130}{20} \times \frac{85}{25}$		$\frac{120}{40} \times \frac{100}{20} \times \frac{150}{50}$
	$\frac{120}{20} \times \frac{70}{35} \times \frac{110}{30}$		$\frac{60}{30} \times \frac{130}{20} \times \frac{85}{25}$		$\frac{150}{50} \times \frac{100}{20} \times \frac{90}{30}$
	$\frac{120}{20} \times \frac{80}{40} \times \frac{110}{30}$	443.333	$\frac{95}{20} \times \frac{100}{30} \times \frac{70}{25}$		$\frac{60}{20} \times \frac{150}{30} \times \frac{120}{40}$
	$\frac{120}{20} \times \frac{130}{65} \times \frac{110}{30}$		$\frac{95}{20} \times \frac{200}{60} \times \frac{70}{25}$	450.666	$\frac{65}{25} \times \frac{130}{50} \times \frac{200}{30}$
	$\frac{120}{20} \times \frac{140}{70} \times \frac{110}{30}$		$\frac{95}{20} \times \frac{100}{25} \times \frac{70}{30}$		$\frac{65}{25} \times \frac{130}{30} \times \frac{200}{50}$
	$\frac{120}{20} \times \frac{200}{100} \times \frac{110}{30}$		$\frac{95}{20} \times \frac{120}{30} \times \frac{140}{60}$		$\frac{65}{25} \times \frac{130}{30} \times \frac{140}{35}$
441	$\frac{90}{20} \times \frac{70}{40} \times \frac{140}{25}$		$\frac{95}{20} \times \frac{140}{35} \times \frac{70}{30}$		$\frac{65}{25} \times \frac{130}{30} \times \frac{80}{20}$
	$\frac{90}{40} \times \frac{70}{20} \times \frac{140}{25}$	446.250	$\frac{75}{40} \times \frac{140}{20} \times \frac{85}{25}$	455	$\frac{90}{30} \times \frac{140}{20} \times \frac{130}{60}$
442	$\frac{120}{30} \times \frac{130}{40} \times \frac{85}{25}$		$\frac{150}{40} \times \frac{70}{20} \times \frac{85}{25}$		$\frac{75}{25} \times \frac{140}{20} \times \frac{65}{30}$
	$\frac{80}{20} \times \frac{130}{40} \times \frac{85}{25}$		$\frac{150}{80} \times \frac{140}{20} \times \frac{85}{25}$		$\frac{120}{40} \times \frac{140}{60} \times \frac{130}{20}$
	$\frac{140}{35} \times \frac{65}{20} \times \frac{85}{25}$	448	$\frac{120}{30} \times \frac{80}{20} \times \frac{140}{50}$		$\frac{150}{50} \times \frac{70}{30} \times \frac{130}{20}$
	$\frac{200}{50} \times \frac{65}{20} \times \frac{85}{25}$		$\frac{100}{25} \times \frac{120}{30} \times \frac{140}{50}$		$\frac{75}{25} \times \frac{70}{30} \times \frac{130}{20}$
	$\frac{200}{100} \times \frac{130}{20} \times \frac{85}{25}$		$\frac{80}{20} \times \frac{140}{35} \times \frac{70}{25}$	456	$\frac{120}{30} \times \frac{60}{20} \times \frac{95}{25}$
	$\frac{150}{75} \times \frac{130}{20} \times \frac{85}{25}$		$\frac{80}{20} \times \frac{200}{50} \times \frac{70}{25}$		$\frac{80}{20} \times \frac{90}{30} \times \frac{95}{25}$
	$\frac{120}{60} \times \frac{130}{20} \times \frac{85}{25}$	450	$\frac{90}{30} \times \frac{100}{20} \times \frac{75}{25}$		$\frac{140}{35} \times \frac{120}{40} \times \frac{95}{25}$
	$\frac{100}{50} \times \frac{130}{20} \times \frac{85}{25}$		$\frac{75}{25} \times \frac{100}{20} \times \frac{150}{50}$		$\frac{200}{50} \times \frac{90}{30} \times \frac{95}{25}$
	$\frac{90}{45} \times \frac{130}{20} \times \frac{85}{25}$		$\frac{60}{20} \times \frac{200}{40} \times \frac{75}{25}$		$\frac{80}{20} \times \frac{150}{50} \times \frac{95}{25}$

Pas	Nombre de dents des engrenages
millimètr. 459	$\frac{90}{20} \times \frac{150}{50} \times \frac{85}{25}$
	$\frac{90}{20} \times \frac{120}{40} \times \frac{85}{25}$
460.800	$\frac{90}{25} \times \frac{80}{50} \times \frac{120}{15}$
462	$\frac{140}{20} \times \frac{75}{25} \times \frac{110}{50}$
	$\frac{140}{40} \times \frac{150}{25} \times \frac{110}{50}$
	$\frac{140}{20} \times \frac{75}{50} \times \frac{110}{25}$
	$\frac{140}{20} \times \frac{90}{30} \times \frac{110}{50}$
	$\frac{140}{20} \times \frac{120}{40} \times \frac{55}{25}$
	$\frac{140}{20} \times \frac{150}{50} \times \frac{55}{25}$
	$\frac{140}{20} \times \frac{150}{100} \times \frac{110}{25}$
	$\frac{140}{20} \times \frac{120}{80} \times \frac{110}{25}$
	$\frac{140}{20} \times \frac{60}{40} \times \frac{110}{25}$
	$\frac{140}{20} \times \frac{90}{60} \times \frac{110}{25}$
	$\frac{140}{20} \times \frac{45}{30} \times \frac{110}{25}$
463.125	$\frac{130}{20} \times \frac{150}{80} \times \frac{95}{25}$
	$\frac{130}{20} \times \frac{75}{40} \times \frac{95}{25}$
466.666	$\frac{150}{25} \times \frac{140}{60} \times \frac{100}{30}$
	$\frac{150}{25} \times \frac{70}{30} \times \frac{200}{60}$

Pas	Nombre de dents des engrenages
millimètr. 466.666	$\frac{120}{20} \times \frac{140}{60} \times \frac{100}{30}$
	$\frac{100}{50} \times \frac{140}{20} \times \frac{100}{30}$
	$\frac{50}{25} \times \frac{140}{20} \times \frac{100}{30}$
	$\frac{80}{40} \times \frac{140}{20} \times \frac{100}{30}$
468	$\frac{90}{30} \times \frac{60}{20} \times \frac{130}{25}$
	$\frac{120}{40} \times \frac{90}{30} \times \frac{130}{25}$
	$\frac{150}{50} \times \frac{120}{40} \times \frac{130}{25}$
	$\frac{60}{20} \times \frac{150}{50} \times \frac{130}{25}$
470.400	$\frac{120}{50} \times \frac{140}{20} \times \frac{70}{25}$
	$\frac{120}{20} \times \frac{140}{50} \times \frac{70}{25}$
472.500	$\frac{75}{25} \times \frac{140}{20} \times \frac{90}{40}$
	$\frac{150}{25} \times \frac{70}{20} \times \frac{90}{40}$
	$\frac{150}{25} \times \frac{140}{40} \times \frac{45}{20}$
	$\frac{150}{50} \times \frac{140}{20} \times \frac{90}{40}$
475	$\frac{95}{30} \times \frac{100}{20} \times \frac{75}{25}$
	$\frac{95}{30} \times \frac{200}{40} \times \frac{150}{50}$
	$\frac{95}{30} \times \frac{100}{20} \times \frac{120}{40}$
475.200	$\frac{120}{20} \times \frac{90}{50} \times \frac{110}{25}$

Pas	Nombre de dents des engrenages
millimètr. 475.200	$\frac{120}{50} \times \frac{90}{20} \times \frac{110}{25}$
476	$\frac{150}{50} \times \frac{140}{30} \times \frac{85}{25}$
	$\frac{120}{40} \times \frac{140}{30} \times \frac{85}{25}$
	$\frac{60}{20} \times \frac{140}{30} \times \frac{85}{25}$
478.800	$\frac{90}{50} \times \frac{140}{20} \times \frac{95}{25}$
	$\frac{90}{20} \times \frac{140}{50} \times \frac{95}{25}$
480	$\frac{90}{75} \times \frac{200}{30} \times \frac{120}{20}$
	$\frac{90}{30} \times \frac{200}{75} \times \frac{120}{20}$
	$\frac{50}{25} \times \frac{140}{35} \times \frac{120}{20}$
	$\frac{60}{30} \times \frac{140}{35} \times \frac{120}{20}$
	$\frac{80}{40} \times \frac{100}{25} \times \frac{120}{20}$
	$\frac{100}{50} \times \frac{100}{25} \times \frac{120}{20}$
	$\frac{110}{55} \times \frac{100}{25} \times \frac{120}{20}$
	$\frac{130}{65} \times \frac{140}{35} \times \frac{150}{25}$
	$\frac{150}{75} \times \frac{100}{25} \times \frac{120}{20}$
	$\frac{200}{100} \times \frac{80}{20} \times \frac{150}{25}$
484	$\frac{55}{25} \times \frac{110}{50} \times \frac{200}{20}$
	$\frac{55}{25} \times \frac{110}{20} \times \frac{200}{50}$

Pas	Nombre de dents des engrenages			Pas	Nombre de dents des engrenages			Pas	Nombre de dents des engrenages		
millimètr.				millimètr.				millimètr.			
484	$\frac{55}{25}$	$\frac{110}{20}$	$\frac{120}{30}$	494	$\frac{130}{25}$	$\frac{95}{100}$	$\frac{200}{20}$	498.750	$\frac{95}{40}$	$\frac{150}{25}$	$\frac{70}{20}$
484.500	$\frac{95}{20}$	$\frac{150}{50}$	$\frac{85}{25}$		$\frac{130}{25}$	$\frac{95}{20}$	$\frac{100}{50}$	499.200	$\frac{120}{20}$	$\frac{80}{50}$	$\frac{130}{25}$
	$\frac{95}{20}$	$\frac{120}{40}$	$\frac{85}{25}$		$\frac{130}{25}$	$\frac{95}{20}$	$\frac{120}{60}$		$\frac{120}{50}$	$\frac{80}{20}$	$\frac{130}{25}$
	$\frac{95}{20}$	$\frac{90}{30}$	$\frac{85}{25}$		$\frac{130}{25}$	$\frac{95}{20}$	$\frac{90}{45}$		$\frac{120}{50}$	$\frac{140}{35}$	$\frac{130}{25}$
485.333	$\frac{80}{25}$	$\frac{140}{30}$	$\frac{130}{40}$		$\frac{130}{25}$	$\frac{95}{20}$	$\frac{80}{40}$	500	$\frac{100}{30}$	$\frac{100}{20}$	$\frac{75}{25}$
	$\frac{80}{30}$	$\frac{140}{25}$	$\frac{65}{20}$		$\frac{130}{25}$	$\frac{95}{20}$	$\frac{60}{30}$		$\frac{200}{30}$	$\frac{100}{40}$	$\frac{60}{20}$
	$\frac{80}{25}$	$\frac{70}{30}$	$\frac{130}{20}$	495	$\frac{150}{20}$	$\frac{75}{25}$	$\frac{110}{50}$		$\frac{100}{30}$	$\frac{200}{40}$	$\frac{60}{20}$
487.500	$\frac{75}{20}$	$\frac{100}{40}$	$\frac{130}{25}$		$\frac{150}{20}$	$\frac{90}{30}$	$\frac{110}{50}$		$\frac{200}{60}$	$\frac{100}{20}$	$\frac{120}{40}$
	$\frac{150}{40}$	$\frac{50}{20}$	$\frac{130}{25}$		$\frac{150}{20}$	$\frac{120}{40}$	$\frac{55}{25}$		$\frac{200}{40}$	$\frac{100}{30}$	$\frac{150}{50}$
	$\frac{75}{20}$	$\frac{200}{80}$	$\frac{130}{25}$		$\frac{150}{50}$	$\frac{75}{25}$	$\frac{110}{20}$	1000	$\frac{200}{30}$	$\frac{100}{20}$	$\frac{75}{25}$
492.800	$\frac{140}{25}$	$\frac{120}{20}$	$\frac{110}{75}$		$\frac{75}{25}$	$\frac{90}{30}$	$\frac{110}{20}$	2000	$\frac{200}{30}$	$\frac{100}{20}$	$\frac{150}{25}$
	$\frac{140}{20}$	$\frac{120}{25}$	$\frac{110}{75}$		$\frac{90}{30}$	$\frac{120}{40}$	$\frac{110}{20}$				
	$\frac{140}{25}$	$\frac{110}{20}$	$\frac{120}{75}$	498.750	$\frac{95}{40}$	$\frac{150}{20}$	$\frac{70}{25}$				

Remarque. — Dans la table qui précède, le tourneur remarquera que les rapports d'engrenages 2, 3, 4, 5, etc., se rencóntrent souvent, et pour tous les pas exactement divisibles, le rapport 2 est le plus fréquent, et les changements qu'on peut faire comme il est spécifié page 11, sans pour cela que le pas soit changé, ce qui lui permettra de monter plus facilement ses harnais.

Ainsi, par exemple, le pas de 360 $^{m/m}$, dont les rapports sont 2, 3 et 6, $\frac{90}{30} \times \frac{100}{50} \times \frac{130}{25}$, le rapport 2 $\frac{100}{50}$ va depuis l'engrenage de 200 à 20 dents de la série.

Dans la table, ils ont été à peu près tous inscrits jusqu'au pas de 200 $^{m}/_{m}$; au-dessus, il n'y en a que quelques-uns d'inscrits, afin d'éviter le volume de cette Notice, le tourneur s'en rendra compte à première vue.

Dans le filetage à 6 roues, ne pas perdre de vue qu'il faut un troisième axe pour changer la marche du chariot, sur lequel est monté un engrenage intermédiaire de n'importe quel diamètre.

Cette disposition est inutile si on a affaire à un tour qui soit muni d'un mécanisme qui permette de faire marcher le chariot à droite ou à gauche.

DOLE-DU-JURA — IMPRIMERIE GIRARDI ET AUDEBERT — 316-04